국제자원론

김동엽 · 이윤 공저

法 文 社

머 리 말

대학에서 국제자원론을 강의한 지가 벌써 10년이 지났지만 학생들에게 권유할 만한 교재가 많지 않은 것이 현실이다. 자원경제학이나 환경경제학 분야에는 최근 훌륭한 교재들이 출간되었고 외국어 서적도 많으나 무역학 전공 학생들이 이용하기에는 너무 이론적이다. 매년 강의를 하면서 교재를 하나 준비해 보려고 마음먹었는데 이제야 탈고를 하게 됐다. 이 작업에 동참해 준 이윤 박사가 큰 힘이 되었다.

경제학의 목적이 자원의 효율적 분배에 있다면 국제자원론은 그 중 희소자원과 자연환경의 효율적 사용에 그 목적이 있다. 따라서 국제자원론에서는 희소자원인 국제 원자재 시장의 특징, 희소성 지대(scarcity rent)의 존재, 그리고 시장의 불완전에 따른 가격결정 등이 주요 연구과제가 된다. 본서는 대학 또는 대학원에서의 무역학 전공자들을 대상으로 국제원자재 시장 현황, 자원시장의 특징 및 가격 결정과정의 이해 등을 주요 내용으로 담았다.

본서는 크게 세 부분으로 구성되었다. 제1부는 국제자원론의 기초로 국제자원론의 기본 개념을 정리하였으며, 제2부는 자연자원의 가치평가로 자연자원의 가치추정에 이용되는 여러 가지 방법론을 설명하였다. 제3부는 자원별 분석으로 에너지자원, 재활용가능자원, 수자원, 농산물자원, 산림자원, 어자원 순으로 기술하였다.

이 책을 내기까지 많은 분들의 격려와 도움이 있었다. 그동안 개인적으로 건강문제로 어려운 시기에 옆에서 변함없이 지켜준 아내, 묵묵히 본인들의 역할을 잘해 주며 기쁨을 주는 딸 진, 아들 석, 선배로서 동료로서 위로와 기도로 힘을 주시는 서청석 교수님, 그리고 희노애락을 함께 해 온 대학원생 및 무역학과 여러 교수님에게 감사드린다. 끝으로 이 책이 나오기까지 도움을 주신 법문사 배효선 사장님과 편집을 맡아주신 김제원 부장께 감사를 드린다.

무역학 발전에 보탬이 되길 기대하면서…

2011. 2 고황산 연구실에서

저 자

차 례

제 1 부 국제자원론의 기초

제 2 부 자연자원의 가치평가

제 3 부 자연자원별 분석

제 1 부
국제자원론의 기초

국제자원론을 연구하는 목적은 개별기업차원에서는 기업이 원하는 자원을 적기에 합리적인 가격으로 조달하여 기업의 원가경쟁력에 기여하는 것이다. 특히 자원을 보유하고 있는 기업으로서는 자원의 적정가격, 공급규모 및 시기 등을 예측하여 기업의 이익을 극대화하는 것이다. 한편, 국가차원에서 자원공급의 안정성확보, 희소자원이용의 효율성 증대, 자원가격의 안정성 확보 등이 중요한 목표가 된다. 이를 위해 효율성기준, 지속가능성기준, 비용편익분석, 재산권제도, 인구문제 등 국제자원론의 기초를 설명하였다.

제 1 장
자원의 유한성

지난 20세기는 인류역사 이래 유래가 없을 정도로 인구가 폭발하고 인류의 주요 에너지원도 재생 가능한(renewable) 에너지에서 고갈성 에너지인 화석연료로 대체되면서 지구환경에 큰 부담을 주고 있다. 그 결과 유해가스로 인한 기후변화현상이 현 인류에게 커다란 부담이 되고 있다. 본 장에서는 제2차 세계대전 이후 논의되기 시작한 인구증가, 자원고갈, 환경오염 등이 논의의 주제이다. 각각의 논쟁을 설명하고 국제자원론의 연구방법에 대해 소개하였다.

제 1 절 지구의 미래

에드워드 기번(Edward Gibbon: 1737-1794)[1]은 "로마제국의 흥망사"에서 강대한 로마제국의 직접적인 붕괴 원인은 외부의 침입과 화재이지만 로마파괴의 씨앗은 제국 그 자체 내부의 취약점에 있었다"고 하였다. 또한 남미의 마야문명은 토지에 비해 인구가 너무 많아 멸망하였다. 이와 같이 18세기 이후 많은 학자들 사이에 문명 파괴의 원인은 문명내부에 존재한다는 논리가 유행이었다. 특히, 19세기 맬더스의 인구론이 여기에 해당된다.

맬더스(Thomas Malthus: 1766-1834)는 인구론(1798)에서 인구증가가 식량증가를 능가하여 기근과 사망으로 이른다고 하였다. 토지의 부족으로 수확체감이 발생하여 1인당 식량생산이 감소하고 이는 생활수준을 최저생계수준으로 낮추어 인구가 감소된다고 설명하였다.

20세기 후반에 들어서면서 1950년대에 이미 지구는 농경지 토사의 1/5이 감

1) *The History of the Decline and Fall of the Roman Empire*, 1976-88.

소하였고, 열대우림은 20% 이상이 사라졌으며 식물과 동물의 수천 종이 사라졌다. 산성비(acid rain)로 유럽의 호수와 산림이 황폐화되고, 이산화탄소 배출로 인한 지구 온난화 문제가 자연재앙의 심각성을 더해가고 있다.

특히, 20세기 후반 이후 지구는 화석연료의 소비급증과 인구증가로 인한 지구온난화로 위기에 처해 있다. 이는 맬더스의 논리가 재연되어 현대사회는 자기멸망의 과정에 있다고도 볼 수 있다.

자연환경은 인간을 지탱해주는 독특한 생태적인 수용능력(carrying capacity)을 가지고 있다. 그러나 자연환경의 수용능력을 초과하는 인류의 생태파괴는 인류에 재난을 가져다 줄 수 있다. 인간은 자연에 순응하는 삶(adapting to)에서 자연을 관리(managing)하는 생활로 삶의 태도가 바뀌어(창세기 1:28-31)[2], 그 결과 인간 활동의 규모가 너무 커서 지구의 생명과정에 영향을 주게 되었다는 주장이 있다. 이러한 기독교문명이 지구생명과정에 영향을 주었다는 주장은 과연 경제학적으로 타당한 것인가?

이에 대한 답을 얻기 위해 1970년대 이후 경제학자들 사이에 고갈성 자원 및 환경오염에 관한 연구가 급증하여 인간과 환경의 관계에 대해 더 많은 이해를 하게 되었다. 특히 인간 활동이 환경에 어떻게 영향을 주고, 경제 및 정치제도에 의해 자원 및 환경이 어떻게 영향을 받는지가 활발하게 연구되고 있다.

1. 자원의 유한성에 관한 고전적 연구

맬더스는 인구론(1798)에서 인류의 장래와 자원의 유한성을 분석하였다. 맬더스는 식량은 인류생존에 불가결한 것이며 양성간의 애정은 필요한 것이고 앞으로도 현재와 같이 존재할 것이라는 전제하에 인구와 식량문제를 설명하고 있다. 인구는 기하급수적으로 증가하고 유한한 토지는 수확체감의 법칙에 따라 식량은 산술급수적으로 증가하므로 결국 인구를 억제하지 않으면 빈곤을 면하기 어렵다고 하였다.

---

2) 하나님이 가라사대 우리의 형상을 따라 우리의 모양대로 우리가 사람을 만들고 그로 바다의 고기와 공중의 새와 육축과 온 땅과 땅에 기는 모든 것을 다스리게 하자 하시고 … 바다의 고기와 공중의 새와 땅에 움직이는 모든 생물을 다스리라 하시니라.

리카도(David Ricardo: 1772-1823)는 토지의 유한성은 인정하지 않았으나 토지의 이질성으로 지대가 발생한다고 보았다. 인구증가로 생산을 늘리기 위해 덜 비옥한 토지에 생산요소(자본, 노동)의 투입을 늘이면 한계생산성이 체감한다. 따라서 인구를 억제하지 않으면 빈곤을 벗어나기 어렵다고 하였다. 또한 밀(John Stuart Mill: 1806-1873)은 기술진보를 통해 자원의 유한성을 극복하는 것은 가능하나 자연환경의 개발로 생활의 질(quality of life)은 악화된다고 보았다. 그리고 제본스(William Stanley Jevons, 1835-1882)는 경제발전에 따른 석탄자원의 고갈을 맬더스의 인구론에 비유하여 설명하였다. 산업이 성장함에 따라 석탄의 소비는 증가하나 석탄은 고갈성 자원이므로 산업발달의 제약을 받을 것이라고 우려하였다.

2. 자원의 유한성에 대한 20세기 이후의 문제 제기

20세기에 들어와서 고갈성 자원인 석유가 농업부산물 및 나무 등 지속생산가능 자원을 대신하여 인류의 주요 에너지원으로 등장하였다. 그리고 두 차례(1973, 1980)의 오일쇼크를 계기로 석유가격이 폭등함으로서 에너지 자원의 유한성, 고갈성이 인류의 경제성장을 제약하는 요인으로 부각되었다. 이와 같은 지구자원의 유한성과 그것이 인류에 주는 의미에 관해서 세계적인 차원에서 관심을 가진 것은 1972년 6월 스톡홀름에서 열린 하나뿐인 지구(Only One Earth)라는 주제하에 개최된 유엔 인간 환경회의이다.

이보다 조금 앞선 1972년의 로마클럽의 연구보고서인 “성장의 한계(The Limits to Growth)”에서는 빠른 산업화, 급속한 인구증가, 식량부족, 환경악화, 자원의 부족 등으로 100년 이내에 지구상에서의 인류의 성장은 한계에 도달할 것이라고 경고하였다.

3. 국제자원론의 정의

국제자원론은 희소한 자원 및 환경을 가지고 무한한 인간의 욕구를 충족시키기 위한 희소자원 및 환경자원의 효율적인 배분을 다루는 경제학의 한 분야이다. 주로 물리적·생물학적 제약조건하에 희소자원의 시간적 배분과 영향을 분석하는 동태적인 자원배분의 문제를 그 연구대상으로 하고 있다.

특히 고갈성 자원의 동태적 이용에 따른 효과를 스톡효과(stock effect)라고 하는데, 이는 자원의 현재사용으로 인해 미래의 사용기회가 상실되는 비용을 의미한다. 개인 자원이용자는 스톡효과에 의한 자원의 희소성을 제대로 인지하지 못하여 자원을 과다하게 사용한다.

예를 들면, 석유 채굴과정에서 석유스톡의 감소로 인한 비용 상승 문제가 고려되지 못하고 있다. 또한 공해상의 어업활동에서의 과잉 채취문제, 그리고 폐기물의 배출처로 대기, 하천, 토지에서의 적정 오염수준을 초과하는 환경오염 문제가 발생하고 있다. 이에 대한 해결책으로 신고전학파에서는 조세, 보조금, 또는 정부의 직접규제에 의한 해결책을 제시하고 있으나 생태학적으로 바람직한 환경수준의 달성에는 미치지 못하고 있다. 국제자원론에서는 이들 문제를 집중적으로 다루고 있다.

4. 국제자원론의 연구대상

국제자원론에서는 자연이 제공하는 모든 물질과 서비스가 연구대상이다. 경제학에서는 자원이란 인간에게 유용성을 제공하는 물질 또는 서비스라고 한다. 그러나 자원은 동태적(dynamic)인 개념으로 시간에 따라 정보, 기술, 상대적 희소성에 따라 변화하여 가치가 없던 것이 유용한 자원이 될 수 있다.

자원은 제공하는 원천에 따라 토지가 제공하는 자원(농산자원, 광물자원, 산림자원), 수자원, 수산자원, 자연환경이 주는 자원(자연미, 옥외위락시설, 폐기물의 자연정화와 수용처)으로 구분된다. 시간적 차원에서는 고갈성(exhaustible)과 지속생산가능 자원(renewable resources)으로 구분된다.

5. 국제자원론의 연구방법

국제자원론은 서로 다른 시점간의 외부효과(intertemporal externality)로 인한 스톡효과를 연구한다. 이를 위하여 최적제어이론(optimal control theory), 극대화원리(maximum principles), 실증주의와 규범주의 등의 분석방법을 사용한다. 또한 다른 여타 경제학의 분야와 같이 국제자원론은 제한된 환경 및 자원에서 어떻게 경제를 발전시킬 것인가를 연구한다.

복잡한 주제를 설명하기 위해 경제학은 모형을 사용한다. 예를 들면, 1972, 1992년 두 차례[3]에 걸쳐 자원의 고갈에 대해 비관주의를 표방했던 로마클럽(성장의 한계)은 대형컴퓨터를 사용하여 경제모형을 분석하였다. 분석결과 100년 안에 자원이 고갈되고 경제시스템이 붕괴되어 대량실업이 발생하고, 이로 인해 식량이 감소하여 인구가 감소할 것이라고 예측하였다. 경제시스템의 결함으로 점진적인 인간 활동의 감소 또는 다른 자원으로의 순조로운 전환이 어려워져 자원이 고갈될 때까지 과다 사용하게 된다는 것이다. 즉, 평화적인 해결이 불가능하다고 하였다.[4]

그러나 낙관적으로 보는 사람들은 기술발전에 의해 자원제약이 크게 줄어든다고 보고 있다. 역사 이래 인류의 생활수준은 개선되어 왔고 인구 및 소득의 증가로 오히려 자원의 이용가능성이 증가하였다고 보고 있다. 자원의 희소성, 환경문제는 항상 극복해왔고 이러한 추세가 중단될 것 같은 증거는 없다는 것이다. 즉, 경제시스템이 작동하여 자원 및 환경문제를 해결할 것으로 보고 있다.

한편, Barnett & Morse(1963)[5]는 로마클럽이 주장하는 인구증가 및 자원의 수요가 지수 함수적으로 증가한다는 가정에 의문을 표시하였다. 그들은 자원의 희소성이 높아질수록 가격이 오르게 되고 가격이 오르면 수요가 줄고 다른 대체자원으로의 이행과 더불어 기술진보가 일어난다는 점을 간과하고 있다고 비난하였다. Barnett(1979)는 경제발전에 따라 자원이 정말 희소해지는지를 검증하기 위하여 1870-1957년 기간 동안의 미국의 자원생산량과 생산비 자료를 분

---

3) Meadow, Donella H., et al. *Beyond the Limits: Confronting Global Collapse, Envisioning a Sustainable Future* (Post Hills, VT: Chelsea Green Publishing Company, 1992).
Barnett, Harold J. "Scarcity and Growth Revisited," in *Scarcity and Growth Reconsidered*, V. Kerry Smith, ed.(Baltimore: Johns Hopkins University Press for Resources for the Future, 1979):163-217.

4) 예를 들어 물품부족이 임박하면 사재기가 발생하여 물품부족을 심화시켜 종자까지 소비한다.

5) Barnett, Harrold, and Chandler Morse. *Scarcity and Growth: The Economics of Natural Resource Availability* (Baltimore: John Hopkins University Press for Resources for the Future, 1963.

석하였다. 이들은 채취자원의 희소성을 측정하기 위하여 생산비 이외에도 생산된 자원의 단위 자원당 자본과 노동의 투입량의 변화를 측정하였다. 연구결과, 임산물만 제외하고 농산물과 광산물과 같은 추출자원은 실질가격과 생산비의 증가가 없었고 오히려 상대적으로 하락하였다.

제 2 절 경제성장과 환경보존[6)]

경제성장과 환경보존사이의 관계에서는 정도의 차이는 있지만 경제성장 가능론과 경제성장 불가론, 그리고 경제성장 불능론으로 크게 나누어 설명할 수 있다.

1. 경제성장론

자연환경의 보존과 경제성장은 양립이 가능하다는 주장은 정도의 차이에 따라 크게 두 가지로 구분된다.

■ 경제성장은 가능하다.

자원고갈은 자원의 가격상승을 유발하여 한편으로는 수요를 감소시키지만 다른 한편으로는 자원절약기술 및 폐자원 활용 기술을 발전시킨다. 그리고 인구증가는 자원고갈 등 여러 가지 경제사회적 문제를 초래하여 결국에는 인구증가를 억제하는 힘을 작용시킨다. 경제시스템이 스스로 문제를 해결하기 때문에 경제성장은 가능하다는 것이다.

■ 경제성장과 환경오염은 차원이 다른 별개의 문제이다.

경제성장을 좌우하는 직접적인 원인은 투자이다. 따라서 경제성장은 소비와 저축 사이의 자원배분의 문제이고 환경오염은 자원의 효율적인 이용에 관계되

---

6) 이정전, 녹색경제학, 한길사, 1994에서 참조했음.

는 문제라는 것이다. 그러므로 경제성장과 환경보존은 차원이 다른 별개의 문제이다.

환경오염을 덜 배출하는 곳으로 투자자원을 이동시키면 환경보전과 경제성장은 공존이 가능하다. 따라서 자원이용의 효율이 급선무이다. 법제도상의 미비점 또는 행정집행상의 요인으로 인해 효율적인 이용이 저해된다면 제도, 산업구조, 소비구조 등을 개선하면 성장과 환경보존은 동시에 가능하다고 본다.

2. 경제성장 불가론

Keynes(1883-1946)는 인간의 욕망을 다른 사람과 관계없이 느끼는 "절대적 필요"와 사치품과 같이 상대적으로 느끼는 "상대적 필요"로 구분하였다. 그는 자본주의 제도는 사람들이 자신의 욕망을 자발적으로 절제하도록 유도하는 제동장치가 마련되어 있지 않다. 오히려 시장경제체제는 인간의 욕망을 끊임없이 자극하고 부풀리는 방향으로 힘이 작용한다고 보았다. 그러므로 경제성장을 위해서는 상품생산의 증가가 필요하고 상품생산을 지속하기 위해서는 끊임없는 소비증가를 자극시킬 필요가 있다.

따라서 경제성장은 자연환경의 훼손 없이는 불가능하다고 보았다. 왜냐하면 인간의 행복은 물질에 비례하고 욕망에 반비례하는 성향이 있기 때문에 시장에 의하여 끊임없이 자극하는 인간의 욕망을 제어할 수 있는 수단이 없기 때문이다.[7)]

3. 경제성장 불능론

맬더스가 인구론에서 지적했듯이 인구증가는 기하급수적으로 증가하고 식량생산은 산술급수적으로 증가하여 제한된 지구에서 끊임없는 성장은 불가능하다. 또한 리카도는 지대론에서 기업의 이윤추구는 자본축적을 가져오고 이는 경제성장으로 이어진다고 보았다. 그러나 경제성장 과정에서 지대가 이윤을 잠식하

7) 폴 사뮤엘슨의 경제학 교과서에서 '행복 $= \frac{\text{소비}}{\text{욕망}}$'로 표현하고 있다.

여 장기적으로 기업의 이윤은 감소하고 이는 자본축적의 감소로 이어져 장기침체에 이르게 된다고 하였다.[8)]

이러한 맬더스와 리카도 이론의 공통점은 경제성장의 걸림돌이 경제내부에 있지 않고 경제외부에 있다는 것이다. 맬더스는 식량생산의 자연적 한계에서, 리카도는 토지의 부족이라는 자연적 제약에서 경제성장의 제약요인을 찾고 있다.

이러한 비관론은 산업혁명 이후 물질적 풍요에 의해 퇴색되었다. 즉, 기술진보의 가능성을 과소평가하였다는 비판이 있다. 이러한 성장불능론자들은 1960-70년대 자원고갈 문제, 환경오염문제를 제시하면서 경제성장은 자원고갈을 피할 수 없다고 하였다.[9)]

경제성장 불능론에 대하여 밀(J. S Mill, 1806-1873)은 무역 및 기술진보가 장기정체의 돌파구가 되어 지속적 경제성장을 가능케 한다는 낙관론 제시하였다. 낙관론자들은 기술진보가 자원고갈, 환경오염문제를 해결할 것이라고 믿었다.

그러나 기술진보가 지속생산가능자원을 끊임없이 재생불가능자원으로 대체함으로써 자원고갈을 가속화시켜 왔다. 예를 들어 농업생산을 증가시키기 위하여 재생불가능자원인 석유화학 비료의 투입을 증가시키는 것이다. 대체로 성장옹호론자들의 낙관론은 두 가지 전제를 밑바탕으로 하고 있다. 첫째, 자연자원과 자본 및 노동 사이에는 대체성이 매우 높다. 따라서 자연자원이 부족할 때는 자본이나 노동으로 대체함으로써 그 부족을 얼마든지 메울 수 있다. 둘째, 자연자원을 절약하는 기술진보가 끊임없이 가능하다는 것이다.

그러나 이러한 주장들은 자연자원 특히 에너지 자원이 풍부해서 그 가격이 저렴할 때나 가능하다. 예를 들어, 물리적 효율은 에너지 투입량 대비 산출량[10)]이다. 에너지 투입량은 탐사, 채굴, 가공, 운반 등 에너지 생산의 전 과정에 소

---

8) 다시 설명하면 자본가가 이윤을 축적하면 자본이 형성되어 투자로 이어진다. 이는 노동수요의 증가로 이어져 임금이 상승되고 결국에는 인구증가로 이어진다. 이러한 과정에서의 노동공급의 증가는 임금을 하락시키고 그 결과 임금은 생계비 수준에서 크게 벗어날 수 없다. 다른 한편으로는, 인구증가는 토지수요를 증가시켜 생산성을 하락시키고 생산비가 증가되어 이윤을 감소시키다. 이러한 이윤감소는 자본축적이 감소되어 장기정체의 경제순환과정이 반복된다는 것이다.

9) 로마클럽은 보고서 "성장의 한계"에서 인구, 산업생산, 환경오염, 자연자원이용, 식량생산의 5개 변수를 사용하여 성장은 자원을 고갈시킨다고 설명하고 있다.

10) 물리적 효율 = 에너지산출량/에너지투입량

요되는 에너지량을 말한다. 자연자원, 즉 에너지를 다른 생산 요소로 대체하는 것 그 자체도 에너지를 소모한다.

쌀 생산에 사용된 에너지양은 감소하였으나 사용된 트렉터, 비료, 농약 등을 고려하면 오히려 에너지 사용량은 증가하였다는 통계가 있다. 따라서 에너지를 다른 생산요소로 대체하는 것은 불가능하며, 무한한 기술진보도 에너지 가격이 저렴할 때나 가능하다는 것이다.

4. 엔트로피론(경제성장한계론)

뜨거운 물은 다시 밖에서 가열하지 않으면 식듯이 에너지는 항상 뜨거운 곳에서 차가운 쪽으로 이동한다. 폐쇄된 체계(closed system)에서 이용가능에너지(free energy)는 끊임없이 에너지 전환과정에서 손실되는 에너지인 이용불능에너지(bound energy)로 불가역적으로 변화한다.[11] 이때 이용불능에너지를 엔트로피(entropy)라고 한다.

인간의 모든 행동은 엔트로피를 높이는 요인이다. 그 중에서 인간의 경제활동은 엔트로피를 크게 높인다. 폐쇄된 체계에서 엔트로피를 끊임없이 높이다 보면 경제성장은 불가능하다. 따라서 경제성장을 최소한도로 줄여 지구의 엔트로피를 증가시키지 않도록 해야 한다.

경제성장을 반대하는 사람들은 전혀 다른 새로운 사회를 창조해 나갈 것을 촉구한다. 생태계 파괴를 최소화하며 자연자원의 보존을 극대화하고 인구증가를 극력 억제하는 것이다. 이들은 인구증가가 정지(사망 = 출생)되고, 자본재 총량이 일정수준에서 유지(자본재 소모분만 보충)되는 경제상태(steady-state)를 가장 이상적인 경제라고 하였다.

11) 예: 석탄이 타서 재가 남는 것, 사람이 늙어서 죽는 것

부록

맬더스의 인구론

(An Essays on the Principle of population, 1798)

맬더스의 인구론은 18세기 이후 서구에서 제기된 수많은 사회 및 경제사상들 가운데 가장 생명력이 긴 사상으로 서구사회의 사상과 정책형성에 큰 영향을 미쳤다.

리카도와 더불어 맬서스는 19세기 전반기의 영국의 경제학자였다. 케인즈는 그의 경제이론을 평가하면서 "만약 리카도 대신 맬더스의 이론이 19세기 경제학의 뿌리로 계승되었다면 오늘날 세계는 훨씬 풍요롭고 현명하게 되었을 것이다"라고 안타까워하였다.

맬더스 이전의 서구사회에서는 한나라의 인구는 많을수록 바람직하다는 견해가 지배적이었다. 흔히 중상주의라고 불리는 18세기 중반까지의 경제사상은 인구의 증가를 두 가지 차원에서 적극 권장하고 있다. 첫째, 인구증가는 임금의 하락을 가져와 수출을 촉진시키고, 둘째, 인구를 국가의 강력한 군사유지의 기반이라는 인식이었다.

인구론은 서구사회가 이와 같은 사고에서 벗어나게 되는 계기를 제공하였으나 인구론을 쓰게 된 보다 직접적 동기는 그 시대에 확산되고 있던 낙관주의적 세계관에 대한 논리적이고 실증적인 비판을 제시하는 것이었다.

1. 맬더스의 중상주의 사상에 대한 비판

억제되지 않은 인구는 기하급수적으로 증가하고 식량생산은 산술급수적으로 증가한다. 맬더스는 인구의 기하급수적 증가는 현실적으로 항상 억제되고 있다고 보았다. 맬더스는 그 요인을 적극적 억제(positive checks)와 예방적 억제(preventive checks)로 나누어 설명하고 있다.

적극적 억제란 인구압력에 의한 사망의 증가를 의미하며, 구체적으로 보면 빈곤, 질병, 기아, 전쟁, 도시화, 직업병, 유아살해 등의 요인을 들고 있다. 반면 예방적 억제란 출산을 저하시키는 낙태, 피임, 동성애 및 기타의 부도덕한 성행위 등을 포함한다.

물론 적극적 억제와 예방적 억제가 발생하는 원인은 인구증가에 의해서 야기되는 식량부족, 즉 생활수준의 악화이다. 이러한 억제에 의하여 인구의 폭발적 증가가 제어됨과 동시에, 한편으로는 인구의 끊임없는 압력에 의하여 대중들의 임금 및 생활수준은 생존을 위한 최저수준에 머물 수밖에 없다는 것이다.

2. 인구론 요약

인구론의 내용은 첫째, 소득이 증가하면 출생률이 증가하고 사망률은 감소되므로 인구증가가 수반되며, 둘째, 이러한 인구의 증가는 토지라는 자연자원이 한정되어 있으므로 궁극적으로는 수확체감의 법칙이 적용되어 소득수준을 저하시키게 된다. 셋째, 소득의 저하는 다시 인구감소를 초래하게 된다.

장기적으로 볼 때 소득수준은 생계비 임금수준에, 인구는 토지의 부양능력에 부합되는 인구규모로 수렴되는 정체상태에 이르게 된다는 것이다.

인구가 식량을 초과하여 증가하면 적극적인 억제(식량가격 상승으로 생활수준 하락하여 사망률이 증가하는)와 예방적 억제(혼인연령의 상승하여 출산이 억제되는)가 증가하여 인구가 감소하고 생활수준이 다시 회복되어 사망률을 낮추고, 출산율이 증가하여 인구는 다시 증가한다는 것이다.

영국의 구빈법(poor laws)은 오늘날의 사회보장제도로 200여년의 전통을 갖고 있다. 각 교구가 해당 교구민으로부터 세금을 징수하여 운영하는 지역내 빈민 보호형이다. 이에 대한 맬더스의 견해는 19세기 자유방임주의를 반영한 것으로 사람들의 경제행위에 대한 정부의 근거 없는 간섭은 하나의 횡포(tyrany)라면서 구빈법의 부정적인 효과를 강조하였다.

우선 구빈제도의 가장 큰 문제점은 빈곤층으로 하여금 결혼을 앞당기게 하여 인구증가를 가속시키고 경제적 독립을 불가능케 한다는 것이다. 또한 인구의 증가와 빈민층의 소비증대는 물가의 상승을 초래시켜 구빈법은 생활능력을 갖춘 계층들에게도 많은 고통을 가져다준다는 것이다. 따라서 구빈제도를 폐지시키고 자유경쟁적인 노동시장을 확립시켜야 한다는 것이다. 자유경쟁적인 노동시장을 통하여 상업부문이나 공업부문의 임금이 농업부문에 비하여 비정상적으로 높아지는 요인을 제거하여 식량생산을 높이자는 것이었다.

한편, 극심한 빈곤이 발생하는 경우 수용시설을 잠시 설치하고 수용자들이 그 안에서 노동을 함으로서 자립능력을 배양하는 것이다. 후에 맬더스의 이러한 주장은 영국구빈제도와 사회정책에 중요한 지침이 되어 1834년 개정된 신구빈법의 내용에 크게 반영되었다.

그러나 맬더스의 인구론이 시대를 넘지 못한 것은 사실이다. 그 이유를 열거하면, 첫째, 19세기 이후의 기술발전의 속도와 그 의미를 예견 못하였다. 둘째, 전통경제에서 식량과 인구간의 관계가 깨짐으로 타당성을 크게 상실하였다. 셋째, 개도국의 경우 피임 등 비도덕적 규제가 인구감소의 주원인인 사실을 간과 한 점이다.

3. 맬더스 이론의 비판

맬더스의 이론에서 ① 식량생산이 과연 인구증가를 따라 갈 수 없는가? 산술증가가 사실인가? 그리고 ② 동시대 유럽의 생활수준은 생존을 위한 최저수준 보다는 높았다는 사실로 미루어 너무 비관적인 전망이라고 비판받고 있다.

맬더스는 ①의 비판에 대하여 19세기 고전학파의 수확체감의 법칙은 기술발전의 속도가 느렸던 시대에는 당연한 것으로 보았고, ②의 비판적 견해에 대하여 자신의 주장을 수정하였다. 맬더스는 결혼을 자발적으로 늦추는 행위를 도덕적 자제(moral restraint)라고 규정하고 이러한 자제행위는 가족의 부양이 곤란한 경우, 결혼 전의 생활수준 혹은 사회적 지위가 어려울 때 발생한다고 설명한다.

도덕적 자제는 앞서 적극적 억제와 예방적 억제가 모두 비참한 상황을 낳거나 혹은 부도덕한 악의 행위임에 반하여, 인간의 도덕적 삶에 위배되지 않은 유일한 인구 억제의 방법이며 생활수준의 향상을 가져올 수 있는 유일한 방법이라고 하였다. 또한 유럽의 발전된 국가와 후진국과의 근본적 차이는 선진국에서는 도덕적 자제에 의해 인구 억제가 이루어지고 있음에 반하여 후진국에서는 적극적인 억제가 그 기능을 담당하고 있다고 하였다.

4. 시 사 점

저개발국의 인구증가, 기아문제, 그리고 환경오염과 자원의 고갈문제는 아직도 맬더스적 세계를 탈피 못하고 있다는 사실을 보여주고 있다. 이와 같이 맬더스는 인구와 경제의 상호작용을 거시적 측면에서 분석하였다. 그러나 인구론은 산업혁명에 뒤따른 기술발전으로 인하여 수확체감의 법칙이 작용할 겨를이 없었다는 점, 그리고 소득수준이 생계비 임금수준을 넘어 지속적으로 증가한 점, 그리고 산업혁명 이후 선진국에서의 역사적 경험을 제대로 예측하지 못하였다는 점이다.

제 2 장
지속가능성(Sustainability)

자연환경과 경제제도와의 상호 연관성을 파악하기 위해서는 경제학의 접근방법을 잘 이해하는 것이 중요하다. 본 장에서는 경제학에서 사용되고 있는 자연환경에 관한 개념을 알아보고자 한다.

제 1 절 인간과 자연환경

1. 자산으로서 자연환경

자연환경(natural environment)은 인간에게 다양한 서비스를 제공해주는 복합자산(composite asset)이다. 특히, 자연환경은 인간에게 생명유지시스템(life support system)을 제공해주는 특수자산이다. 인간은 다른 자산과 마찬가지로 특수자산으로서의 자연환경의 자산가치의 과도한 감소를 막아 인간에게 계속적인 생명유지시스템을 제공하고자 한다.

자연환경은 우리에게 에너지를 이용한 생산과정을 통해 경제계(economic system)에 원재료를 제공한다. 경제계는 원재료를 이용하여 상품을 생산하며 남은 원재료와 에너지는 폐기물로서 자연으로 되돌아온다. 우리가 숨쉬는 공기, 식품, 거주지와 의복으로부터 얻는 모든 편익은 직·간접적으로 자연환경으로부터 얻는다. 또한 자연환경은 카누놀이의 즐거움, 황야여행의 고요함, 설악의 아름다움 등과 같은 대체재가 존재하지 않는 심미적인 서비스를 제공한다.

자연환경과 경제시스템 사이의 관계는 폐쇄시스템(closed system)으로 간주된다. 인간과 자연환경과의 관계를 태양계와 그 주변의 대기층으로 제한시킨다면 분명히 폐쇄시스템이다. 우리는 대부분의 에너지를 직·간접적으로 태양으로부터 얻는다. 인간은 대기권 밖으로 우주선을 보내고 있기는 하지만 역사적으로 말하면 외계로부터 받아들이고 보내는 것이 무시할 만큼 매우 적으므로 폐쇄시스템이라고 할 수 있다. 이러한 인간과 자연환경과의 관계는 물리학의 법칙으로 설명할 수 있다.

- **열역학 1법칙: 에너지불변의 법칙**

에너지불변의 법칙(energy and matter cannot be created or destroyed)이란 폐쇄시스템에서 에너지 형태가 변화할 때에도 그 에너지의 총량은 불변한다는 것이다. 자연으로부터 경제시스템으로 들어가는 대량의 원재료는 경제계에 축적되거나 폐기물로서 자연으로 되돌아온다.[12] 경제계에서 축적이 멈출 때는 경제계로 들어가는 대량의 원재료는 자연으로 되돌아가는 폐기물의 양과 같게 된다.

과도한 폐기물은 자산의 가치를 감소시킨다. 폐기물이 자연의 정화능력을 초과하게 되면 폐기물은 자연환경이 제공하는 서비스를 감소시킨다. 예를 들면, 공기오염은 호흡기질환을 일으키고, 오염된 물은 암을 유발시키고, 스모그는 자연경관을 해친다. 한편 인간과 자연환경의 관계는 또 다른 물리학 법칙에 따라 조절된다.[13]

---

12) 화석연료를 사용하면 열과 수증기(폐가스)가 발생한다.
화석연료+O_2=열+CO_2(수증기/폐가스)

13) 에너지는 두 가지 법칙에 지배된다. 그 첫째는 에너지란 절대 만들 수도 없고 또 없애버릴 수도 없다는 법칙이다. 사실 에너지는 빛에서 전기, 그리고 열이라고 하는 형태는 변하여 가지만 그 양은 전체적으로 보아 일정하게 유지되고 있다. 이것은 열역학 1법칙 혹은 에너지가 늘 보존된다는 의미에서 에너지보존의 법칙이라고 한다. 여기서 에너지가 보존된다고 하는 것은 예를 들어 석유를 연소시킨다고 할 때 그 전후의 에너지 총량에는 변함이 없다는 것이다. 즉, 태운 뒤의 열과 배기가스와 수증기에 포함되어 있는 에너지를 합하면 석유가 원래 가지고 있던 에너지와 같게 된다는 뜻이다. 배기가스와 수증기도 그 나름대로의 에너지를 갖고 있지만 문제는 이들을 아무리 모아보아도 난방용으로는 쓸 수 없다는 것이다. 가령 같은 에너지라 할지라도 이들이 지닌 에너지는 어떤 의미에서는 사람이 일을 시키기 위해 두 번 다시 쓸 수 없다는 것이다.

다른 예를 들어보자. 높은 곳에 있는 물은 그 높이에 해당하는 위치에너지를 가지고 있다. 높은 곳에서 떨어지는 물은 물레방아를 돌리고 물레방아의 운동에너지는 곡식을 빻는 유용한 에너지로 사용될 수 있다. 이때 물이 떨어지기 전이나 후의 에너지 양은 서로 같으나 떨어진 물은 에너지를 더 공급해 주지 않는 한 이제 더 이상 유용하게 사용될 수 없다. 즉 에너지의 쓰레기(?)가 생기는 것이다. 에너지의 양은 같지만 왜 그렇게 되는 가를 설명하는 것이 열역학 2법칙, 또는 엔트로피 증가의 법칙이다. 이 법칙이 설명하고 있는 것은, 에너지란 자유로이 형태를 바꾸어 갈 수 있으며 변환시킬 수도 있지만 그때마다 반드시 어떤 대가를 치루지 않으면 안된다는 것이다. 이 대가란 앞서의 예에서처럼 본래 그 에너지가 가지고 있던 일할 수 있는 능력, 즉 잠재력(potential)의 포기라고 하는 것이다. 열역학에서는 이와 같이 일로 변환

- 열역학 2법칙(엔트로피 법칙): 엔트로피는 증가한다

여기서 엔트로피란 일을 위해서 사용되지 않은 에너지를 말한다. 에너지전환 과정에서 100% 효율적인 방법은 없다. 새로운 에너지자원이 없다면 폐쇄시스템은 궁극적으로 지구의 에너지를 고갈시키게 된다.

지구는 폐쇄시스템이며 태양으로부터 에너지를 받는다. 따라서 이미 축적된 에너지(화석연료, 핵에너지 등)를 써버렸다면 태양에너지의 흐름과 저축될 수 있는 양(댐, 나무 등)에 의해서 우리가 얻을 수 있는 에너지는 그 최고한도가 정해진다. 따라서 총에너지는 다음과 같이 나타낼 수 있다.

▪ 총에너지 = 태양에너지 + 이미 축적된 에너지(화석연료, 핵에너지)
+ 저축가능 에너지(댐, 나무)

2. 실증경제학과 규범경제학

실증경제학은 현실의 경제사회에 존재하는 경제법칙의 규명을 목적으로 경제현상을 사실(what is) 그대로 기술하고 분석한 결과로 얻은 일련의 체계적 지식이다. 즉, 실증경제학이란 현실 경제사회의 여러 경제변수 사이에 존재하는 함수관계를 발견하고 그 성질을 규명하는 것을 내용으로 한다. 국제자원론에서는 자연환경서비스의 흐름 및 영향을 분석하는 연구방법이다. 흔히 경제학 또는 경제이론이라고 할 때는 이 실증경제학을 가리킨다.

한편, 규범경제학은 마땅히 있어야 할 경제상태(What ought to be)가 무엇인가에 대한 판단을 내리는 기준에 관한 이론으로, 가치판단을 하는 것을 전제로 한다. 즉, 규범경제학에서는 자연환경이 주는 서비스의 흐름이 최적인지의 기준을 제공하는 것으로 그 진수는 자산의 가치를 극대화하고자 하는 것이다. 인간이 존재하는 한 인간은 자연환경에 영향을 줄 것이므로 자연환경에 영향을 미치느냐가 아니라 영향의 적정 수준을 정하는 것이다.

규범경제학은 자연자산의 보존과 개발 사이의 균형을 유지하여 자연자산의

시킬 수 없는 양을 엔트로피라 정의하고 있다. 에너지를 변환시킬 때마다 엔트로피는 발생하며 그 총량은 증가해 간다.

가치를 극대화하고자 한다. 이 균형을 정의하기 위해서는 자연자산이 주는 서비스 흐름의 가치를 계산하는 것이 필요하다. 그러나 인간의 가치평가는 인간중심적일수 있기 때문에 생물생존권에 대한 환경영향평가는 인간의 궁극적인 목적을 중심으로 가치가 평가되어 왔다.

예를 들면, 미국 테네시강에서 Tellico 댐을 건설하던 중에 희귀어종인 퍼치(snail darter)가 발견되었다. 1967년 댐건설이 시작된 이후인 1973년에 희귀어종이 발견된 것이다. 퍼치는 멸종위기종(endangered species)으로 미국 내무부에 고시된 희귀어종 보호법(Endangered Species Act, 1973)에 따라 퍼치의 발견은 댐 건설 중단사유가 되었다. 그러나 대체보호지역선정과 이미 75%가 완성된 댐건설이란 이유 등 인간중심의 가치평가로 인하여 1979년 미국 대법원 판례에 의해 희귀어종 보호법의 적용을 면제받은 바 있다.

제 2 절 선택기준

어떤 사업이 바람직한 것인가를 평가하려면 사업의 편익(benefits)과 비용(costs)을 평가해야 한다. 만약 편익이 비용보다 크다면 그 사업은 바람직한 것이다. 그러나 경제학에서 비용과 편익은 인간의 관점에서 계산되기 때문에 인간에게 직접적으로 영향을 주지 않는 것은 계산되지 않는다.

1. 정태적 효율성 기준

자원의 사용으로부터 얻은 순이익이 극대가 되는 분배를 정태적인 효율성(static efficiency)이라고 한다. 여기서는 시간개념이 중요하지 않다. 현재 세대내 배분문제이기 때문이다. 경제학에서 한계비용과 한계수입이 일치하는 점에서 사회전체의 잉여의 합(소비 및 생산자 잉여의 합)이 극대화되는 파레토 최적점을 이루고 정태적 효율성을 달성한다고 한다. 정태적 효율성 기준은 시간이 중요한 요소가 아닐 때 자원분배의 효율성을 비교하기 위해 사용된다.

2. 동태적 효율성 기준

경제문제의 경우 오늘의 의사결정은 미래세대의 자산가치에 영향을 준다. 즉, 시간이 중요한 요소가 된다. 고갈성 에너지는 한번 사용하면 없어진다. 또한 지속생산 가능 자원도 과다 사용되면 시간이 경과함에 따라 자원스톡이 줄어든다. 특히 환경오염은 시간이 경과하면서 축적된다. 이와 같이 편익과 비용이 서로 다른 시점에서 발생하는 경우의 자원배분은 현재가치평가법(present value method)이 사용된다.

댐건설의 경우와 같이 편익과 비용이 장기간에 걸쳐 발생하는 경우 대안 비교를 위해서는 편익과 비용을 현재가치로 전환하여 평가해야 한다. 이와 같이 미래 수년 간에 걸쳐 발생하게 될 순수익의 현재가치를 극대화할 수 있는 자원의 분배구조를 동태적인 효율성 기준이라 한다. 경제문제에 있어 많은 경우, 오늘의 결정은 미래 세대에 많은 영향을 줄수 있으며, 동태적인 효율성 기준은 이와 같이 시간이 중요한 고려 요인이 될 때 사용되는 기준이다.

$$PV(B_0, B_1, \cdots, B_n) = \sum_{t=0}^{n} \frac{B_t}{(1+r)^t}$$

여기서 PV: n기간에 걸쳐 발생하는 순편익의 합, B: 순편익, t: 시간, r: 할인율을 나타낸다. 수요에 비하여 공급이 충분할 경우, 예를 들어, 수요가 30인데 공급이 30이상인 경우 전통 경제학으로도 문제해결이 가능하여 정태적 효율성 기준이 충족되고[14] 효율적 자원배분의 달성이 가능하다,

그러나 공급이 30미만인 경우 문제가 달라진다. 이러한 경우 자원론의 새로운 용어인 '한계사용자비용(marginal user cost)'이라는 개념이 필요하다. 자원이 희소할 때 현재의 사용을 증가시키면 미래사용이 줄어든다. 한계사용자비용은

---

14) 만약 자원총량이 두 기간에 걸쳐 필요한 수요량 보다 크다면 할인율에 상관없이 각기에 15개씩 분배하는 것이 최적이다. 즉, 정태적인 효율성 기준이면 효율적인 자원분배가 달성된다. 그러나 자원총량이 두 세대에 필요한 수요량(40)보다 적다면 할인율에 따라 세대간 자원배분량이 달라진다. 따라서 시간이 중요한 요소가 된다.

현재 세대의 자원 한 단위 사용에 의해 미래세대가 잃어버린 기회(foregone opportunities)의 현재가치이다.

예를 들어 설명해보자. 수요곡선 $p = 4 - 0.1q$, 한계비용이 2, 자원총량이 30이고, 그리고 할인율이 10%인 두 세대간의 분배의 경우를 가정하였다.

한계사용자비용이 고려되지 않는다면 1세대 공급은 20이 되고 2세대에는 10을 사용하는 것이 이윤극대화의 조건이다. 이 때의 두 기간의 가격은 각각 $p_1 = 2$, $p_2 = 3$이 된다. 이 경우 사회적 잉여(순가치)의 합은 33.6(=20+15/1.1)으로 최대가 되지 않는다. 그러나 한계사용자비용을 고려하면 공급량은 1세대에 15.238, 2세대에 14.762이고, 이때 가격은 $p_1 = 2.4762$, $p_2 = 2.5238$이 된다. 그리고 사회적 잉여(순이익)는 1세대에는 18.87, 2세대에는 16.93(18.628/1.1)이 되어 사회적 잉여의 합은 35.8이 되어 극대값을 가진다.

여기에서 한계사용자비용이란 가격에서 채취비용을 차감한 값을 의미하며, 로열티(royalty), 지대(rent), 순가격(net price), 또는 한계이익(marginal profit)이라고 한다. 위의 예에서 한계사용자비용은 1세대에는 0.4762, 2세대에는 0.5238이 되나 2세대의 값을 할인하면 한계사용자 비용의 순가치는 동일한 0.4762이 된다. 즉 세대간에 한계사용자비용이 동일하도록 자원을 배분하면 최적배분이 된다. 이를 그림으로 나타낸 것이 [그림 2-1]이다. 두 세대 모두 동일한 수요함수와 공급함수를 가지고 있다고 가정하였다.

[그림 2-1] 현세대와 미래세대의 자원배분

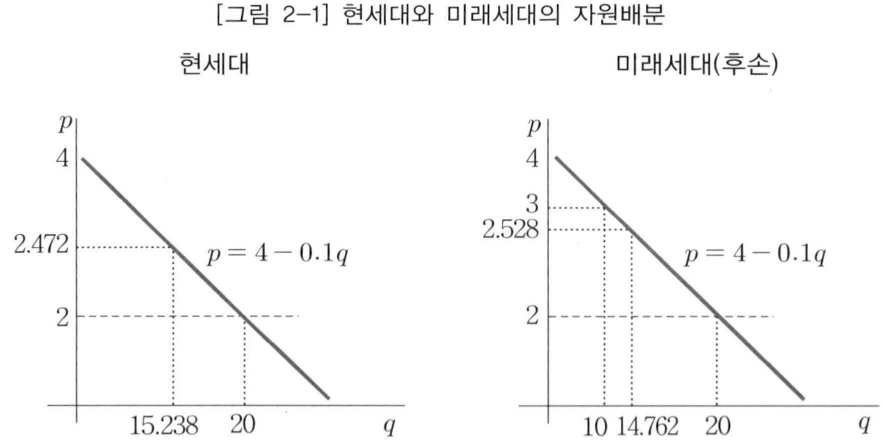

3. 원자재의 가격결정

자원량이 제한된 경우, 즉 고갈성 자원의 최적분배 과정을 통하여 고갈성 자원의 적정가격을 설명할 수 있다. 자원에 대한 수요 및 생산함수가 다음과 같이 주어졌다고 가정하자.

$$\text{수요함수 } p_t = a - bq_t \tag{2-1}$$

$$\text{총편익함수 } \int_0^{q_t}(a-bq)dq = aq_t - \frac{b}{2}\, q^2{}_t \tag{2-2}$$

$$\text{총비용함수 } cq_t, \quad \text{한계채취비용}= \mathrm{c} \tag{2-3}$$

$$\text{총이용가능자원량 } \overline{q_0} = q_1 + q_2 \tag{2-4}$$

$$L = \sum_{t=1}^{2} \frac{aq_t - bq_t^2/2 - cq_t}{(1+r)^{t-1}} + \lambda[\overline{q_0} - \sum_{t=1}^{2} q_t] \tag{2-5}$$

L은 라그랑지안 함수를 나타낸다. 자원총량, $\overline{q_0}$가 두 세대 전체 시장 수요량보다 작다고 가정하면, 즉, $\overline{q_0} < q_1 + q_2$라 하고, 식(2-5)를 q_1, q_2에 대해서 풀면 식(2-6), (2-7)이 얻어진다.

$$\frac{a - bq_t - c}{(1+r)^{t-1}} - \lambda = 0,\ t = 1,\ 2 \tag{2-6}$$

$$\overline{q_0} - \sum_{t=1}^{2} q_t = 0,\ t = 1,\ 2 \tag{2-7}$$

식(2-6)을 정리하면,

$a - bq_1 - c = \lambda(1+r)^0$에서 $p_1 - MC_1 = \lambda = MUC_1$가 된다. 라그랑지안함수의 정의에서 $\partial NB/\partial \overline{q_0} = \lambda = MUC$, 즉 라그랑지안 승수 λ는 MUC(한계사용자비용)이 됨을 알 수 있다.

또한, $a-bq_2-c=\lambda(1+r)^1$는 $p_2-MC_2=\lambda(1+r)=MUC_2$가 된다. 따라서 $MUC_2=MUC_1(1+r)$으로 표현할 수 있다. 그러므로 식(2-6)으로부터 고갈성 자원의 가격은 한계채취비용과 한계사용자비용의 현재가치의 합이 됨을 알 수 있다.

$$p_t = MC_t + MUC_t \tag{2-8}$$

제 3 절 지속 가능성(Sustainability)

미래세대와의 자원배분에 관하여 일반적으로 인정되는 공정성(fairness)과 정의(justice)에 대한 기준이 없으므로 미래세대를 포함하는 경우에는 자원분배에 관한 어떠한 새로운 기준을 설정하는 것이 필요하다. 왜냐하면 미래세대는 자원의 사용에 관한 의사결정과정에 자신들의 의견을 낼 수 없기 때문이다.

지속 가능한 발전이란 미래세대가 그들의 필요를 충족시킬 수 있는 능력을 손상시키지 않는 범위 안에서 현 세대의 필요를 충족시키는 발전을 의미한다.[15] 다시 말해 지속 가능한 발전이란 각 세대가 인구에 비례해서 최소한 물려받은 것만큼의 생산기반을 후손들에게 남겨줄 때 성립될수 있다. 그렇다면 각 세대가 충분한 생산기반을 후손들에게 물려주고 있는지 어떻게 판단할 것인가?

경제학자들은 경제적인 생산기반을 올바르게 판단하는 척도는 부(富)라고 주장한다. 이러한 부에는 제조된 자산(건물, 기계, 도로, 교량)은 물론 인적자본(지식, 기술, 건강), 천연자본(생태계, 광물, 화석연료 등)과 제도(정부, 시민사회, 법치)가 포함된다. 세월이 흘러도 인구와 비례해서 부가 꾸준히 유지된다면 그 발전은 지속 가능한 것이다. 다시 말해 경제성장은 국민총생산(GNP)의 성장이 아니라 부의 성장을 기준으로 판단해야 한다.

---

15) Gro Harlem Brundtland(WCED), *Our Common Future, The Brundtland Commission*, 1987, Oxford University Press.

세대간의 형평성에 관한 논의는 철학자 존 롤스(John Rawls: 1921-2002)의 정의론(A Theory of Justice, 1971)에서 언급되고 있다. 롤스는 정의에 대한 일반원칙을 이끌어 내기 위하여 모든 사람들을 무지의 장막(veil of ignorance)[16] 뒤에 놓는다. 이 무지의 장막은 사람들로 하여금 그들 사회에서의 자신들의 위치를 알지 못하게 한다. 이 장막 뒤에서 사람들은 그들이 살아갈 사회를 다스릴 규칙을 정하게 될 것이다. 다시 말하면, 세대간의 자원의 분배를 위한 규칙을 제정할 현재와 미래세대의 가상적인 모임을 만드는 것이다. 무지의 장막 뒤에 선 참가자들은 자신이 속할 세대를 모르기 때문에 과도한 개발론자나 보존주의자가 되지 않을 것이다. 이 때 예상되는 기준이 지속가능성기준이다.

여기서 얻게 되는 지속가능성기준은 최소한 미래세대에게 현재세대보다 자원이 불리하게 배분되어서는 안 된다는 것이다. 이 기준에 의하면 현재 세대를 풍요롭게 하기 위한 자원의 배분은 불공평하나 미래세대의 이익이 보호되는 방식으로 자원을 사용하는 것은 가능하다.

그러면 현재 우리의 경제제도가 미래세대를 위한 보호장치를 제공하는가? 먼저 경제학의 효율적인 분배제도가 지속가능성기준을 만족시키는지 조사해보자. 즉, 경제학의 효율적인 배분방법이 지속가능한지이다.

앞서 설명한 수치적인 계산에서는 그렇지 않다. 1세대에 더 많은 자원이 배당되고 결과적으로 사회적 잉여(순 가치)도 2세대가 1세대보다 작게 된다. 지속가능성기준은 미래세대의 비용으로 현세대의 이익을 허락하지 않는다. 그러나 효율적인 배분기준에서 1세대에서 미래세대를 위하여 1세대에서 발생한 순익을 어느 정도 저축할 수 있을 것이다. 1세대가 저축한 것을 미래세대가 사용한다면 미래세대가 현세대만큼 부유해질 것이다.

예를 들어, 앞서 설명한 경우와 같이 수요와 생산함수가 주어지고 총 30단

16) 무지의 장막(veil of ignorance)은 합의 당사자의 타고난 능력 및 재능, 심리상태 및 가치관, 사회경제적 지위 등을 모르게 한다는 가상적 장치이다. 이러한 장치는 합의의 공정성을 보장하여 합당한 정의의 원칙을 도출하는 기능을 한다. 흔히 정의를 '분배적 정의'와 '절차적 정의'로 대립시킬 때 롤스가 후자에 서게 되는 것도 이 때문이다. 롤스의 정의 개념의 핵심은 '공정성으로서의 정의'인 것이다. 그는 이러한 합의 과정을 거쳐 사람들이 다음과 같은 정의의 두 원칙에 합의할 것으로 보았다. 첫 번째 정의원칙은 사람들이 기본적 자유를 평등하게 나누어 가져야 한다는 것이다. 두 번째 정의원칙은 우선 사회의 직위 직책은 모든 사람에게 개방되고 사회경제적 불평등은 최소 수혜자의 입장을 개선시키는 한도 내에서 정당화될 수 있다는 차등원칙(the difference principle)이다.

위의 자원이 15단위씩 두 세대간에 공평하게 분배된다고 가정하자. 이때 각 세대당 순익은 각각 18.75이다.[17] 다음은 동태적인 효율적 분배의 경우를 비교해 보자. 1세대는 15.238, 2세대는 14.762 단위를 각각 사용하여 순익이 1세대에는 18.87, 2세대에는 16.93가 된다. 분명히 세대간에 배분은 지속 가능성 기준에 어긋난다.

그러나 순익배분(1세대에서의 순익 저축)이 일어난다면 다르다. 만약 1세대가 17을 사용하고 1.87을 2세대를 위해 10%의 이자율로 저축하면 이 저축은 2.06이 되고 미래세대는 18.8(=(2.06+18.6)/1.1)이 되어 미래세대(2세대)가 더 부유하게 된다. 즉, 미래세대가 저축배당(sharing)과 함께 동태적인 효율성 기준에 따른 자원배분을 수용한다면 동등 배분방법[18]보다 유리하다. 고갈성 자원의 경우에도 동태적인 배분방법이 지속가능성기준을 충족시키지는 못하지만 지속가능성과 일치할 수도 있다.

그러면 자본저축은 어떻게 배분(sharing)해야 하는가? 자본저축은 자원사용의 이익을 자본형태로 투자하는 것이다. 그리고 자본은 인위적 자본[19](인간이 만든 기계, 건물, 도로 등)과 천연자본(환경스톡과 자연자원)으로 구분된다. 그러므로 위의 두 종류의 자본스톡량 합의 가치가 감소하지 않으면 된다.

그러나 지속가능성기준의 충족여부는 두 자본간의 대체 가능성의 정도에 달려있다. 두 자본간 대체가 가능한 한 총자본가치의 유지는 충분하다. 그러나 인위적 자본이 자연자본을 대체할 수 없을 때 인위적 자본의 투자는 미래세대의 번영을 위해 충분하지 않다.

이러한 천연자본과 제조된 자본간 대체 가능 여부에 따라 지속가능성(sustainability)은 다음과 같이 3가지로 구분된다.

- 약 지속가능성(weak sustainability)

현세대의 자원사용은 미래세대의 동등한 복지를 해하는 수준을 초과해서는 안된다. 앞세대가 자원을 더 많이 사용하지만 일정부분 저축해서 후세대에 넘겨주면 미래세대 몫이 더 커진다. 따라서 현재의 경제제도에서의 지속가능한

---

17) 소비자잉여를 구하면 된다.

18) 15 : 15

19) 인위적 자본이란 건물, 기계, 도로 등과 같이 인간이 제조한 자산을 말한다.

발전이 가능하다.

• 강 지속가능성(strong sustainability)

남아있는 천연자본의 가치가 감소되어서는 안된다. 두 자본사이의 대체 가능성이 불충분하다고 보아 천연자본의 가치 보존을 강조하고 있다.

• 환경적 지속가능성(environmental sustainability)

천연자본의 화폐가치가 아니라 천연자본의 물리적인 수량이 유지되어야 한다. 즉, 어자원의 가치가 아니라 어자원량이 유지되어야 한다는 것이다.

부록

존 롤스(1921-2001)의 정의론[20)]

롤스는 정의를 "구성원간 합의 대상"이라고 보았다. 롤스의 정의개념은 관념에서 출발하지 않고 현실 속의 개인들이 이뤄낸 최소한의 합의로 보는 데 그 독창성이 있다. 1971년의 '정의론'과 1993년의 '정치적 자유주의'에 나타난 롤스의 이론은 '자유주의적 정치철학'으로 규정할 수 있다.

롤스의 이론은 사회계약론적 전통의 연장선상에서 정의의 문제를 다루는데 특히 그것을 '구성'과 '합의'의 대상으로 본다는데 그의 독창성이 있다. 그의 접근방법은 상당히 고전적이다. 정의를 찾아 나선 출발점은 사회의 기본구조를 운영하는 원칙을 어떻게 이해 할 것인가라는 문제다. 이 문제를 어떻게 이해하느냐에 따라 개인들의 생활은 크게 달라진다.

롤스는 사회 기본구조를 설정하는 정의의 원칙들을 철학적 진리나 종교적-도덕적 신념으로부터 도출해내는 과거의 방식을 피한다. 또한 그는 정의를 이미 존재하고 있다고 보고 그것을 알아내어 사회운영에 적용하려는 직관주의의 전통과 결별한다. 그가 취하는 입장은 구성주의라고 부를 수 있다. 특히 정치적 구성주의에 의해 그의 작업은 구체화된다.

롤스의 정치적 구성주의는 실천이성(practical reason)과 원초적 입장(original position)이라는 장치를 통한 정치적 합의로 구체화된다. '원초적 입장'은 정의의 원칙을 이끌어내기 위한 합의의 장치인데 그 핵심적 특징은 '무지의 장막(veil of ignorance)'이다. 이 무지의 장막은 합의 당사자의 타고난 능력, 재능, 심리상태, 가치관, 그리고 사회경제적 지위 등을 모르게 한다는 가상적 장치이다. 이런 장치는 합의의 공정성을 보장하여 합당한 정의의 원칙을 도출하는 기능을 한다. 흔히 정의를 '분배적 정의(distributive justice)'와 '절차적 정의(procedual justice)'로 대립시킬 때 롤스가 후자에 서게 되는 것도 이 때문이다. 그의 정의 개념의 핵심은 '공정성으로서의 정의(justice as fairness)'인 것이다.

이어 그는 이상과 같은 합의 과정을 거쳐 사람들이 다음과 같은 정의의 두 원칙에

---

20) 조선일보, 1999년 7월 7일.

합의할 것으로 본다. 첫 번째 정의의 원칙은 사람들이 기본적 자유를 평등하게 나누어 가져야 한다는 것이다. 두 번째 정의의 원칙은 우선 사회의 직위 직책은 모든 사람에게 개방되고 사회경제적 불평등은 최소 수혜자의 입장을 개선시키는 한도 내에서 정당화될 수 있다는 차등원칙(the difference principle)이다.

결국 롤스는 이 같은 정의의 두 원칙에 의해 운영되는 사회를 질서 정연한 사회로 규정하면서 이런 사회에서는 여러 가지 신념체계를 지닌 여러 집단들이 공존할 수 있다고 보았다.

롤스 정치철학의 탁월성은 사회 운영의 기본원칙이 그 사회구성원의 합의 대상임을 명백히 함과 동시에 이러한 합의에 있어서 개인적 특성에 근거한 주장보다는 공적 관점에서 문제해결의 방향을 제시한다는 점이다.

자유와 평등은 서로 갈등하는 정의의 두 원리이다. 그리고 자유주의와 사회주의의 갈림길이기도 하다. 몇 가지 장치를 통해 그는 자유와 자유주의의 길을 택하면서도 평등의 문제에 대한 관심을 놓치지 않았다. '기회의 균등'에 대한 강조도 그중 하나이다. 이런 점에서 롤스는 마르크스의 사회사상도 비판적으로 수용했다고 볼 수 있다.

동시에 그는 자유를 지키는데도 적극적이었다. 그가 개인의 희생을 요구할 수도 있는 전체복리 운운하는 공리주의적 정의관에 대해 비판적이었던 것도 그 때문이다. 출발점은 자유로운 개인이었다. 자유로운 개인도 지키고 사회적 평등도 확보하려는 전략이 '정의론'을 관통하는 핵심사상이다.

제 3 장
비용편익분석(Cost-Benefits)

자원시장은 시장실패, 외부경제효과 등 그 자체의 특성으로 인해 자원의 효율적인 배분을 달성할 수 없는 상황이 일반적이다. 이와 같은 자원시장의 특성에 의한 비효율적인 자원의 분배는 정부의 정책이나 법・제도를 통해 개개인의 경제적 유인을 재조정함으로서 효율적인 자원배분을 이룰 수 있다.

경제가 완전경쟁 상태에 있고 외부효과가 없다면 자원배분은 시장의 가격기능에 맡겨두면 될 것이다. 그러나 그렇지 못한 경우 정부가 나서서 시장기능의 실패를 시정해야 한다. 그리고 정부는 어떤 정책이 필요한지 또는 적정한지를 분석하기 위해 많은 정보를 필요로 한다. 비용/편익분석(costs-benefits analysis)은 이러한 정보들을 분석하는데 유용한 방법으로 사용되고 있다.

제 1 절 비용-편익 분석의 발전

공공재의 경우 민간 기업에서는 채산성이 없어서 재화 및 서비스 생산을 기피하기 때문에 재화공급이 어려운 경우가 있다. 이러한 경우 정부는 시장기능의 실패를 보완하기 위해서 또는 사회적으로 필요한 재화 및 서비스를 공급하기 위해 투자를 한다. 공공투자의 경우 ① 특정투자를 할 필요가 있는지 ② 투자를 할 경우 순 후생이 증가할 것인지 ③ 투자의 규모는 어느 정도로 해야 하는지 ④ 어느 것을 먼저 해야 할 것인지 등을 정해야 한다.

예를 들면, 다목적 댐과 같은 수자원 개발사업, 도로, 철도, 항만, 농업용수시설 건설, 환경보전과 공해방지시설의 건설과 운영, 국립공원설치, 대중체육시설 투자 등을 들 수 있다.

민간 기업은 이윤극대화가 목적이지만 정부의 공공부문 투자는 외부경제효과를 내부화시켜 국민경제의 후생을 증대하는 데 있다. 이러한 공공투자사업의 우선순위 및 타당성 여부를 조사하기 위해 비용-편익분석을 사용한다. 이러한 비용-편익분석은 1930년대 미국이 수자원 개발사업을 평가하는데 처음으로 사용된 것을 시작으로 각종 정부사업에 적용하고 있다.[21] 또한 민간 기업에서도 재무분석으로 널리 사용하고 있다.

제 2 절 투자 기준

비용-편익분석의 이론적 배경은 경제학에서 사용되는 사회후생 극대화 측면의 B/C 분석과 민간기업의 사적편익(private benefit)의 극대화 측면에서 사용되는 재무분석(financial analysis)이다. 일반적으로 생산과정에서 환경오염을 발생하는 민간기업의 경우 환경부문이 재무분석에 포함되지 않아 사회적 후생개념과는 괴리가 존재한다.

1. 순후생의 현재가치(NPV: Net Present Value)

순후생의 현재가치 기준은 현재가치의 크기를 비교하여 사업의 우선순위를 결정하는 방법을 말한다. 여기서 순편익은 다음의 식으로 표현된다.

$$\text{순편익} = \frac{B_0 - C_0}{(1+r)^0} + \frac{B_1 - C_1}{(1+r)^1} + \frac{B_2 - C_2}{(1+r)^2} + \cdots\cdots + \frac{B_t - C_t}{(1+r)^t}$$

순현재가치(NPV) 기준은 경제적 효율성 기준 즉 자원의 효율적 배분기준을 충족시키는 장점이 있는 반면에 다음과 같은 단점이 있다. 첫째, 현재가치의 절대값의 크기에 따라 결정되므로 대형사업이 우선순위에 오르는 모순이 있다. 둘째, 편익이 조기에 발생하는 사업이 우선 채택될 수 있다. 셋째, 자본시장이

21) 미국에서는 정부가 참여하는 주요 수자원 개발사업에 대해서 사전에 비용-편익 분석을 의무화하는 지침서(Green Book)가 1950년에 완성되었다.

불완전한 경우 할인율(r)을 어떻게 선정하느냐의 문제가 있다.

[그림 3-1] 사회적 잉여의 극대화

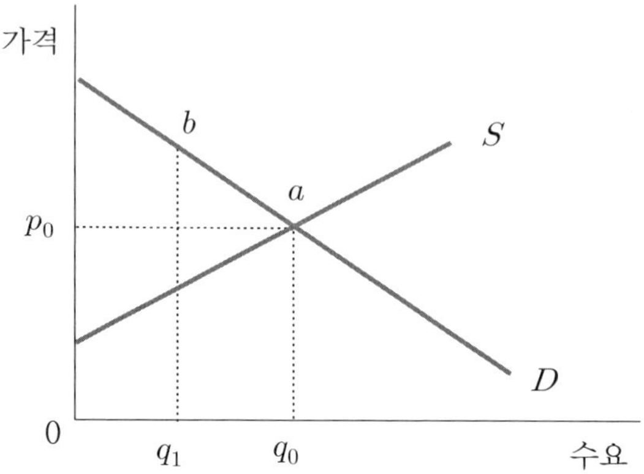

시장이 완전경쟁하에 있다면 할인율로 사용할 수 있는 시장이자율, 사회적 기회비용, 사회적 시간선호율 이 세 가지가 모두 동일하다. 그러나 시장이자율은 자본시장의 불완전성, 서로 다른 위험 부담률, 정부개입 등으로 적정할인율이 될 수 없고 사회적 시간선호율은 계산이 어렵다.

위 [그림 3-1]을 보면 q_0 점에서 사회적 후생(소비자 잉여+생산자 잉여)이 극대화되어 사회적 효율성 기준을 충족하나 편익/비용비율은 q_1 점에서 더 크다. 따라서 순익 극대화기준에 의하여 사업의 타당성 기준을 정하면 대형사업이 우선적으로 채택되는 결과가 된다. 그러나 그 반대로 편익/비용 비율에 의하여 사업의 우선순위를 정하면 q_1 점에서 그 비율이 커져 대형사업보다는 단위 사업비당 순편익이 큰 사업이 채택되게 된다. 그러나 이 경우에는 사회적 순편익을 극대화한다는 효율성 기준을 충족시키지 못하는 단점이 있다.

2. 비용편익 비율(Benefit/Cost ratio)

비용편익 비율 기준은 투자규모가 큰 사업이 유리하게 되는 순현재가치기준(NPV)의 단점을 피하고 객관적인 관점에서 사업을 비교할 수 있다는 장점이 있다. 즉 비용편익 비율(B/C)이 큰 사업부터 선택하면 된다. 여기서 비용편익비율은 다음과 같이 표현된다.

$$\text{B/C Ratio} = \sum_{t=0}^{T} \frac{B_t}{(1+r)^t} \Big/ \sum_{t=0}^{T} \frac{C_t}{(1+r)^t}$$

반면에 순현재가치기준(NPV)과 달리 효율성 문제를 해결하지 못한다는 단점이 있다. 즉 B/C 비율이 큰 사업이 반드시 순현재가치의 합이 가장 크지 않다는 단점이 있다. 또한 적정할인율의 선택문제는 NPV와 동일한 문제점으로 존재한다.

3. 내부수익률(Internal Rate of Investment)

내부수익률은 편익흐름의 현재가치에서 비용흐름의 현재가치를 뺀 것이 0이 되도록 하는 할인율을 말한다. 이 내부수익률을 케인즈는 자본의 한계수익률이라고 하였다. 사업의 우선순위를 정할 때 내부수익률이 가장 큰 사업을 우선순위로 정하는 것이다.

$$NPV = \sum_{t=0}^{n} \frac{B_t - C_t}{(1+r)^t} = \frac{B_0 - C_0}{(1+r)^0} + \frac{B_1 - C_1}{(1+r)^1} + \cdots\cdots + \frac{B_n - C_n}{(1+r)^n} = 0$$

r: 케인즈의 자본의 한계효율, 예상수익률

즉, B/C=1이 되는 할인율 또는 NPV=0이 되는 할인율을 구하고, 시장할인율과 비교하여 내부수익률(IRI)이 가장 큰 사업부터 선택하는 방법이다. IRI기법은 B/C 비율이나 NPV를 구하는 데 어떤 할인율을 적용해야 하는지 불분명하거나 어려운 점이 많을 때 적용한다. 그러나 내부수익률 기준은 n차 방정식이므로 답이 여럿 나올 수 있고, 내구연한이 짧은 사업의 수익성이 과장되는 경향이 있는 것이 단점으로 지적된다. 세계은행에서 투자우선순위를 정할 때 사용하는 기준이다.

제 3 절 비용-편익의 종류

공공사업으로 인해 발생하는 비용 및 편익은 통상 직접적 결과(primary consequences)와 간접적 결과(secondary consequences)를 발생시킨다. 예를 들면, 저수지나 댐의 건설로 여가활동이 증가하는 것은 직접적 결과이고 소득증대효과는 간접적인 결과이다. 예를 들어 사업시행 당시 주변지역이 실업상태에 있어 공공사업으로 인해 고용증대가 있었다면 고용증대효과는 편익으로 계산된다. 그러나 사업의 결과로 단지 노동력의 이동배치만 발생하였다면 이것은 편익으로 계산하지 않는다.

또한 화폐가치로 평가할 수 있느냐에 따라 유형편익(tangible benefit)과 무형편익(intangible benefit)으로 구분된다. 무형편익은 자료가 없거나 충분한 신뢰성을 갖추지 못하였거나 또는 자료가 있더라도 가치를 평가할 적정한 방법이 없는 경우이다. 그렇다고 무형편익이 경시되어서는 안 되며, 가능한 한 최선으로 수치화 또는 계량화해야 한다. 예를 들면, 댐 건설로 인한 홍수피해방지 가치와 같이 화폐가치로 평가한 가치를 유형편익라고 하는 반면 무형편익은 주변경관의 미화, 상수도시설로 인한 건강증진과 같이 화폐가치로 평가하기 어려운 불확실한 이익을 말한다.

불완전한 자료로부터 추정된 자료에는 흔히 민감도 분석(sensitivity analysis)이 자주 사용된다. 무형편익이 존재하는 경우 불확실한 비용이나 편익을 시나리오를 작성하여 B/C 비율이나 내부수익률이 얼마나 민감하게 변화하는가를 측정하는 것을 민감도 분석이라고 한다. 대부분의 공공투자사업의 효과는 미래에도 지속되므로 편익과 비용의 결정요인인 가격, 임금, 단위생산비 등에는 불확실성이 존재하며, 이러한 불확실성을 감안한 분석방법이 민감도 분석(sensitivity analysis)이다.

제 4 절 경제적 가치의 종류

자원의 가치는 상황에 따라 다르지만 스톡(stock)이나 플로우(flow)의 가치를 평가할 필요가 있다. 숲의 나무는 스톡이지만 벌목된 나무는 서비스의 흐름인 플로우이다. 그러나 위 두 가지는 서로 연결되어 있다. 스톡가치는 플로우 서비스 가치의 현재가치의 합과 같아야 한다. 즉, 서비스 흐름의 현재가치의 합이 극대가 될 때 우리는 자원이 효율적으로 이용되고 있다고 할 수 있다.

경제학에서는 경제적 가치는 다음과 같이 나눌 수 있는데, 이용가치(use value), 선택가치(option value), 그리고 비이용가치(nonuse value)가 그것이다.

첫째, 이용가치(use value)는 자원의 직접적인 사용을 반영한다. 예를 들면, 바다로부터 수확된 어류, 산림으로부터 벌목된 목재, 강으로부터 취수된 물, 자연으로부터의 아름다운 경관 등이다.

둘째, 선택가치(option value)는 현재 시점에서는 특정자원에 대한 수요는 매우 적거나 또는 없으나 나중에 수요가 있을 것으로 보고, 그 보존가치를 인정해 주고자 하는 것이다. 즉, 선택가치는 자원의 잠재적 이용으로부터 얻어지는 가치이다. 예를 들어, 내가 현재는 방문하지 못하지만 언젠가는 관광할 곳으로 기꺼이 돈을 지불할 용의가 있을 때 그 가치를 말한다. 예를 들면, 개발로 인한 특정 재생 불능자원(금강산, 설악산, 홍도 등의 파괴)의 파괴, 벌목으로 인한 위락 손실(후에 산림 울창으로 여가서비스 증대)에 가치를 부여하는 것이다.

셋째, 비이용가치(nonuse value)란 사람들은 비록 이용하지 않을 것이지만 자원을 보존하고 개선하는데 기꺼이 지불하고자 하는 가치를 말한다. 만약 정부가 북한의 금강산이나 미국 서부의 그랜드 캐년을 축산업자에게 임대하여 축산 분뇨나 부산물을 저장하는 지역으로 사용한다면 일반 국민들은 물론 타국에서도 항의가 거셀 것이다. 비록 금강산이나 그랜드 캐년을 방문하지 않고, 하지도 않을 사람에게 조차도 귀중한 자원에 대한 가치 손실은 매우 클 수 있다. 이러한 가치는 자원의 직접적인 이용이나 잠재적 이용으로부터 근거하지 않기 때문에 이용가치나 선택가치와는 매우 다르다.

비이용가치를 존재가치(existence value)라고도 한다. 존재가치란 미래 이용여부와 관계없이 단순히 존재하는 것만으로도 흡족스럽게 느끼는 가치를 말한다. 비이용가치는 개인적인 사용보다는 특정한 동기로부터 유발되기 때문에 이용가치에 비해 화폐가치로 평가하기가 어려워 무형가치에 가깝다.

재화의 경제적 가치를 분류하고 그 특성을 요약하면 다음의 <표 3-1>과 같다.

총가치(Total Value) = 이용가치(Use Value) + 비이용가치(Nonuse Value)

- 이용가치(Use Value) = 직접이용가치 + 간접이용가치
- 비이용가치(Nonuse Value) = 존재가치 + 선택가치

〈표 3-1〉 재화의 가치의 특성

분 류	내 용
직접이용가치 (direct use value)	실제 이용함으로써 발생하는 가치(자연자원, 여가·위락기능 등)
간접이용가치 (indirect use value)	간접적으로 이용됨으로써 얻게 되는 가치(국토보전기능 등)
선택가치 (option value)	장래를 대비하여 남겨둠으로써 얻게 되는 가치(장래의 유전자자원 이용 등)
존재가치 (existence value)	그곳에 존재한다는 정보만으로 얻게 되는 가치(생태계, 야생동물 등)

제 5 절 적정 할인율의 선택

공공사업의 우선순위를 정하기 위해서는 사업의 현재가치를 계산하여야 한다. 이때 적정 할인율의 선택은 매우 중요하다. 적정 할인율로는 사회적 시간선호율(social rate of time preference)이 이론적으로 가장 타당하나 자료를 구하기 어렵다는 것이 단점이다. 이외에 내부수익률, 시장이자율 등이 사용되나 시장의 불완전성 등 각 기준마다 단점이 있는 문제점이 있다. 그리하여 우리나라를 비

롯하여 대부분의 국가에서는 국가에서 적정 할인율을 공식적으로 발표하고 있다. 세계은행의 경우는 적정이자율의 결정이 어렵기 때문에 내부수익률을 구하여 공공 투자사업의 투자우선순위를 결정하는데 사용하고 있다.

공공투자사업의 편익과 비용은 화폐가치로 평가해야 한다. 따라서 가격의 추정과 할인율의 선택이 매우 중요하다. 이때 적용되는 가격은 완전경쟁이라면 시장가격을 이용할 수 있다. 그러나 시장가격은 사회적 기회비용과 괴리가 발생한다. 그 이유는 첫째, 독점이나 가격통제 또는 보호조치에 의한 괴리, 둘째 요소시장 특히 노동시장의 불완전이 존재하여 유휴노동이 존재하는 경우, 셋째 공해 등 외부효과가 발생하여 사적 한계비용(marginal private cost)과 사회적 한계비용(marginal social cost) 사이에 괴리가 존재하기 때문이다. 따라서 시장가격 대신 잠재가격(shadow price)을 사용한다. 이 때 잠재가격은 일반적으로 시장가격에 조정변수를 사용하여 산출한 대용(proxy)가격을 의미한다. 다음 4장에서 할인율에 대해 자세히 설명하였다.

제 6 절 비용효과분석

비용효과분석(cost-effectiveness analysis)이란 어떤 정책목표가 주어졌을 때 그것을 실현시킬 수 있는 가장 저렴한 방법을 찾는 기법을 말한다. 처음부터 달성 목표인 환경기준을 세워 놓고 이 수준에 도달할 수 있는 여러 방법 가운데 가장 경제적인 방법을 찾는 것이다.

비용효과분석은 어떤 한 사업에 투입되는 비용은 금전적 가치로 환산하여 계산할 수 있는 경우도 있지만, 그렇지 못한 경우도 있을 때 활용된다. 자원이나 환경계획의 경우 대안사업의 비용 및 계획목적 달성의 효과를 금액 이외의 계량적 척도로 표현한 것을 비교·평가하여 최적안을 도출해내는 분석기법을 말한다.

제 7 절 환경영향평가

환경영향평가란 환경훼손을 방지하거나 최소화시키기 위한 목적으로 작성되는 보고서이다. 자연환경에 영향을 미칠 수 있는 각종 개발사업을 시작하기 전에 그 사업이 실시될 경우 그 지역사회의 환경과 경제 및 전통문화에 미칠 영향을 미리 예측하고 평가하는 것을 말한다. 선진국은 1970년대 초부터 시행하고 있고 우리나라의 경우 1980년대 이후 "환경영향평가서작성에관한규정"이 제정되면서 시행하고 있다.

환경영향평가는 금전적인 계측뿐 아니라 가능한 한 광범위한 환경의 변화를 예측하여 보고하게 되어 있다. 환경영향평가의 장점은 부작용을 미리 막고 최소화할 수 있는 조치를 할 수 있다는 점이다. 그러나 평가 그 자체가 의사결정기준은 아니라는 점, 그리고 조사자의 주관적 가치판단이 작용할 여지가 많아 평가를 둘러싸고 이해관계자 집단간 심한 논쟁과 갈등(유타주, 영월 동강)[22]이 있을 수 있다.

우리나라의 환경영향평가는 다음과 같은 5가지 절차를 따라야 한다.[23]

1) 평가서 초안의 작성
2) 주민의견 수립
3) 환경영향평가서의 작성
4) 환경영향평가협의
5) 평가사업의 사후관리

환경영향평가의 주요 구성항목은 다음과 같다.

1. 요약문

---

22) 미국 서부 유타주 남부지역은 석탄과 같은 지하자원이 풍부하여 유타주 지역주민은 개발을 원하나 연방정부에서는 관광자원 보호를 이유로 개발을 금지하는 국립공원 지정을 예고하고 있어 갈등이 커지고 있다. 1990년대 후반 논란이 있었던 영월 동강댐 건설 논란도 주관적인 환경영향평가서 작성으로부터 시작되었다.

23) 김인환 · 이덕길, 신환경정책론, 1998, pp.100-105.

2. 사업개요: 목적, 필요성, 사업내용 및 효과
3. 환경현황: 자연환경(지형, 지질, 토양, 기상, 생태계, 해양 등)
   생활환경(대기의 질, 수질, 소음, 악취, 폐기물, 경관 등)
   사회 · 경제환경(인구, 산업, 주거, 교통, 문화재, 토지이용 등)
4. 사업이 환경에 미치는 영향: 환경유형별 장단기의 유익한 영향과 나쁜 영향의 규명, 원상회복 불가능한 자원의 기술
5. 악영향의 저감 방안 및 대안의 선정: 대안의 선정 및 평가(B/C 및 기타 평가분석)

제 4 장
적정 할인율

경제성 평가 혹은 비용편익분석에 적용되는 할인율은 사업의 투자결정에서 매우 중요한 역할을 한다. 특히 제한된 자원하에 다수의 공공사업이 경쟁적 입장에 있을 때 할인율 수준의 결정은 투자의 우선순위에 매우 민감한 결과를 초래한다.

할인율에 관한 이론은 1950년대 미국에서 추진했던 수자원개발사업의 경제성 평가 작업과 관련되어 활발히 전개되었으며 최근까지 학계 및 정부기관 그리고 민간기업의 재무관리 영역에서 숱한 논쟁의 대상이 되어왔다. 그리고 OECD, 세계은행과 같은 국제기관에서도 많은 연구가 발표된 바 있다. 그러나 아직까지 명쾌한 이론모형이나 산정방법이 정립되었다고 볼 수는 없다. 본 장에서는 적정 할인율의 의의 및 이론에 대해 설명하였다.

제 1 절 사회적 할인율의 의의[24)]

할인율은 기업의 재무회계나 공공투자의 경제성을 평가하는 비용·편익분석에서 미래의 비용과 수익을 현재가치로 평가하는 중요한 변수이다. 그 이유는 재화의 투자가치나 효용이 현재와 미래에 동일하지 않는데 있다. 미래에 발생하는 비용과 수익의 가치를 현시점에서 평가할 때는 할인율만큼 축소되기 때문이다.

투자의 회수기간을 1, 2, …, T라고 하면 이 기간 중에 발생하는 비용과 수익의 흐름은 다음과 같이 표현된다.

24) 이선·옥동석, 공공투자의 적정할인율 분석, KDI 정책연구자료 87-12, 1987.8.에서 참고함.

$$NPV = \sum_{t=1}^{T} \rho_t (B_t - C_t), \quad t = 1, 2, 3, \cdots\cdots, T \tag{4-1}$$

$$\rho_t = (\frac{1}{1+r})^t \tag{4-2}$$

NPV: 순편익의 현재가치(Net Present Value)
ρ_t : 할인인자(discount factor)
B_t : t 시점의 사회적 편익
C_t : t 시점의 사회적 비용
r : 할인율

비용·편익분석에서 (4-1)식의 할인율(r)은 사회적 할인율 혹은 공공할인율, 또는 민간부문의 투자일 때 민간할인율 혹은 사적 할인율이다.

현재와 미래의 재화가치가 상이한 것은 Fisher(1930)의 이자율결정이론을 이용하여 설명할 수 있다. 피셔는 소비자는 일반적으로 미래의 재화보다 현재의 재화를 선호한다고 가정하고 이러한 시간선호율이 나타나는 요인을 소득수준, 소득의 시간별 분포, 소득의 구성요소, 불확실성 그리고 개인적인 특성을 들어 설명하였다.

식(4-1)에서 보는 바와 같이 할인율은 공공투자에 의해 발생하는 소득의 흐름 혹은 소비의 흐름을 순현재가치로 평가하며 이와 같이 계산된 미래수익의 순현재가치에 의해 공공투자의 경제적 효율성을 평가하여 투자결정의 지표로 삼는다. 그리고 가용자원은 한정되어 있으므로 상호 경쟁적인 투자사업의 선정은 식(4-1)에서 산정되는 순현재가치의 크기에 따라 우선순위를 결정할 수 있다.

할인율의 주요 쟁점은 공공투자의 경제성평가에 적용되는 사회적 할인율과 민간기업의 투자결정에 적용되는 사적할인율(private rate of discount)의 수준에 있으며, 이에 대해서는 경제학자들 간에 이견을 보이고 있다.

첫째, 자본의 제약이 존재하는 경제환경하에서 수익률이 낮은 공공투자가 상대적으로 수익률이 높은 민간투자를 대체해서는 안된다. 따라서 경제 전체의 효율성을 높이기 위하여 사회적 할인율과 사적할인율은 반드시 동일한 수준에서 결정되어야 한다고 주장한다.

둘째, 시장의 불완전성과 위험도의 차이 그리고 투자의 경제적 효과가 서로 다르기 때문에 사회적 할인율은 사적 할인율보다 낮은 수준에서 결정되어야 한다는 주장이다. 사적할인율은 일반적으로 민간부문의 투자수익율이나 시장이자율에 의해 결정되고 있다.

셋째, 사회적 할인율은 시장이자율이나 소비이자율과 전혀 관계가 없다고 설명하고 있다.

이와 같이 1950년대에 미국에서 수자원개발사업의 경제성 평가로부터 유발되었던 할인율 논쟁은 지금까지 이론적 측면에서나 실무적 측면에서 일치된 견해를 보이지 않고 있다.

제 2 절 사회적 할인율의 이론

1. 완전자본시장과 사회적 할인율

사회적 할인율에 관한 제반 이론을 설명하기 위해서는 먼저 사회적 시간선호율(social rate of time preference), 사적 시간선호율(private rate of time preference), 민간부문의 한계자본수익률(marginal rate of return or investment in the private sector), 공공투자의 기회비용(opportunity cost of public investment)에 대한 이해가 필요하다.

먼저 사회적 시간선호율이란 사회전체가 기꺼이 현시점의 소비를 포기하고 저축하여 미래의 일정시점에서 소비하는데 대하여 지불하는 이자율과 같은 개념이다. 사회에서 용납될 수 있는 현재의 소비와 미래의 소비가 교환되는 비율이라고 말할 수 있다. 한편 소비이자율 혹은 사적 시간선호율은 사회적 시간선호율과 같은 개념이나 선호의 주체가 사회 전체가 아닌 개인이란 점이 다르다. 시간선호율은 앞에서 제시된 피셔의 이자율 이론에 관한 설명을 참고할 수 있다.

민간부문의 한계자본수익률은 자본이 한 단위 추가될 때 실현되는 수익률을 말한다. 여기서 문제가 되는 것은 민간자본의 한계자본수익률을 선정하는 데 어려움이 있으며 통상 계측되는 것은 자본의 평균수익율로서 일반적으로 한계수익률이 평균수익률보다 조금 낮은 수준에 있게 된다.

공공투자의 기회비용은 엄격히 말해서 투자재원에 따라 상이하다. 공공투자재원이 민간투자부문에서 조달되었을 때 기회비용은 민간자본의 한계수익률이 될 것이며 민간소비를 희생하여 조달되었다면 기회비용은 소비이자율이나 사적 시간선호율이 된다.

완전자본시장이란 시장왜곡과 위험(risk)이 존재하지 않으며 자본이동이 자유로운 경쟁시장을 말한다. 완전자본시장은 불확실성이 없고 거래비용이 발생하지 않으며, 조세와 여신제약(credit restriction)이 없는 완전경쟁시장을 말한다.

2. 사회적 할인율과 사적 할인율

완전자본시장이 현실적으로 실현되지 않는 상황에서 사회적 할인율과 사적 할인율의 적정수준은 많은 논쟁의 대상이 되어왔다. 시장의 왜곡과 불완전성에서 야기되는 사회적 할인율과 사적 할인율의 괴리 이외에도 가치판단이 개입된 규범적 기준에 의해 사회적 할인율과 사적 할인율이 다르다는 것이다. 이에 관한 논쟁은 크게 나누어 두 가지로 구분할 수 있다.

첫 번째 입장은 사회적 할인율이 의도적으로 사적 할인율보다 낮은 수준에서 결정되어야 한다는 주장이고, 두 번째 입장은 사회적 할인율과 사적 할인율은 동일한 수준에서 결정되어야 한다는 것이다. 사회적 할인율이 사적 할인율보다 낮은 수준에서 결정되어야 한다는 논리는 다음과 같이 세 가지로 구분되어 설명된다.

① 정부의 의도적인 간섭

정부는 현재의 세대뿐만 아니라 미래세대의 후생에 대해서도 책임이 있으며 미래세대의 복지에 대한 배려로서 현재의 소비에 대한 선호가 일반 소비자보다 낮다. 즉, 정부의 현재소비에 대한 미래소비의 한계대체율이 개인보다 낮기 때문에 사회적 할인율이 사적 할인율보다 낮은 수준에서 결정되어야 한다. 이와 같은 주장은 Pigou(1932), Feldstein(1964), Dasgupta(1974) 등에 의해 논의 되었다.

이들의 설명에 따르면, 시장에서 나타나는 시간선호율, 즉 할인율은 각 개인들의 이기적 욕망에 의한 현재소비의 시간선호율을 나타내고 있으므로 공공투자사업의 심사분석에 그대로 사용될 수 없다. 그리고 사회후생함수는 현재세대의 후생뿐만 아니라 미래세대의 후생까지 포함하는 것으로 시장에서 결정되는 시간선호율은 현재세대의 가치만 반영할 뿐 미래세대의 가치는 반영하지 않고 있다. 따라서 정부는 미래세대의 가치 대변자로서 별개의 시간선호율을 공공투자분석에 사용하여야 한다고 주장하고 있다.

② 시간선호의 이중성

사회적 할인율이 사적 할인율보다 낮은 수준에서 결정되는 것은 개인의 시간선호율이 시장과 공적 또는 정치적 차원에서의 의사결정에서 이중성을 가지고 있는데 기인하고 있다고 본다. 즉 개인은 공적 혹은 정치적 의사결정에서 미래세대의 후생에 더욱 높은 관심을 갖게 되며 사적인 입장에서는 차세대의 후생보다 현재의 소비에 대한 선호가 비중이 크다고 설명하고 있다. 따라서 동일한 사람이 이중적인 시간선호율을 갖게 되며 이로 인하여 사회적 할인율이 사적할인율보다 낮은 수준에서 결정되는 것으로 설명하고 있다.

③ 분리의 역설(isolation paradox)

앞에서 각 개인은 시간선호가 일관성이 없고 이중적 성격을 소유하는 것을 전제하고 있다. 그러나 일관성 있는 시간선호를 가정하여도 공적 내지 정치적 과정과 시장기구에 의한 의사결정 과정에서 오는 근원적인 차이로 인해 사회적 할인율과 사적할인율이 다르다는 것을 설명하고 있다.

3. 사회적 할인율의 조정

완전경쟁시장에서 사회적 할인율과 사적 할인율은 자본시장에서 결정되는 이자율 수준에서 일치한다. 그러나 앞에서 설명한 바와 같이 시장여건과 관계없이 규범적 기준에 의해 사회적 할인율이 사적할인율보다 낮은 수준에서 임의적으로 결정될 수 있다. 또한 이러한 논리와는 다른 관점으로, 자본시장의 불완전성, 조세 및 외부경제(externality)에 기인하는 시장의 왜곡(market distortion)과 실패(market failure), 그리고 투자에 수반되는 위험과 불확실성 등의 제약조건이 개인이나 정부에 부과되기 때문에 사회적 할인율이 시장할인율과 다르게 적용되어야 한다는 주장이 있다.

시장이자율이 공공투자의 비용·편익분석에 적용되는 사회적 할인율로 적합하지 않는 이유는 다음과 같다.

첫째, 공공투자에서 생산되는 재화는 일반적으로 공공재(public goods)로 시장에서 거래되는 재화(private goods)와 구분되며 현재와 미래 두 시점에서 소비의 한계대체율이 다르기 때문에 사회적 할인율은 사적 할인율과 서로 다르게 결정되어야 한다는 것이다.

둘째, 정부에서 부과하는 조세는 과세대상에 따라 기회비용이 다르며 동시에 과세대상과 소득계층별로 부과되는 세율이 다르기 때문에 조세체계에서 파생되는 시장왜곡으로 인하여 사회적 할인율은 사적 할인율과 구별된다. 그리고 시장왜곡의 발생요인 혹은 정부가 처해 있는 제약요건에 따라 상이한 수준에서 사회적 할인율이 결정될 수 있다.

셋째, 공공투자와 민간투자가 직면하는 위험(risk)수준이 다르기 때문에 사회적 할인율과 사적 할인율은 일치하지 않을 수 있다.

이에 따라 1960년대부터 유엔공업개발기구(UNIDO), 세계은행(IBRD) 등 국제기구에서 사회적 할인율에 관한 심도 있는 연구를 진행한 바 있으며 각기관별로 표준지침을 제시하고 있다.

미국은 원칙적으로 예산처(Office of Management and Budget)에서 결정한 단일 할인율을 사용한다. 최근에는 민간투자의 세전할인율과 일치하는 7%를 실질할인율로 제시하고 있다. 영국의 경우는 저금리·저성장 기조로 인하여, 최근 30년 이내의 장기투자사업에 대하여 3.5%의 사회적 할인율을 제시하고 있다. 그리고 호주는 4%, EU는 5%를 적용하고 있다.[25)]

한편, 지금까지 우리나라에서 공공투자사업 평가를 위한 사회적 할인율 연구는 그리 활발하지 못하였다. 다만 한국개발연구원에서 사회적 할인율은 5년 만기 국고채의 실질금리에 장기위험 프리미엄을 고려하여 5.0～6.0%의 범위를 가짐을 확인하였으나, 과거 지표와의 연속성을 고려하여 6.5%의 사회적 할인율을 제시하였다. 또한 최근 투자평가지침 개정 연구에서 실제 시장이자율을 변수로 사용한 모형으로 사회적 할인율의 적정 수준을 4.27%～6.06%로 추정하였다. 그 결과 안정성과 연속성을 고려하여 두 추정치의 중간값인 5.2% 수준보다 다소 낮은 5.0～5.5% 수준을 제시한 바 있다.

국내·외의 사회적 할인율 적용사례를 보듯이 세계적인 저성장·저금리 기조로 인해 각국의 타당성 평가에서 적용하는 사회적 할인율이 낮아지고 있는 경향을 확인할 수 있다.

25) 국토연구원, "이슈: 사회적 할인율의 조정," 도로정책 Brief, Vol.1, 2007.11.6

제 5 장
재산권(Property Right)

제3장에서 합리적인 선택을 위한 의사결정의 기준인 효율성(efficiency)과 지속 가능성(sustainability) 기준에 대해 설명하였다. 이들 기준에 의하면 자원배분이 효율적이지 못하거나 현재세대보다 미래세대를 더 빈곤하게 남겨둘 것으로 기대된다면, 즉 지속가능하지 못하면 환경문제가 발생한다고 보고 있다.

이러한 효율성이나 지속가능성의 파괴는 경제나 정치제도에 의한 의사결정의 결과가 사회적으로 바람직한 수준과 괴리될 때 발생한다. 그 이유는 무엇인가? 왜 개인이나 단체의 이익이 사회전체의 이익과 괴리되는가? 어떤 상황에서 이러한 괴리가 발생하는가? 어떻게 해결할 수 있는가?

이들 문제들은 소위 '재산권' 이라는 개념에 근거를 두고 있다. 본 장에서는 재산권의 개념을 이해하고 왜 자연자산이 시장에서 그리고 정부정책에 의해서 과소평가 되어 앞서 열거한 문제들을 발생시키는지를 설명할 것이다.

제 1 절 재 산 권

1. 재산권과 효율적 시장

소비자 또는 생산자가 자원을 사용하는 것은 이들 자원을 통제하는 재산권의 행사에 의해 결정된다. 재산권이란 백과사전에서는 사법상·공법상 금전으로 환산할 만한 경제적 가치가 있는 모든 권리를, 경제학에서는 자원사용에 대한 소유자의 권리 또는 제약에 관한 사회제도를 말한다. 이러한 재산권이 인간의 경제행동에 어떻게 영향을 주는가를 조사함으로서 시장제도와 정부정책으로부터 발생하는 환경문제를 좀 더 이해할 수 있다.

재산권은 자본주의에서는 개인에게, 사회주의에서는 국가에게 주어진다. 자본주의 국가에서 환경문제는 시장체제 그 자체, 또는 좀 더 구체적으로 기업의 이윤추구 때문이라고 흔히 언급된다. 왜냐하면 기업은 인간의 필요보다는 이윤추구에 더 관심이 있기 때문이다. 이렇게 말하는 사람들은 환경문제를 피하기 위한 제도로 사회주의 계획경제를 대안으로 제시한다. 그러나 구소련과 같은 사회주의 국가도 환경문제를 피하지 못했다.[26)]

기업의 이윤추구와 인간의 필요를 맞추는 것이 서로 다른 것은 아니다. 비록 기업의 이윤추구가 가끔 인간의 필요와 다를 수 있으나 항상 그런 것은 아니다. 사실 이윤추구는 인간의 필요를 충족시키는 데 필수적인 요소이다. 기업의 이윤추구 행위를 통하여 자원의 효율적 배분이 이루어지고 이로써 사회전체의 후생극대화를 달성할 수 있기 때문이다. 그러면 왜 기업의 이윤추구가 사회전체의 목적인 효율성 및 지속가능성과 일치하지 않는가? 일반적으로 재산권이 불완전하거나 외부효과 등 시장이 불완전한 경우 개인과 사회전체의 목적 사이에 괴리가 발생하기 때문이다. 이러한 경우 기업의 이윤추구는 자원분배의 효율성과 지속가능성 기준이 달성될 수 없게 된다.

2. 효율적인 재산권

경제학의 파레토 최적(Pareto optimum) 조건은 거래를 통한 잠재적인 이익이 모두 소진됨으로써 달성된다. 경제시스템에서는 재산권이 갖추어져야 재산권의 소유자로 하여금 자원을 효율적으로 사용하여 수익을 극대화하도록 할 수 있다. 완전한 재산권이 존재하기 위해서는 모든 자원에 대한 소유자(universality)가 있고, 재산권에 대한 모든 사항이 구체적으로 명시되고, 재산권의 행사가 배타적(exclusivity)이고, 이전이 자유롭고(transferability), 그리고 권리행사에 제약(enforceability)이 없어야 한다. 재산권을 갖추기 위한 이러한 요건을 정리하면 다음과 같다.[27)]

---

26) 사회주의 계획경제에서 오히려 환경문제가 더 심각하다. 사회의 필요에 따라 공급을 담당하는 관리자는 물량에만 관심이 있지 환경문제에는 관심이 없기 때문이다. 왜냐하면 관리자의 평가는 생산량이지 환경기준이 아니기 때문이다.

27) Tom Tietenberg, *Environmental and Natural Resource Economics*, 6th ed., Addison

① 보편성(universality): 모든 자원에 대한 소유자가 있고, 재산권에 대한 사항이 구체적으로 명시되어야 한다.

② 배타성(exclusivity): 재산권의 행사가 배타적이다.

③ 이전성(transferability): 이전이 자유롭다.

④ 실행성(enforceability): 권리행사에 제약이 없어야 한다.

완전한 재산권을 가진 자원의 소유자는 자원을 효율적으로 사용할 강력한 유인(incentive)을 갖는다. 왜냐하면 소유 자원의 가치하락은 개인적인 손해이기 때문이다. 예를 들어, 토지를 소유하고 있는 농부는 비료 투입 및 관개를 통하여 토지를 비옥하게 할 유인을 갖고 있다. 이를 통한 생산증가는 소득증가로 이어지기 때문이다. 그리고 재산권이 교환되면 자원이용의 효율성을 높인다.

3. 희소성 지대(scarcity rent)

지대란 토지와 같이 그 공급이 완전히 고정된 생산요소에 대해 지불되는 보수를 말한다. 토지는 공급이 제한되어 있기 때문에 공급곡선이 수직선이 된다. 이렇게 되면 토지의 가격(임대료)은 전적으로 수요에 따라 결정된다. 수요가 많아지면 지대가 올라가고 수요가 적으면 지대가 낮아진다.

리카도는 희소성 지대의 존재를 처음으로 언급하였다. 그에 의하면 토지의 가격은 가장 덜 비옥한 한계토지에 의해서 결정된다고 보았다. 토지 가격(임대료)은 덜 비옥한 토지가 생산으로 투입되도록 충분히 높아야 한다고 하였다. 이 때 다른 비옥한 토지는 이윤이 있을 것이다. 경쟁이 있다하더라도 이윤은 소멸하지 않을 것이다. 왜냐하면 토지의 양이 제한되어 있기 때문에 토지가격이 낮아지면 낮은 비옥도를 가진 토지의 경작이 줄어들 것이기 때문이다. 생산을 확대하는 방법은 오직 덜 비옥한 토지를 생산에 참가하도록 하는 것이다.

고갈성 자원의 배분에서 배웠듯이 자원의 희소성 지대인 한계사용자비용(marginal user cost) 때문에 자원의 가격은 한계채취비용(marginal extraction cost)을 초과한다. 1세대의 희소성 지대는 2세대의 가격에 포함된다. 희소성 지대는 한계채취비용 위의 가격선 아래의 면적(생산자잉여)에 해당한다. 이 희소성

Wesley, 2002, p.63.

지대는 재산권이 완전하다면 생산자의 잉여의 부분으로 자원의 소유자가 가질 것이다.

[그림 5-1]에서 가격선 아래의 면적 ($\square OP^*EQ^*$)은 총수입이고 한계비용곡선 아래의 면적은 총가변비용(TVC)이므로 생산자 잉여는 이윤과 총고정비용(TFC)이다. 고정비용이 있는 단기에는 생산자 잉여는 이윤과 고정비용으로 구성된다. 그러나 모든 비용이 가변적인 장기에는 이윤이 소멸하므로 생산자 잉여는 총고정비용, 즉 희소성 지대(scarcity rent)로 구성된다. 이윤이 있는 한 새로운 기업이 산업에 진입하여 장기 이윤은 소멸되고, 그 결과 생산자 잉여는 희소성 지대와 같게 되기 때문이다.

[그림 5-1] 생산자 잉여, 희소성 지대

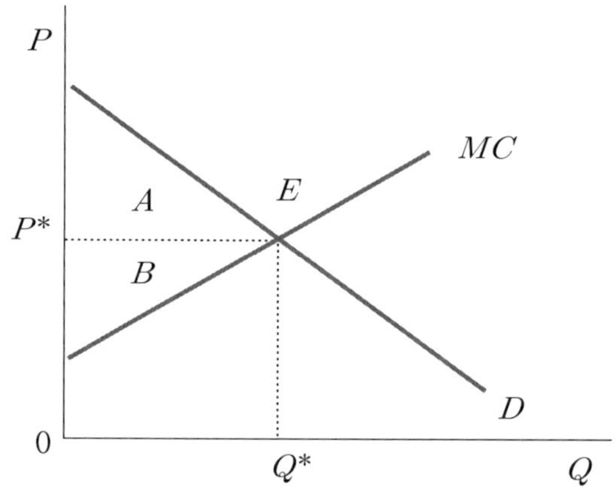

- 이윤＝총수입(TR)－총비용(TC)
  $= TR - TC(= TVC + TFC)$,
  $= (TR - TVC) - TFC$
  ＝생산자 잉여－총고정비용(TFC)
- 생산자 잉여＝이윤＋총고정비용(＝희소성 지대)

여기서 TVC, TFC는 총가변비용과 총고정비용을 나타낸다. 생산자 잉여는 이윤과 총고정비용의 합으로 표현할 수 있다. 즉, 생산자 잉여＝이윤＋총고정비용이다. 일반적으로 경제에서 장기(long run)에는 고정요소가 없고 신규기업의 진입으로 이윤도 소멸되고 생산자 잉여도 소멸된다.

그러나 대부분의 자원산업에는 지대(rent)가 발생하는 경향이 있다. 자원산업에서 생산자 잉여는 신규기업의 진입이 자유롭다 하여도 경쟁에 의하여 소멸되지 않는다. 이와 같이 장기균형에서도 존재하는 생산자 잉여를 희소성 지대(scarcity rent)라고 한다.

제 2 절 시장실패의 원인

1. 외부효과

자원사용의 배타성은 효율적인 재산권 제도의 주요 특성이다. 그러나 실제 경제현실에서는 자주 지켜지지 않는다. 이러한 경우는 자원소유자가 그 행동의 결과를 모두 소유하지 않을 때 발생한다. 즉, 희소성지대가 자원의 가격에 반영되지 않기 때문이다.

예를 들어보자. 강을 따라 상류에 위치하고 있는 제철소와 하류에 있는 휴양호텔의 경우를 설명하자. 두 회사 모두 강물을 서로 다른 용도로 사용한다. 제철소는 강을 냉각수나 폐기물의 처리를 위해서, 휴양호텔은 수상 여가활동을 위해서 사용한다.

만약 두 시설의 소유자가 다르다면 효율적으로 물이 이용되지 않는다. 왜냐하면 제철소는 냉각수나 폐기물을 강에 방류함으로서 감소된 휴양서비스의 가치하락에 대한 비용을 부담하지 않기 때문이다. 따라서 제철소 경영자는 냉각수나 폐기물 투기를 하는 의사결정에 이러한 사회적 비용을 고려하지 않을 것이다. 결과적으로 과도한 폐기물 투입이 일어나 수자원의 효율적인 사용이 이루어지지 않는다. 이 경우를 외부효과(externality)라 한다. 이와 같은 외부효과는 어떤 경제주체의 행동이 다른 경제주체의 행동에 시장을 통하지 않고 직접적으로 영향을 줄 때 발생한다.

[그림 5-2]는 환경오염의 경우 외부효과를 발생시키는 기업의 특징을 설명하고 있다. 요약하면 다음과 같다. 첫째, 재화를 과다 생산(q_m)하거나, 환경오염

물질을 과다 배출하고, 제품의 가격(p_m)이 적정 가격(p^*)보다 낮다. 둘째, 오염배출을 줄이는 방법을 찾으려는 제도적 유인이 없다. 셋째, 환경오염물질의 배출비용이 매우 저렴하기 때문에 환경오염물질의 재사용 내지는 재활용 유인이 없다. 이와 같이 어떤 상품에 대한 불완전한 시장은 원재료, 노동 등의 수요에도 영향을 미치기 때문에 결국은 전체 경제에도 영향을 준다.

[그림 5-2] 환경오염의 경우 자원배분

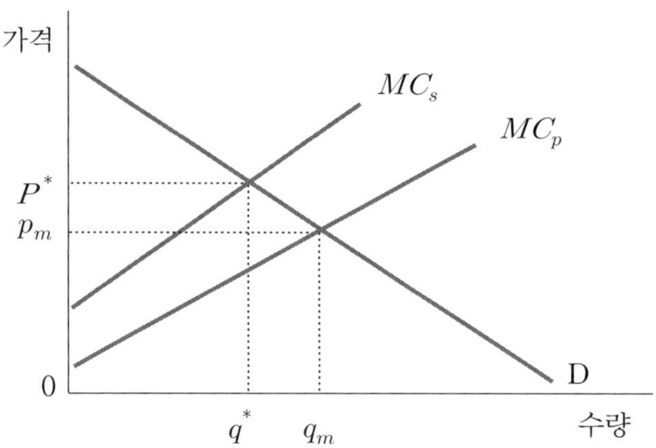

- **외부효과의 종류**

일반적으로 외부경제효과는 경제에 불리하게 영향을 주느냐 아니면 유리하게 영향을 주느냐에 따라 외부경제(external economy)와 외부불경제(external diseconomy)로 구분된다. 전자는 예를 들면 북한산과 같이 지역주민에게 아름다운 경관을 제공해주는 경우를 말하고 후자는 대기오염물질을 발생시키는 기업의 경우를 말한다. 외부경제효과를 발생시키는 개인이나 기업은 경제로부터 자신들이 기여하는 부분에 대하여 대가를 제공받지 못하기 때문에 과소 생산하게 된다. 이와는 반대로 오염을 발생시키는 기업은 오염처리비용을 부담하지 않기 때문에 제품 생산원가가 낮아져 과다 생산하게 된다.

또한 외부경제효과는 효과가 직접적인지 또는 간접적인지를 기준으로 금전적 외부효과(pecuniary externality)와 기술적 외부효과(technological externality)로 구분된다. 금전적 외부효과(pecuniary externality)는 외부효과가 시장제도를 통하여 가격인상이 발생되는 외부경제효과를 말한다. 공단지역에 새로운 기업이 이

주하면 임대료가 높아져 기존 기업들의 임대료가 상승한다. 이 경우 시장실패 문제는 발생하지 않는다. 높은 임대료에 희소성 지대가 반영되기 때문이다.

그러나 기술적인 외부효과(technological externality)는 시장제도를 통하여 반영되지 않고 다른 기업에게 직접적으로 영향을 주기 때문에 시장실패가 발생한다. 환경오염과 같이 대기나 수질오염의 영향이 시장의 가격기구를 통하여 반영되지 않고 직접적으로 영향을 주기 때문이다. 예를 들면 수자원의 희소성이 앞서 예를 든 기업(제철소)의 행동에는 반영되지 않기 때문이다. 이런 경우 기술적인 외부효과(technological externality)라 한다.

2. 불완전한 재산권

자원이 효율적으로 사용되지 않는 이유 중의 하나가 불완전한 재산권이다. 재산권은 개인소유제도(private property), 정부가 소유하고 통제하는 정부소유제도(state-property regimes), 공동으로 소유하고 특정그룹에 의하여 관리(특별법규에 의해 보호, 또는 전통이나 관습에 의해 보호)되는 공동재산제도(common-property regimes), 그리고 어자원과 같이 아무도 소유권이 없고 관리도 못하는 공유재산제도(open access resources)로 분류할 수 있다.

공동재산제도의 예로서 스위스 알프스 산의 목초지를 들을 수 있다. 알프스 산의 목초지는 공동재산으로 방목권을 배당하여 과도한 방목(일정한 수의 가축방목)을 협회의 규칙에 의해 통제하고 있다. 또한 어자원을 보호하기 위해 어장 및 어획시기를 공동으로 규제하는 어촌계의 경우도 여기에 해당된다.

다음 [그림 5-3]은 공유재산제도하에서 자원이 비효율적으로 사용되고 있는 경우를 설명하고 있다.

[그림 5-3] 공유자원(어자원, 야생 꿩)의 경우

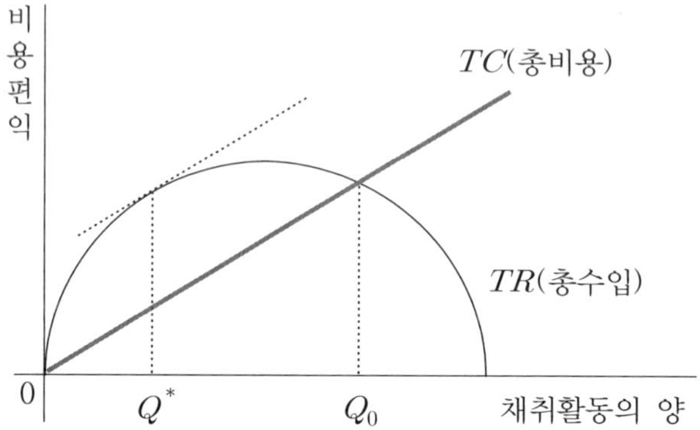

어자원 같은 공유자원의 경우에는 그 사용에 아무런 통제가 없어 선착순으로 사용할 수 있다. 그러므로 시간이 경과하면서 공유자원의 수요가 증가하고 희소성이 증가한다. 고기잡이 어선이 증가하면 결국 한 마리의 물고기를 어획하기 위해 소요되는 시간과 노력의 양이 증가한다. 이때 어획활동으로부터 얻은 총이익은 [그림 5-3]의 총수입곡선(total revenue)에 반영된다. 이것은 어획활동의 증가에 따른 어획물의 총수입을 의미한다. 어획활동이 증가하면 어자원량(stock)이 줄어들어 단위시간당(어획시간) 생산량이 감소하여, 비용곡선(total cost)은 우상향 곡선을 가진다.

어부들은 어자원에 대한 독점적인 권한이 없기 때문에 총수입과 총비용이 같을 때 Q_0까지 어로활동을 할 것이다. 여기서 적정 어획활동은 Q^*로 한계비용과 한계수입이 일치하는 점이다. 그러므로 어자원에 대한 충분한 수요가 존재하는 경우 무제한적인 채취허용은 과다채취에 이르게 한다. 결과적으로 희소성 지대가 소멸되고(아무도 희소성 지대를 갖지 못함), 자원은 고갈된다. 왜냐하면 어자원 보호에 의한 이익이 자기에게 오지 않고 다른 사람에게 가기 때문이다.

왜 이러한 일이 발생하는가? 무제한 채취허용은 자원을 보존할 유인을 파괴한다. 어획활동에서 다른 사람을 배제할 수 있다면 어부들은 효율적인 수준의 어자원량을 유지할 유인이 있다. 그러나 어획활동에서 다른 사람을 배제할 수 없다면 어자원의 보호에 의한 이익이 자기에게 오지 않고 다른 사람에게 가기 때문에 자원을 보존할 유인이 없기 때문이다.

3. 공 공 재

공공재(public good)는 소비에 있어서 불가분성(indivisibility)과 비배제성(nonexcludability)의 특징을 갖고 있다. 불가분성(indivisibility)이란 어떤 소비자의 소비가 다른 사람의 소비의 양을 감소시키지 않는 것을 말한다. 비배제성(nonexcludability)은 어떤 재화의 공급에 대한 대가를 지불하지 않은 사람을 그 재화로부터 발생하는 수익을 사용하지 못하도록 할 수 없는 것을 말한다.

이러한 공공재에는 아름다운 경관, 맑은 공기, 맑은 물, 일기예보, 국가안보, 생물다양성(biological diversity) 등이 해당된다.

현재 지구상에는 대략 3백만~3천만종의 동식물이 존재하고 있는데 해마다 포유동물의 12%, 조류의 11%가 멸종위기에 있다고 한다. 인류의 미래에 중요한 자원이 될지도 모를 종이 사라지는 것을 방지하는 시장제도가 존재하는가? 시장제도가 없다면 어떻게 생물다양성과 같은 공공재의 적정수준을 유지할 있는가? 그리고 새로운 멸종위기에 있는 생물의 보존으로부터의 얻는 이익이 생물다양성을 유지하기 위한 비용을 충당할 수 있을까?

보통 재화의 시장수요곡선은 개별소비자수요의 수평합(horizontal summation)으로 표현한다. 그러나 공공재의 시장수요곡선은 개별소비자수요의 수직합(vertical summation)으로 얻어진다. 왜냐하면 공공재의 특성인 비배제성, 불가분성 때문에 모든 소비자가 동시에 생물다양성을 소비할 수 있기 때문이다.

다음 [그림 5-4]에서 시장수요곡선(두 소비자의 소비의 합: OQ^*)과 한계생산비용이 만나는 점에서 공공재의 수요 및 공급이 결정된다. 균형점에서 소비자 A의 한계순편익(MNB)이 OA이고, 소비자 B는 OB이다. 만약 소비자별 가격차별이 가능하여 소비자에게 각각 $OA(P_a)$, $OB(P_b)$로 가격을 부과할 수 있다면 충분한 비용이 커버되어 효율적인 종의 다양성(biodiversity)의 공급이 가능하다.[28)]

---

28) $OA \cdot Q^* + OB \cdot Q^* = MC \cdot Q^*$

[그림 5-4] 공공재의 경우 시장수요곡선

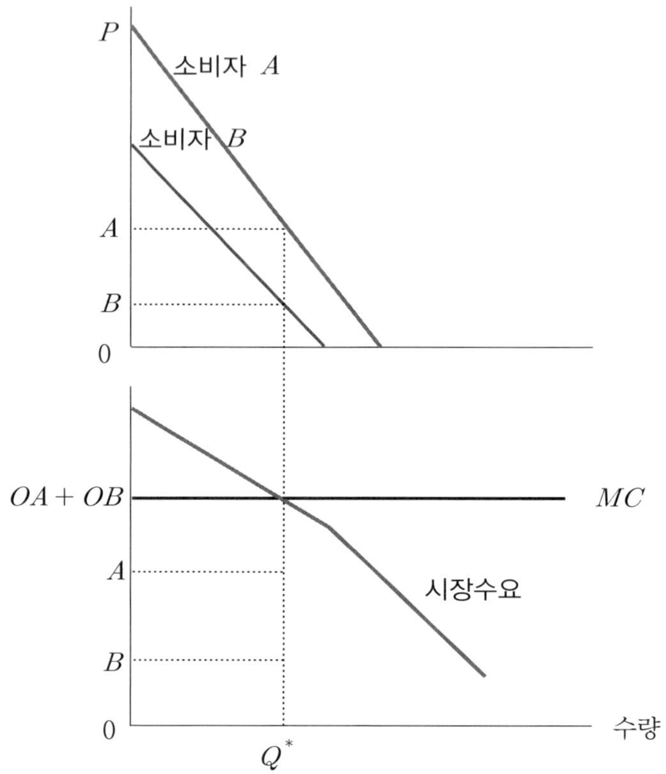

그러나 공공재의 경우 가격차별이 불가능하다. 개개인은 다른 사람의 공헌에 무임승차(free ride) 할 수 있기 때문에 자신의 진정한 선호를 나타내지 않는다. 소비자들은 다른 사람에 의해 보존된 생물다양성의 이익을 무상으로 얻는다. 이런 경우 개인은 생물다양성에 기여할 마음이 줄어든다. 따라서 생물다양성이 사회적으로 바람직한 정도보다 적은 수준에서 유지된다.

공공재의 경우 적정 공급량 수준하에서는 개개인의 가격이 다르게 된다. 그러나 이 경우 개개인에게 서로 다른 가격을 부과하기는 매우 어렵다. 그 이유는 공공재의 비배제성 때문에 소비자들은 이 상품에 대한 자신의 진실된 선호를 나타내지 않을 것이고, 그 결과 공급자(생산자)는 부과할 가격을 알지 못하기 때문이다.

4. 불완전한 시장

자원의 비효율적 배분을 발생시키는 또 다른 시장실패요인은 불완전한 시장 구조이다. 특히, 석유수출국기구(OPEC)이 형성한 카르텔이나 독점과 같이 참여자의 어느 일방이 결과에 대하여 비정상적인 힘을 행사할 수 있을 때 비효율성 문제가 발생할 수 있다.

5. 사회적 할인율과 사적할인율의 괴리

할인율과 관련된 문제는 첫째, 서로 다른 시점간(서로 다른 세대간) 효율성의 달성을 위한 적정할인율의 선택, 둘째, 세대간 공정성에 관한 문제이다. 피구(1952)[29]는 개인은 미래에 대한 예지능력이 불완전하므로 할인은 정당하지 않다고 보았다. 만약 정(+)의 할인율을 사용한다면 현세대의 입장에서 볼 때 미래세대에게는 아무 것도 남겨주지 않는 결과를 초래할 수 있다고 하였다.

일반적으로 미래가치를 할인하는 이유로, ① 자본의 기회비용(현재소비를 억제하고 투자하면 재산 증식이 가능) ② 소비억제에 대한 프리미엄을 그 근거로 제시한다.

이러한 할인율의 타당성에도 불구하고 미래세대에 대한 무관심 내지 차별적인 고려는 정당화되지 못한다. 만약 기업이 할인율을 사회적 할인율보다 높게 적용한다면 그 기업은 사회 전체적으로 바람직한 수준 보다 빨리 자원을 채취하여 판매할 것이다. 만약 역으로 낮은 할인율을 적용한다면 과도한 자원 보존주의자가 될 것이다.

이론상 적정 할인율은 사회적 할인율이 사용되어야 한다. 여기서 사회적 할인율은 자본의 사회적 기회비용을 말한다. 그리고 자본의 사회적 비용은 무위험비용과 리스크 프리미엄으로 구성된다.

- 자본의 사회적 비용 = 무위험 비용 + 위험 프리미엄(risk premium)

여기서 무위험 비용(risk-free cost)이란 기대된 보수보다 적거나 많게 획득할

29) A. C. Pigou, *The Economics of Welfare*, 4th ed., London, Macmillan, 1952.

위험이 없는 경우의 자본 수익률을 나타낸다. 그리고 위험 프리미엄이란 기대된 것과 실현된 수익이 다를 때 이 자본의 소유자를 보상해주기 위한 추가 자본비용을 말한다.

따라서 적정 사회적 할인율은 산업에 따라 위험 프리미엄이 다르기 때문에 자본비용이 산업에 따라 다르게 나타날 수 있다. 국유화가 예상될 때 개별기업은 위험 프리미엄 때문에 높은 할인율 적용하나 전체 사회입장에서는 위험 프리미엄이 없다. 실제로 석유 및 산림산업의 개별 위험 프리미엄이 사회적 프리미엄보다 높아 석유 및 목재가 조기 채취하게 되며, 비효율의 원천이 될 수 있다.

6. 정부실패

자원의 비효율적인 배분의 문제는 경제제도로부터 뿐만 아니라 정치제도에서도 발생된다. 정부가 시장에 개입하여 오히려 비효율을 초래하는 경우를 정부실패(government failure)라고 한다.

특정 독점기업 등 이익단체는 그들의 초과이윤(rent-seeking)을 얻기 위해 자원을 사용한다. 즉, 로비 등 이익추구활동(rent-seeking activities)을 위해 자원을 사용한다. 그 결과 사회전체의 이익이 작아진다. 즉, 개인(독점기업, 이익단체)의 더 큰 이익을 얻기 위한 활동으로 사회전체의 이익은 줄어든다.

[그림 5-5]에서 대기업과 중소기업이 함께 사회전체의 파이(이익배분)를 공평하게 반반씩 A, B로 나누고 있다고 가정하자. 그런데 독점적인 위치를 가지고 있는 대기업이 자신의 자원(d)을 이용한 압력(로비)을 통하여 추가적인 독점이윤(C)을 추구하고 있다고 가정하자. 이 경우 대기업은 보유자원(d)을 사용하여 전체이윤(A+C-d)은 독점력 행사 이전(A)보다 증가하였으나 사회전체의 이익은 자원사용(d)으로 감소하였다. 따라서 국가는 사회전체의 이익을 증가시키려면 독점적 행사를 규제하여야 한다.

그런데 현실에서는 왜 피해자 집단은 그들의 이익을 보호하려 하지 않는다. 그 이유는 첫째, 정보비용(cost of information)이 너무 높아서 많은 문제에 대해 무관심한 것이 오히려 합리적이다. 둘째, 자신의 투표가 그들 이익의 보호에 결정적일 확률이 낮기 때문이다. 셋째, 통일된 반대를 주장할 집단을 조직하기가 어렵다. 성공적인 반대는 다른 사람의 반대의 결과에 편승하는 것이다(free rider). 즉, 공공재가 되는 것이다.

[그림 5-5] 경제개혁의 예

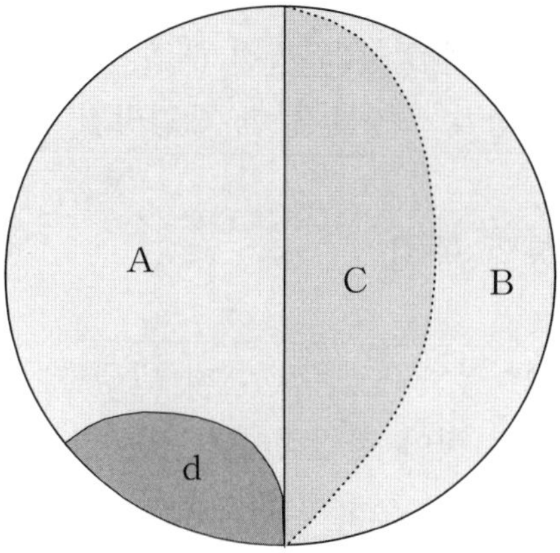

그러므로 통상 독점기업의 초과이익에 맞서기 위한 소수자의 이익대변기관인 환경운동단체나 시민단체 등 비정부기구(NGO)의 반대운동에는 기금조달이 어렵다.

초과 이윤 추구(rent-seeking)는 여러 형태로 나타난다. 생산자는 수입개방에 대한 저항으로, 소비자는 최고 가격제를 주장하거나 특별보조금 요구로 나타난다. 이러한 초과 이윤 추구의 존재가 있을 경우 정부의 개입은 자원이용의 효율성을 높일 수 있다.

제 3 절 시장실패의 해결

앞서 열거한 여러 가지 이유로 시장의 가격기능이 작동하지 않아 자원이 비효율적으로 사용되는 경우 이를 해결하기 위한 방법에는 개별협상을 통한 해결, 사법적 해결, 그리고 행정적 조치를 통한 해결방법 등이 있다.

1. 개별 협상을 통한 해결

이해관계자가 소수인 경우[30] 그리고 흔히 발생하는 일이 아닌 경우 개인 간에 협상을 통해 해결하는 것이 바람직하다. 법이나 규칙을 만들어 사법이나 행정규칙에 의해 해결하는 것은 오히려 비용이 많이 들기 때문이다.

어느 마을에 음악 감상을 좋아하는 총각과 음악 감상을 즐겨하지 않는 처녀가 살고 있다고 가정하자. [그림 5-6]에서 총각은 오디오의 볼륨을 Oq_m까지 높일수록 음악 감상으로부터 소비자 만족(잉여)이 증가한다. 그러나 이웃의 처녀는 소음공해에 시달리게 된다. 오디오 소유자인 총각은 오디오 감상의 모든 비용을 부담하지 않기 때문에 소음공해를 발생시킨다. 이웃집의 처녀를 고려하지 않는다면 오디오 소유자는 Oq_m의 높이로 음악을 감상할 것이다. 그러나 이웃을 고려한 최적의 오디오 음높이는 Oq^*이다.

이러한 경우 어떻게 시장이 효율성을 개선시킬 것인가? 이웃의 처녀가 오디오 소유자인 총각에게 뇌물(CBq^*q_m)을 제공할 수 있다. 왜냐하면 뇌물을 주면 이웃처녀는 소음감소에 의해 사다리면적(CAq_mq^*)만큼 이익을 보는 반면, 오디오 소유자는 $\triangle Cq^*q_m$만큼의 손해가 있기 때문이다. 비록 처녀는 CBq^*q_m만큼 뇌물을 제공하였지만 전보다는 이익이다. 또한 오디오 소유자도 전보다 이익이 된다. 결론적으로 총각은 한계비용과 한계편익이 같아지는 q^*에서 음악감상을 할 것이다.

---

30) 국회 산자위에서 논의되고 있는 "LNG 인수기지 주변 지원에 관한 법률안" (부록 참조)의 경우가 여기에 해당된다고 볼 수 있다.

또한 가장 좋은 방법으로 두 남녀가 결혼하는 방법이 있을 수 있다. 미비된 재산권이 하나로 통합되기 때문이다.

[그림 5-6] 개별협상을 통한 해결

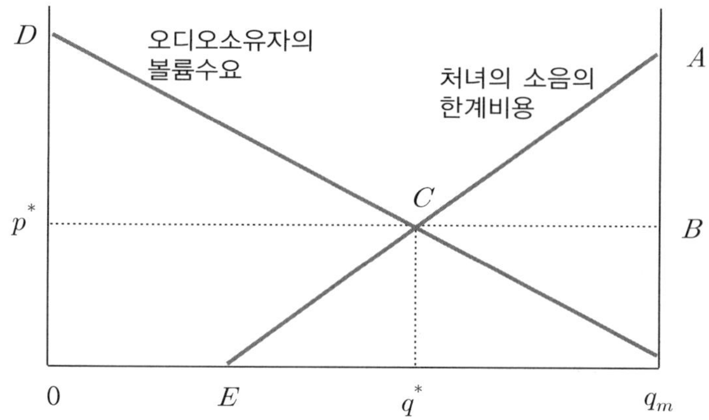

2. 사법적 해결: 재산권과 책임규칙

코오즈이론(Coase theorem)에 의하면 거래비용이 무시할 정도라면 이해당사자의 협상을 통하여 효율성이 달성될 수 있다. [그림 5-6]에서 총각은 오디오 볼륨을 q^*로 줄일 것이다. 앞에서도 설명하였듯이 개별적인 협상으로도 사회적으로 바람직한 수준인 q^*에서 결정될 수 있다. 재산권이 총각(오염발생자)에 있든지 처녀(피해자)에 있든지 상관없이 개별 협상을 통하여 효율성을 달성하는 방향으로 움직일 수 있다.

그러나 재산권이 완전할 경우에는 뇌물로 인한 소득의 이전이 있는 경우 수요곡선이 이동하여 새로운 결과를 가져온다. 또한 비록 소득이전효과가 작더라도 몇 가지 실제적인 문제가 있다. 만약 권리가 오디오 소유자인 총각에게 있다면, 첫째, 총각은 뇌물을 얻기 위해 의도적인 소음을 만들 수 있다. 둘째, 소음에 의해 영향을 받는 사람이 많으면 협상이 매우 어렵게 전개될 수 있다. 셋째, 이해관계자가 많으면 소음감소는 공공재이다. 즉 협상에 무관심한 무임승차자가 존재한다.

이러한 이유로 개별협상이 실용적이지 못하면 법원이 개입할 수 있다. 즉, 만약 오디오 소유자가 소리를 Oq_m수준을 고집한다면 법원이 EAq_m의 보상을 명령하면 된다. 그러면 오디오 소유자는 음량을 OE수준 이하로 줄일 것이다. 그러나 협상이 되면 소리는 Oq^*수준에서 결정될 것이다. 이와 같이 외부비용을 내재화하면 효율성기준을 충족시킬 수 있다.

예를 들면, 오염발생자가 피해를 보상하도록 하는 법이 규정되어 있는 경우 오염 유출 후의 오염피해 보상비용이 유출방지비용보다 훨씬 크므로 유출방지에 더 적극적이게 된다. 이 경우 오염발생자는 오염발생량을 적정 수준으로 줄일 것이다. 그러나 이러한 방법의 단점은 특별한 상황에 제한되고 행정적으로 소송시간, 변호사 비용 등 거래비용이 지나치게 클 수 있다는 점이다.

3. 법률이나 행정적 규제

이해관계자가 너무 많고 흔히 있는 상황이라면 재판(법정)보다는 법률이나 행정적 규제의 제정(legislative and executive regulation)에 의해 비효율성을 제거하는 것이 바람직하다. 예를 들면, 소음금지법을 제정하거나 벌금부과를 하는 것이다. [그림 5-6]에서 q^* 이상은 소리를 높일 수 없다는 규정이나 벌금을 부과하는 것이다. 이때 충분한 수준의 감옥형이나 벌금이 부과되어야 그 실효성을 가질 수 있다. 벌금부과는 단위당 p^*수준의 비용을 부과하면 소음은 q^*로 감소할 것이다.

여기서 비효율의 존재가 정부개입의 근거가 될 수는 없다. 단지 거래비용이 정부가 개입하는 것이 시장에서의 거래비용보다 크지 않다면 정부 개입이 가능하다. 그러므로 비효율을 제거하는 비용이 너무 크고 편익이 너무 작다면 그대로 비효율을 안고 가는 것이 바람직 할 수 있다. 따라서 정부가 개입하는 경우에는 비효율이 존재하고 거래비용이 낮은 경우에 해당된다.

부록 1

LNG 인수기지 주변지역 지원에 관한 법률안에 대한 의견[31)]

1. 서 론

소위 혐오시설 또는 비선호시설은 대부분 공공 혹은 정부에서 추진하게 된다. 이러한 혐오시설 또는 비선호시설 사업은 그 성격상 특정지역에 입지할 경우 입지지역에서 집중적으로 여러 가지 형태의 부정적인 외부효과를 발생시키는 반면, 돌아오는 편익은 타지역과 비교하여 동일하거나 그다지 크지 않은 공공시설이다. 즉 사회전체의 불특정 다수에게는 편익을 주는 반면 사업이 시행되는 해당지역의 주민에게는 오히려 여러 가지의 비용과 희생을 부담시킴으로써 사업과 관련하여 집단적인 갈등을 유발하게 된다.

이러한 공공부문의 갈등은 (1) 공공재적 성격, (2) 입지조건의 제약, (3) 설치 및 유지관리의 어려움, (4) 주변지역의 피해 초래 등의 특징으로 요약된다(김홍식, 1993; 서울시정개발연구원, 2003).

즉, 시장경제원리에 의해 원활히 공급되기 어려운 공공재적 성격으로 정부가 주도적으로 사업을 해야 하고, 비선호시설은 적절한 입지공간을 필요로 하기 때문에 지리적·기술적 여건이 부합되는 곳에만 입지가 가능하다는 제약이 있다. 또한 비선호시설은 시설의 영향권과 이용권이 광역적이어서 단일 주체 또는 단일 지역정부가 설치 및 유지관리 하기가 힘들고, 대부분의 비선호시설이 지가하락, 환경위생의 피해 등 주변지역에 부정적 영향을 초래한다.

먼저 LNG 인수기지가 이러한 공공부문의 갈등의 특성에 부합하는가를 파악할 필요가 있을 것이다. LNG 인수기지 주변지역 지원에 관한 법률안의 쟁점은 지역주민 및 사회단체는 LNG 인수기지로 인한 안전성 및 환경적 위해성 등 사회적 비용을 강조하고, 사업주체(가스공사)는 외부경제효과인 편익을 강조하는 인식의 차이가 갈등의 원인이다.

LNG인수기지는 국가적 또는 지역적으로 꼭 필요한 시설이지만 누구도 자기지역에 입지를 원치 않는 반면, 경제적 효과는 거리와 관계없이 대체로 모든 지역에 동일한 영향을 미치는 시설이다. 즉 입지지역에는 외부불경제(비용)를 부담함에도 불구하고 사회적 외부경제(편익)는 불특정 다수인에게 주어지는 것이다.

31) 저자가 2007년 5월 국회 산자위 청문회에 진술한 내용을 요약한 것이다.

일반적으로 비선호 공공시설의 외부효과의 형태는 거리에 반비례하는 형태를 보인다. 특히 LNG 인수기지 시설은 입지지점에서 외부효과(안전성 및 환경적 위해성)의 영향이 매우 높으나 거리가 멀어짐에 따라 급격하게 감소하는 형태와 관련이 있는 시설로 주로 직접 이해당사자(주민)와의 갈등이 대부분이다. 반면에 원자력발전소나 화력발전소 등은 입지지역에도 영향을 미치지만 보다 넓은 지역에 외부불경제가 미치는 형태의 시설이다(Pinch, 1985).

2. 갈등의 원인, 해결방법

[그림 1] 비선호(NIMBY)시설의 외부효과

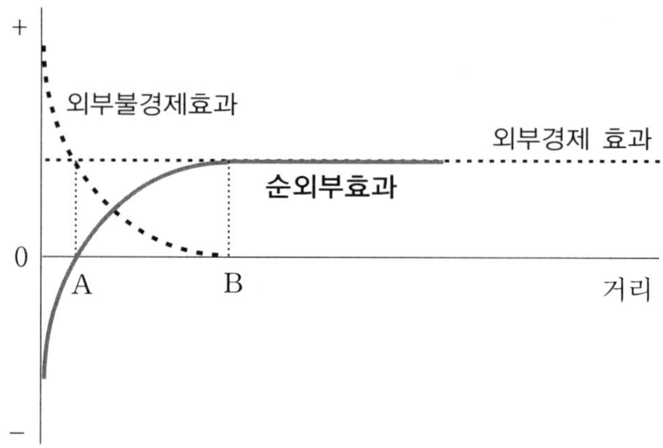

자료: Smith, D.M(1977). *Human Geograph: A Welfare Approach*, New York: St. Martin Press, pp.116-118.
박형서(2003), 국토연구 제37권:47-63, 국토연구원.

그림에서 보듯이 외부경제효과와 외부불경제효과를 합한 외부효과는 입지지점에서 가장 낮고, A지점에서는 외부경제효과(+편익)와 외부불경제효과(-비용)가 같아서 외부효과는 0이 된다. 따라서 외부효과는 A지점까지의 주민들은 외부불경제효과(-)가 더 커서 외부효과가 (-)로 나타나가 때문에 입지에 대한 저항이 가장 크게 발생하며 재정지원도 주로 이들에게 집중된다. LNG인수기지의 경우, 갈등 및 재정지원은 입지지점에서 A지점까지 직접적인 영향권에 집중되지만 종종 A지점에서부터 B지점까지의 주민들도 평균적인 외부효과에 미치지 못하기 때문에 이들 또한 갈등집단을 형성하여 지원을 요구하기도 한다.

이러한 갈등을 해결하기 위한 보상방법으로 (1) 피해정도에 따라 직접적인 보상을 수행하는 직접적인 보상금 지불방식과 (2) 비선호시설입지의 경우 이후에 발생할 수 있는 피해에 보상을 행하는 사후적인 성격의 조건부 보상이 있다. 그리고 (3)혐오시설을 설치할 때 선호시설을 함께 입지시켜 혐오시설의 외부효과를 감소시키는 보상이 있다.

갈등문제를 해결하기 위한 방법으로는, (1) 공공기관의 개입을 통한 공적 해결메카니즘(public resolution mechanisms)으로 법률제정 (2) 당사자에 의한 자율적인 해결메카니즘 (3) 제3자에 의한 해결방법으로 알선, 조정, 중재가 있다(Gladwin, 1987; 사득환, 1997).

LNG 인수기지의 경우 공공재적 갈등의 특성에 부합되기 때문에 지원의 필요성은 충분하다고 본다. 다만, 지원방법은 당사자에 의한 자율적인 해결메카니즘이 합리적인 것으로 본다. 원자력발전이나 화력발전소와 달리 안전성이나 환경적 위해성 등 외부불경제의 효과가 거리에 따라 급격히 감소하는 형태로 이해관계자의 수나 주변지역이 상대적으로 적기 때문이다.

3. 타 에너지 산업분야와의 형평성 문제

사회적 편익과 비용이 발생하는 지역 및 주민의 규모가 절대적으로 커서 엄청난 거래비용이 발생 할 위험이 있는 경우 이해집단간 상호거래보다는 국가적 차원의 보상으로 사업을 추진하는 것이 바람직하다. 그러나 LNG 인수기지와 같이 해당지역 및 주민의 수가 상대적으로 적고 영향(안전성 또는 환경적 위해성)이 국지적으로 발생하는 경우는 이해집단간 자발적인 거래와 협상에 의해서 문제를 해결하는 것이 오히려 효율적이다. 특히 LNG인수기지를 지원해줄 경우, LNG 배관망 및 공급소 주변지역의 지원문제, LPG 등 타 에너지 관련시설과의 형평성 등을 고려한 법률제정이 이루어져야 할 것이다.

4. 주변지역의 범위 문제

첫째, 공공사업과 관련된 이슈의 경우 시간적 범위와 지리적 한계가 불명확한 것이 특징이다. 특히 환경적 이슈는 영향 범위가 넓게 나타나기 때문에 지리적 범위가 매우 모호하며, 시간적 범위도 매우 불명확하다. LNG 인수기지의 특성상 원자력발전소나 화력발전소에 비하여 환경 및 안전위험의 영향 범위가 공간적으로나 시간적으로 넓다고 볼 수 없다. 또한, 주변지역범위를 지나치게 넓게 정의할 경우 참여지자체 및 관련 이해

관계자수가 증가하여 거래비용 및 재정부담이 가중되기 때문에 "발전소주변지역지원에 관한법률"에서 정한 주변지역범위 5킬로미터 이내에서 정하는 것이 바람직하다고 본다.

둘째, 주변지역에 대한 규정을 명확하게 하여 해석상 혼동이 없도록 할 필요가 있다. 법률안 제3조의 "인수기지가 설치되어 있거나 설치될 지점으로부터 반경 5킬로미터 이내의....." 경우 이미 설치되어 대부분 보상 및 지원이 완료된 사업장의 경우 법률제정으로 무리한 민원제기와 소급지원 요구가 우려된다. 따라서 법률안에 기존시설 주변지역 지원에 대한 소급지원문제는 충분한 검토가 필요할 것으로 생각된다.

5. 기 타

원활한 갈등해결을 위해서는 LNG 인수기지 사업의 영향평가가 중립성을 갖는 독립기관에 의해 이루어고 영향평가 및 보상체계가 직접 연계되도록 환경영향평가제도를 개선할 필요가 있다. 환경영향 피해가 있다·없다 혹은 크다·작다의 논쟁이 사업실시의 가부문제뿐만 아니라 보상액의 결정까지 직접적으로 연계되어야 한다.

6. 결 론

LNG 인수기지는 공공부문 갈등의 특성을 지닌 비선호시설이므로 주변지역에 대한 지원의 필요성은 충분하다고 본다. 다만, 안전성 및 환경적 위해성 등 외부불경제효과가 입지지점에 멀어질수록 급격히 감소하는 형태이므로, 법률제정보다는 이해 관계자의 직접적인 대화에 의한 갈등해결이 효율적이라고 본다.

부록 2

경제성장에 필요한 네 가지 요소[32)]

인류의 실질 소득은 1500년까지는 거의 늘지 않았다. 그러나 1500년경부터 1820년 무렵까지 완만하게 증가하다 1820년 이후 유럽과 미국에서 갑자기 역동적인 성장을 시작했다. 왜 이때부터, 그것도 유럽과 미국에서만 이런 경제성장이 가능했을까. '부(富)의 탄생(the Birth of Plenty)'의 저자 윌리엄 번스타인은 우연이 아니라고 말한다. 그는 번영에 필요한 네 가지 요소로 재산권의 보장, 과학적 합리주의, 자본시장, 수송·통신의 발달을 제시하면서 이 시기 유럽과 미국에 이들 요소가 갖춰지기 시작했다고 설명하고 있다.

번스타인은 번영에 필요한 네 가지 요소 중 첫째로 재산권의 보장을 꼽고 있다. 프랜시스 후쿠야마는 개인의 권리, 특히 재산권이 국가에 의해 보호되는 것을 '자유'라고 정의했다. 재산권의 보장은 '대의(代議) 없는 과세는 없다'라는 명제로 이어진다. 대의 없는 과세는 공평한 과세를 보장할 수 없고, 재산권의 보호를 어렵게 할 수 있기 때문이다. 영국의 마그나카르타나 미국 독립전쟁은 이 명제를 확보하기 위한 것이었다.

32) 저자가 2007년 5월 국회 산자위 청문회에 진술한 내용을 요약한 것이다.

제 6 장
인적자원

지난 20세기 이후 인류역사 이래 유래가 없을 정도로 인구가 폭발하였다. 인구증가는 자원 및 환경과 밀접하게 관련되어 있다. 그리고 인구는 지역뿐만 아니라 세계 전체의 문제이기도 하다. 본 장에서는 인구증가의 원인, 인구증가와 경제성장과의 관계, 그리고 인구조절을 위한 경제학적인 방법을 설명하였다.

제 1 절　세계 인구현황

1. 인구문제에 대한 견해

인간이 인구문제에 관해 적극적인 관심을 갖기 시작한 것은 1950년대 이후이고 그 결과는 각 나라의 인구정책에 반영되기 시작하였다. 인구 문제 및 세계경제에 대한 미래의 예측에는 일반적으로 두 가지 상반되는 견해가 있다.

메도우(Meadows, 1992)[33]는 인구증가가 과도하게 지속되어 자연환경과 식량에 무한한 부담을 줄 것으로 보았다. 반면 낙관론자인 사이먼(Simon, 1992)[34]은 "인구야 말로 최대의 자원이며, 인구가 많을수록 노동력과 창조력도 그 만큼 확보될 수 있다"고 주장하여 생태주의자들이 식량의 위기나 환경 문제의 심각성을 지나치게 과장하고 있다고 비난하였다. 노동증가와 생산의 정비례적인 관계를 인정하지 않는다 하더라도 제3의 요소로서 기술이 존재하며 과학적 진보

---

33) Meadows, Donella H., et al. *Beyond the Limits: Confronting Global Collapse, Envisioning A Sustainable Future* (Post Hills, VT: Chelsea Green Publishing Company, 1992).

34) Simon, Julian L. *Population and Development in Poor Countries: Selected Essays* (Princeton, NJ: Princeton University Press, 1992).

야말로 인구증가를 능가할 정도로 기하급수적이라는 것이다. 그는 인간은 현명하게 인구문제를 풀어갈 것으로 예견하였다.

이러한 견해 차이는 18세기 후반부터 19세기 초까지의 고전학파인 맬더스의 주장인 '인구증가가 경제성장의 발목을 잡을 것'이라는 주장에 깊은 근거를 두고 있다. 이 견해에 대해 낙관론자 사이먼은 인구문제의 심각성을 과장하고 있으며 오히려 개도국에서는 인구증가가 바람직하다고 비판하고 있다. 이외에도 맬더스를 비판하는 학자들은 맬더스가 말하는 빈곤은 식량부족이 아니라 잘못된 식량분배에 있다고 보았다. 식량의 합리적인 분배를 위한 경제제도가 갖추어지지 않았기 때문에 빈곤의 문제가 발생한다는 것이다.

2. 세계인구

20세기 후반 피멘텔(Pimentel, 1994)[35]은 지속가능성기준을 충족하는 지구의 최적 인구 규모를 20억으로 제시하였다. 그의 연구에 따르면 현재 세계인구는 약 70억으로 적정규모의 3.5배에 이르고 있기 때문에 상당한 인구감소정책이 필요한 것으로 보았다. 그러나 우리나라를 비롯한 대부분의 OECD 국가들은 출산율 저하로 인한 인구의 고령화로 연금고갈, 의료비 급증, 경제성장률 저하 등 많은 사회경제문제를 경험하고 있다. 각국은 이러한 노령화문제, 저출산 문제를 해결하기 위해 상당한 노력을 기울이고 있다.

20세기 중반 이후에야 세계 각국의 인구통계가 시작되어 자료는 없으나 서기 1년 세계인구는 2억 5천만명, 그리고 인구 증가율은 0.04%로 추정되고 있다. 그리고 20세기 중반 인구는 20억명으로 추산되고 있다. 그러나 21세기 초반인 현재 세계인구는 70억, 증가율은 1.2%로 추산되고 있다. 인구증가율이 만약 1.5%대로 계속된다면 인구가 2배되는데 50년밖에 안 걸린다는 결론을 내릴 수 있다. 또한 이러한 인구증가 중 90% 이상이 후진국의 인구 증가에 의한 것으로 나타나고 있다.

---

35) David Pimentel. "Natural Resources and the Optimum Human Population"paper presented at the annual meetings of *the American Association for the Advancement of Science*, San Francisco, February 21, 1994.

최근 세계인구 증가율 현황을 보면 아프리카를 제외하고는 인구증가율이 감소추세에 있다. 이러한 인구증가율의 감소추세는 선진국이나 후진국에서 공통적으로 나타나고 있다.

〈표 6-1〉 연평균 인구증가율: 1985-2010

	1985-1990	1995-2000	2005-2010
세계전체	1.7	1.4	1.2
아프리카	2.8	2.6	2.5
아시아	1.9	1.4	1.2
유 럽	0.4	0.0	0.1
남 미	1.9	1.5	1.3
미 국	1.0	0.8	0.8

자료: World Resources Institute, World Resources 1998-99, pp.244-245.

<표 6-1>에 의하면, 세계 인구 증가율이 1985-1990년에는 1.74%, 1995-2000년에는 1.4%, 그리고 2000-2010년 기간에는 1.2%로 예상된다. 특히 출산율의 감소추세가 개도국과 선진국 모두에서 일반적이며, 만혼, 피임, 소자녀 선호 등이 원인으로 나타나고 있다. 출생율이 감소하고 있지만 많은 개도국은 절대적인 면에서 인구증가가 예상된다. 1998-2025년 기간 중 세계인구 증가의 98%가 개도국에서 발생할 것으로 예상된다. 우리나라의 경우 인구증가율은 1995년 1%에서 2003년 0.5% 내외로 큰 폭으로 감소한 것으로 나타났다.

인구증가율은 인구 구조를 고려하지 않은 자료이기 때문에 일반적으로 출산율 자료를 많이 사용한다. 출산율은 한 여성이 생애기간 동안 낳는 자녀수를 말한다. 그러므로 출산율은 여성의 숫자와 여성의 일생동안의 평균 자녀수에 의해 결정된다. 후자의 경우를 합계출산율(total fertility rate)이라고 한다. 우리나라의 경우 합계 출산율은 1965년 5.63에서 2009년은 1.1로 떨어져 OECD국가 중 가장 낮은 것으로 나타나고 있다.[36]

36) 여자의 일생동안 출생율을 말하며 미국의 경우 1972년 이후 2.11(1989년 2.09) 이하로 감소하였다.

인구가 증가하지도 않고 감소되지도 않고 정지되는 상태(stationary population)에서는 평균출산율은 2.11[37]정도인 것으로 평가되고 있다. 이러한 정상상태에서는 출생율이 사망률과 일치하여 인구증가가 멈춘다.

〈표 6-2〉 주요국의 인구증가율 및 합계출산율

국 가	연 평균증가율 (2003)	합계 출산율	
		1965	2005
세계전체	1.2	4.97	2.55
한 국	0.5	5.63	1.23
중 국	0.7	5.71	1.70
인 도	1.7	5.81	3.07
미 국	1.8	3.31	2.04
프랑스	0.5	2.85	1.87
독 일	0.1	2.49	1.32
멕시코	1.2	6.82	2.40

자료: 통계청, 각종자료, 2007.

우리는 인구증가가 어떻게 지속 가능한 성장에 영향을 주는지 분석해야 할 것이다. 그리고 인구증가와 경제성장과의 관계와 인구증가가 조정 가능한 것인지 그에 영향을 미치는 요소는 무엇인지를 평가해야 할 것이다.

제 2 절 인구와 경제성장

인구증가가 경제성장에 어떻게 영향을 주는가? 인구성장은 조정가능한가? 가능하다면 바람직한 방법은 무엇인가? 이러한 문제에 대한 답을 얻기 위하여 우리는 인구증가가 국민의 복지를 증가시키는가 아니면 감소시키는가를 분석해

37) 0.11은 여자가 아이를 갖기 전에 사망하고 남자아이가 좀 많이 출생하는 현상을 고려한 것이다.

야 한다. 또한 이러한 문제의 답은 경제발전의 단계에 따라 다른지, 인구증가가 경제성장에는 어떠한 영향을 미치는지를 분석해야 한다.

인구증가는 경제성장에 정(正)의 방향으로 영향을 준다. 노동의 한계생산성이 0(零)이 아닌 한 인구증가는 총생산을 증가시킨다. 그러나 노동의 한계생산성이 플러스라고 해서 인구증가가 바람직한 것은 아니다. 인구증가가 평균 국민에게 어떠한 영향을 주느냐가 좀 더 나은 기준이다. 만약 노동의 한계생산성(MP_L)이 평균생산성(AP_L)보다 작다면($AP_L > MP_L$), 인구증가는 바람직하지 않다. 그 이유는 인구증가로 총국민소득(GNP)은 증가하나 일인당 소득(복지)수준은 감소하기 때문이다. 노동의 한계생산성이 0과 평균생산성(AP_L) 사이에 있는 경우 총생산은 증가하지만 1인당 생산은 감소한다. 그러나 노동의 한계생산성이 평균생산성보다 큰 영역에서는 총량개념이나 1인당 소득 개념 모두 증가한다. 1인당 평균 국민의 복지상태가 인구증가에 의하여 개선되는지는 노동의 한계생산성이 평균생산성보다 높은지 낮은지에 달려 있다. 이들 관계를 수식으로 표현하면 다음과 같다.

$$Q = L \cdot X \qquad (6\text{-}1)$$

여기서 Q는 총생산, L은 노동자 수, 그리고 X는 노동자 1인당 생산량을 나타낸다. 식(6-1)을 총인구수(P)로 나누면,

$$\frac{Q}{P} = \left(\frac{L}{P}\right) \cdot X \qquad (6\text{-}2)$$

이 된다.

여기서 노동의 평균생산성($\frac{Q}{P}$), 즉 평균 국민의 복지는 경제활동 참가율 ($\frac{L}{P}$)과 1인당 생산액(X)에 의해 결정되는 것으로 분리하여 설명할 수 있다.

- **경제활동 참가율(L/P)**

경제활동 참가율에서는 인구구조(age structure)가 중요하다. 인구가 빠르게 증가하는 인구구조를 가진 국가는 인구가 천천히 증가하는 인구구조를 가진 국가에 비해 청소년 효과(youth effect)가 고령화효과(retirement effect)보다 크다. 여기서 청소년 효과는 인구 구성 중 14세 미만 어린이의 비중이 커지는 것을, 고령화효과는 인구구성 중 노년층(65세 이상) 비중이 높아지는 현상을 나타낸다.

빠르게 증가하는 인구구조를 가지고 있는 국가는 어린아이의 양육때문에 여성의 노동시장참가율을 떨어뜨린다. 즉, 노동 참가율의 저하(특히 여성참가율)로 이어져 1인당 생산성, 즉 국민의 복지수준이 낮아진다. 반대로 천천히 증가하는 인구구조를 가진 선진국은 소자녀를 선호한다. 이는 곧 여성경제활동인구의 증가로 이어져 경제활동 참가율이 높아져 총생산이 늘어나게 된다.

〈표 6-3〉 주요 국가의 인구구조

	65세 이상 인구	14세-64세	14세미만
미국, 한국	11.0	66.1	23.0
멕시코	3.4	51.4	45.1

자료: 통계청, 각종 자료.

- **노동생산성(X)**

보통 사람의 복지상태는 1인당 생산량에 의해 영향을 받는다. 노동생산성 증가는 저축을 통한 자본증가를 통해서 가능하다. 이는 저축을 통하여 자본이 축적이 되기 때문이다. 일반적으로 연령분포가 젊은 인구구조를 갖는 국가일수록 저축이 낮다. 반대로 노령인구 구조일수록 저축이 증가하여 노동생산성이 증가한다.

또한 젊은 인구구조는 저축의 구성에 영향을 미친다. 주택 및 자동차 등 비생산적인 소비재에 투자되어 전반적인 생산성 증가에 악영향을 미친다.

[그림 6-1] 기술진보와 인구증가

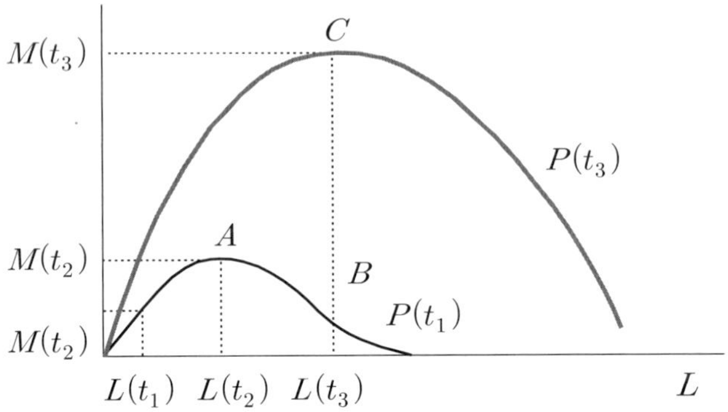

• 기술진보

기술진보나 규모의 경제에 의하여 인구 증가는 생산성을 높일 수 있다. [그림 6-1]에서 수직선은 총생산을, 수평선은 고정된 토지에 투입된 노동량을, 그리고 $P(t_i)$는 각각의 특정시점(t)에서의 생산함수를 나타낸다. 서로 다른 생산함수는 각각의 시점에서의 서로 다른 기술수준을 나타낸다. 시간이 경과함에 따라 기술수준이 변화하여 생산함수도 이동한다. t_1에서 $L(t_1)$의 고용으로 $M(t_1)$의 생산량을 산출함을 나타낸다. t_2에서 $L(t_2)$의 고용으로 $M(t_2)$의 생산을 하는 것을 나타낸다. 만약 기술발전이 없다면 노동의 투입증가는 총생산을 A에서 B로 감소시킬 것이다. 수확체감의 법칙 때문이다. 그러나 기술발전이 있다면 노동투입의 증가에도 불구하고 생산은 C로 증가할 것이다. [그림 6-1]에서 기술발전은 생산함수를 위로 이동시켜 노동투입의 증가에도 불구하고 총생산량이 증가하기 때문이다.

• 인구증가와 경제성장

인구증가는 규모의 경제를 가능케 하여 1인당 생산량을 증가시킬 수 있다. 즉, 인구증가에 의한 시장의 확대로 규모의 경제가 발생할 수 있다. 그러나 이미 인구규모가 큰 국가는 규모의 경제 효과를 경험하고 있다. 또한 소규모 국가라 할지라도 세계화에 의하여 규모의 경제 효과는 인구증가가 아니더라도 얻을 수 있다. 이러한 경우 인구증가에 의한 규모의 경제의 효과는 나타나지 않을 것이다.

그리고 인구증가는 소득 불평등을 악화시킬 수 있다. 또한 기술진보도 자본이 필요하다. 인구증가로 인한 시장확보나 대량생산에 의한 원가절감 문제는 세계화로 충분히 대체가 가능하다. 따라서 인구증가가 경제성장에 도움이 된다는 가설은 논리가 부족한 것으로 평가된다.[38)]

한편, 최근 연구[39)]에 의하면 인구와 경제성장과는 상관관계가 없는 것으로 나타났다. 그리고 여러 연구결과로부터 인구와 경제성장의 관계는 다음과 같이 요약되고 있다. 첫째, 낮은 인구증가율은 1인당 자본량을 증가시키고 그 결과 1인당 생산성을 증가시킨다. 둘째, 낮은 인구증가율은 농업생산의 감소를 가져오지 않고 오히려 증가시키는 것 같다. 셋째, 인구증가와 규모의 경제와 밀접한 관계가 없다. 넷째, 빠른 인구증가는 자연환경에 더 많은 부담이 된다.

제 3 절 인구정책

비용편익비율(B/C ratio)이 1 보다 작거나 평균생산성이 한계생산성보다 크다($AP_L > MP_L$)것이 인구증가가 비효율적이라는 증거는 아니다. 즉, 인구가 추가되면 1인당 국민소득이 낮아지므로 인구증가가 비효율적이라는 것은 아니다. 이들 기준보다는 아이를 갖음으로부터 얻는 편익이 비용보다 크다는 것이 적절한 기준이 될 것이다.

일반적으로 부모들은 아이로부터 얻는 순편익(net benefits)이 있기 때문에 아이를 갖는다. 문제는 부모들이 아이를 효율적으로 갖느냐는 것이며, 그 결과 인구가 적정수준인가 하는 것이다. 그러나 현실은 그렇지 않은 것으로 보인다. 이와 관련한 그동안의 연구결과를 보면 다음과 같다.

첫째, 인구증가는 소득불평등을 심화시키고 사회적 긴장(tension)을 증가시켜 시장실패를 일으킨다. 따라서 사회적으로 바람직한 아이보다 많이 갖는 경향이 있다. 비록 자선단체가 소득불평등의 해소에 기여하나 전부를 없애기는

---

38) 인구증가는 1인당 교육비 지출규모 감소, 노동공급을 증가시켜 임금에 영향을 주고, 환경에 부정적 효과(나무벌목, 홍수 등)를 발생시킨다.

39) National Research Council. *Population Growth and Economic Development: Policy Questions*, Washington; National Academy Press, 1986.

어렵다. 둘째, 대부분의 선진국이나 후진국에서는 식료품에 보조금이 지불된다. 따라서 아기 생산비용이 과소평가되어 아기를 많이 갖게 된다. 셋째, 교육비가 보조되므로 아이 양육비가 과소평가되어 적정 아기보다 많이 갖는다. 인구시장의 시장실패의 또 다른 원인으로는 정보부족, 피임방법에 대한 무지 등이 포함된다.

위와 같은 요인들에 의해 인구시장에서 외부경제효과가 발생하여 시장실패가 발생하므로 정부가 개입하여 이를 바로 잡을 필요가 있다.

경제학에서는 아이를 내구 소비재(consumer durables)로 취급하여 분석한다. 내구소비재이므로 가격이 상승하면 수요가 감소한다. 가격은 수요와 공급에 의해 결정되므로 아이 수를 줄이려면 수요곡선을 아래로 또는 공급곡선을 위로 이동시키는 정책이 바람직하다. 먼저 수요를 감소시키는 정책은 다음과 같다.

[그림 6-2] 인구조정정책

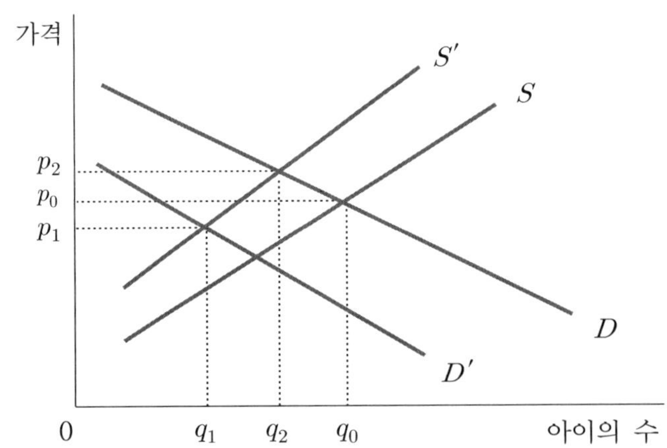

1. 수요조정정책

• 산업화

농업사회를 산업화 사회로 변화시키면 아이에 대한 수요곡선이 D에서 D'로 하향 이동한다. 농업사회에서는 어린이의 도움이 필요한 반면 산업화 사회에서는 어린이의 도움이 많이 필요하지 않기 때문이다. 특히 근로기준법 등 노동관련 법규에서 미성년자의 근로에 대해 엄격히 제한하고 있어 농업사회에서는 어린이에 대한 수요가 감소할 수 있다.

• 사회보장제도

노후 사회보장제도가 잘 갖추어지면 어린이의 수요가 감소한다. 사회보장제도가 없었던 시대에서는 자식이 유일한 저축수단(primitive saving system)이었다. 노후를 위해서도 자식이 필요하였다. 특히 유교사상이 뿌리 깊은 한국사회에서의 남아선호사상은 노후를 대비한 사회보장제도의 표현라고 볼 수 있다.

• 유아사망률

유아사망률이 높은 사회에서는 유아사망률을 낮추면 어린이 수요가 감소한다. 과거 저소득 국가에서는 장티프스 등 전염병에 의해 유아사망률이 매우 높아 어린에 대한 수요가 높았다.

• 고용기회

고용기회를 증가시키면 어린이 수요가 감소한다. 고용기회가 높아져 소득 불평등이 감소되면 사회불안감이 감소되어 어린아이에 대한 수요가 감소한다.

2. 공급조정정책

공급측면(supply side)의 정책으로는 다음과 같이 설명할 수 있다.

• 여성교육

어머니의 기회비용을 증가시키면 결혼을 지연시키거나 감소시켜 출산율이 낮아진다. 특히 여성의 교육기회의 증가는 고용기회로 이어지고 기회비용이 높아진다. 이는 곧 어린이의 양육비용의 증가로 이어져 어린이 출산율이 낮아진다.

- 공업화 및 도시화

공업화 또는 도시화는 주택가격의 증가로 이어져 어린이의 양육비용이 증가되어 출산율을 낮게 한다.

- 교육비

교육비가 오르게 되면 어린이를 적게 갖게 된다. 경제발전으로 교육에 의한 보상이 증가하여 교육수요가 급증한다. 이에 따라 교육비가 증가하여 사회전체의 교육비가 증가한다. 따라서 어린이를 적게 갖게 된다.

최근 우리나라는 출산율의 저하로(OECD 국가 중 최하위) 인구의 노령화 현상이 급격히 진행되고 있다. 이에 따라 정부에서는 각종 출산 장려정책을 내놓고 있으나 그 효용성에는 의문이 있다. 출산장려정책은 경제적 측면을 반영하여야 한다. 단순히 출산비용 보조보다는 여성의 기회비용측면에서 과감한 경제적 지원 등이 되어야 할 것이다.

제 2 부

자연자원의 가치평가

자원시장은 시장실패, 외부경제효과 등 그 자체의 고유한 특성으로 인해 자원의 효율적인 배분을 달성할 수 없는 상황이 일반적이다. 이와 같은 자원시장의 특성에 따른 비효율적인 자원의 분배는 정부의 정책이나 법·제도를 통해 개개인의 경제적 유인(incentives)을 재조정함으로서 효율적인 자원배분을 이룰 수 있다.

2부에서는 자원의 가치를 분류하고, 정부정책의 기준이 되는 비용과 편익의 평가에 사용되는 자연환경재의 가치 추정이론과 방법론을 정리하였다. 그리고 최적제어이론을 이용한 자원의 최적 가격경로(price path), 최적 채취량(extraction path)을 설명하였다.

제 7 장 자원의 가치추정

자연환경자원의 가치를 평가하기 위한 노력은 19세기 후생경제학 이론에 뿌리를 두고 있으며 20세기 후반 이후 경제학자들을 중심으로 자원과 관련된 경제학 이론을 접목시키면서 발전하여 왔다. 본 장에서는 자원의 가치를 분류하고 자원의 가치를 추정하는 이론을 설명하였다.

제 1 절 자원의 가치분류

자원이 제공하는 가치는 크게 이용가치(use value)와 비이용가치(nonuse value)로 구분할 수 있으며 이들 이용가치와 비이용가치의 합이 자원의 총가치(total value)가 된다.

이용가치는 소비자들이 자원을 실제로 소비함으로써 누리는 편익을 의미하며, 이용가치는 다시 직접 이용가치(direct use value)와 간접 이용가치(indirect use value)로 구분된다. 예를 들어 강이 제공하는 직접이용가치는 수영, 보트타기, 낚시, 수상스키 등의 여가적인 이용과 식수 및 공업용수와 같이 물자체의 소비 등과 같은 가치를 말한다. 또한 간접이용가치는 아름다운 강변의 자연경관을 즐기는 것에서 발생하는 편익을 말한다.

반면 비이용가치는 자원의 실제적이거나 잠재적인 이용과는 관계없이 단순히 자원이 존재한다는 것만으로 발생하는 가치를 말한다.[1] 다시 설명하면 비이용가치는 어떤 주어진 자원을 사용하려하거나 사용하려는 의도도 갖지 않는 사

1) 김승우 외 7인, 환경경제학, 박영사, 2000, p.104.

람들이 이러한 자원이 없어졌을 때 느끼는 상실감을 말한다. 이러한 가치는 존재가치(existence value)로 자신들의 권리로서 인식하여 다양한 환경자산이 보전되는 것을 원한다. 또는 유산가치(bequest value)로서 자연자산의 보존이 자신들의 자녀나 손자 혹은 미래세대를 위한 선택과 기회를 확보하는 기반으로서 가치가 인정되어야 한다고 본다.[2)]

일반적으로 비이용가치를 분류할 때 자원을 이용하는 당사자가 현재 사용하는데 따른 편익을 취할 수 있는지, 아니면 당사자가 아닌 타인이나 후손이 미래에 자원을 사용하는 기회를 획득함으로써 기대되는 편익을 취하는지에 따라 선택가치(option value)와 존재가치(existence value)로 크게 구분된다. 여기서 존재가치는 다시 대리 이용가치(vicarious use value), 유산가치(bequest value), 책무가치(stewardship value)로 나눌 수 있다.

선택가치는 현재는 직접 사용하고 있지는 않지만 미래에 사용할 수 있는 가능성이 있으므로 미래의 사용에 대해 보존하고자 하는 자산이 지니고 있는 가치를 말한다. 선택가치가 미래의 사용에 대비한 자원의 보존적 가치개념에 근거한 자산의 가치라는 점에서 자산의 개발과 관련되어 의사결정에 중요한 요소로 간주되는 중요한 개념이다.

존재가치는 현재 해당 자원을 직접 사용하고 있지도 않으며 미래에도 사용할 가능성이 없지만 단지 그 자원이 존재한다는 것만으로 의미를 갖는 가치를 말한다. 존재가치가 발생하는 동기로는 ① 세대내 애타주의(intra-generational altruism), ② 세대간 애타주의(inter-generational altruism), ③ 책무동기(stewardship motivation) 등을 들 수 있다. 세대내 애타주의는 다른 사람을 위해 자원을 보존하는 것으로써 자기 본위적 애타주의와 도덕적 만족감인 온정효과와 연계된 것이다. 세대간 애타주의는 유산가치와 같은 맥락으로 미래세대의 사용가능성을 보장하기 위한 자원보존이라 할 수 있다. 그리고 책무동기는 모든 자연의 보존에 대한 인간의 책임을 말하는 것이다. 이 동기는 자연자원도 권리 및 이익을 누릴 수 있으며 가능한 한 손상되지 않고 남아있어야 한다는 동기이다.[3)]

---

2) Ian J. Bateman and Kenneth G. Willis, *Valuing Environmental Preferences*, Oxford University Press, 1999, p. 24.

대리이용가치는 이타적 가치(altruistic value)로서 자신이 아닌 친지나 이웃 등 주위의 다른 사람들이 자원을 소비하면서 얻는 편익에 대해 부여하는 가치이다. 유산가치는 현재 이용하지 않으며 가까운 미래에도 이용할 가능성이 없으나 후손들이 즐길 수 있도록 자연환경의 보존을 위해 지불할 용의가 있는 가치를 말한다. 그리고 책무가치는 자원이 합리적으로 이용되어 미래세대를 위해서 보존되어야만 한다는 사실자체에서 얻는 만족도를 의미한다. 이와 같이 자원의 사용자, 직접적 혹은 간접적 이용, 이용시점의 정의에 따라 자연자원의 가치를 구분하여 정리하면 다음과 같다.

자연자원 가치의 분류

- 총가치 = 이용가치 + 비이용가치
- 이용가치(use value)
  - 직접이용가치(direct use value): 자원의 물리적이며 직접적인 이용에 의해 발생하는 가치
  - 간접이용가치(indirect use value): 자원의 간접적 이용에 의하여 발생하는 가치
- 비이용가치(non use value)
  - 선택가치(option value): 자연자산에 대한 미래 사용가능성의 인식가치
  - 존재가치(existence value)
    - 대리이용가치(vicarious use value): 자신은 사용하지 않더라도 다른 사람이 자원을 이용하는 것에 대해 부여하는 가치
    - 유산가치(bequest value): 후손이 미래에 자산을 이용함으로써 얻는 가치
    - 책무가치(stewardship value): 자연자산의 보존책임에 관한 가치

Arrow와 Fisher(1974)[4]는 위와 같은 가치 외에 준선택가치(quasi-option

3) Hargrove, C. "Weak Anthropocentric Intrinsic Value," in Max Oelschlaeger, ed., *After Earth Day,* Denton: University of North Texas Press, pp.140-69, 1992.

4) Arrow, K. J. and A. C. Fisher, "Environmental Preservation, Uncertainity, and Irreversibility," *Quarterly Journal of Economics*, Vol.87(1974): 312-319.

value)를 제시하였다. 준선택가치는 불확실성과 비가역성(irreversible)이 존재하는 의사결정이 요구되는 경우 자연환경을 개발하지 않고 그대로 보존하여 향후에 개발할 수 있는 기회를 보유함에 따라 얻게 되는 가치라고 하였다.

예를 들어, 동강댐건설의 경우나 경부대운하계획으로 멸종위기동식물의 소멸, 환경오염 등으로 인한 환경생태계의 파괴 등에 관한 불확실한 정보로 인한 건설논란이 많다. 이러한 경우 논란이 불식될 때까지 건설계획을 보류하는 것이다.

자원이 제공하는 가치는 자원의 이용에 있어서의 불확실성이 존재한다. 자원이용에 있어 불확실성은 크게 소비의 불확실성과 공급의 불확실성을 들 수 있다. 소비의 불확실성은 각 개인이 특정 자원을 미래에 실제로 소비하게 될지의 여부에 대한 불확실성이 존재하는 것을 말한다. 그리고 공급의 불확실성은 자원이 제공하는 편익의 공급이 어느 정도로 이루어질 것인가에 대한 불확실성을 말한다. 예를 들어, 정부의 자원개발정책이 실제로 어느 정도 소비자 각 개인들에게 편익을 제공할 것인지는 보장이 없는 것이다. 또한 자연자원은 한번 훼손되면 회복이 거의 불가능한 비가역성(irreversibility)을 지니고 있다. 자원에는 종의 멸종과 같이 한번 훼손되면 회복이 기술적으로 영원히 불가능한 경우가 있다. 이와 같이 준선택가치는 불확실성과 비가역성이 개입되면서 자연환경을 개발하지 않고 그대로 보존하여 향후에 개발할 수 있는 기회를 보유함에 따라 얻게 되는 가치라고 할 수 있다.[5)]

제 2 절 자원의 가치추정

인간은 자연에 의존하여 살아 왔다. 자연은 인간에게 의식주를 제공하였고 또한 삶의 휴식처를 제공하면서 인간은 자연과 더불어 생존하며 문화를 발전시키고 있다. 20세기 후반 이전까지는 인간은 자연이 가져다주는 무한하고 변함없는 혜택으로 오늘날과 같은 발전된 문명을 이루면서 풍요롭고 편리한 생활을

---

5) 권오상, 환경경제학, 박영사, 1999, pp.266-268.

누리고 있다.

그러나 1970년대에 들어오면서 자원의 고갈문제와 훼손 및 지구환경변화 등의 문제가 인간의 중요한 관심사로 등장하면서 자원에 대한 가치문제는 매우 중요해지고 있다. 자원의 가치 또는 편익에 대한 주제는 19세기 말부터 시작된 편익이론에서 출발한다고 할 수 있다. 편익(benefit)이라는 것은 이익, 혜택, 은혜 혹은 후생의 증가로 표현된다. 이러한 편익은 여러 가지 방법으로 측정될 수 있다.

편익 또는 후생은 일반적으로 소비자 잉여(consumer surplus), 보상변화(compensating variation), 그리고 동등변화(equivalent variation)로 측정된다. 이 중 소비자잉여의 개념은 19세기에 마샬(A. Marshall)에 의해 후생경제학의 개념에서 소개되었으며 보상변화와 동등변화는 1940년대에 힉스(J. Hicks)가 발전시킨 것으로 소비자잉여 이외에 후생변화를 측정하는 방법이다.

보상변화와 동등변화는 시장에서 거래되는 재화나 서비스의 가격이 변하였을 때 발생하는 후생변화를 측정하는데 사용된다. 그러나 대부분의 자연자원과 환경재의 경우 시장가격이 존재하지 않는다. 또한 자연환경의 개발정책은 환경재의 시장가격을 변화시키는 것이 아니라 환경재의 수량이나 질을 변화시킨다. 그리고 맑은 물이나 깨끗한 공기와 같은 환경재를 이용하는 개인의 입장에서 볼 때 자신이 소비하는 환경재의 수량이나 질은 대개의 경우 스스로 선택할 수 없고 외생적으로 주어져 있다. 그러므로 보상변화와 동등변화는 자연자원의 편익을 추정하는데 사용하기 힘들다.

요약하면, 자연자원과 같은 환경재나 공공재처럼 수량이나 질이 외생적으로 변하여 후생에 영향을 미칠 때 이러한 후생변화의 측정은 보상잉여(CS: compensating surplus)와 동등잉여(ES: equivalent surplus)개념이 사용된다. 그러나 보상잉여와 동등잉여의 개념은 소비자잉여, 보상변화와 동등변화에 이론적 근거를 두고 있다. 여기서는 먼저 자연자원의 후생변화를 측정하는데 이론적 바탕이 된 보통재화의 후생변화를 측정하는데 사용되는 보상변화와 동등변화를 설명하였다. 그리고 이를 바탕으로 보상잉여와 동등잉여의 개념을 추가로 설명하였다.

1. 시장재의 후생변화

효용수준의 변화를 고려하는 보상수요곡선(compensated demand curve)을 사용하여 후생변화의 정도를 측정한다. 이때 가격변화 이전의 효용과 이후의 효용 가운데 어느 것을 기준으로 삼아 후생변화를 정의하느냐에 따라 서로 다른 두 개의 기준이 있다. 가격변화 이전의 효용을 그대로 유지하기 위하여 어느 정도의 보상이 필요한지를 설명하는 것이 보상변화(CV: compensating variation)이다. 그리고 가격변화 이후의 변화된 효용을 얻기 위하여 얼마나 보상을 해야 하는 지를 설명하는 것은 동등변화(EV: equivalent variation)라고 한다.

예를 들어, 환경질이 악화되어 사람들의 후생수준이 변화하는 경우 사람들은 현재의 상태로 효용을 유지하기 위하여 그 크기만큼 소득을 통해 후생수준이 하락하는 것을 방지하는 노력을 하게 된다. 이 때의 금액을 환경재의 화폐적 가치라고 할 수 있다. 이러한 노력은 환경재를 보전하거나 이용하기 위하여 사람들이 기꺼이 그 대가를 지불하고자 한다. 또는 환경재가 오염되거나 훼손되어 후생수준이 낮아지는 것을 감수하는 대신 그 만큼 보상받고자 하는 등 두 가지로 구분된다. 이 때 전자를 지불의사액(WTP: willing to pay)이라 하고 일반적으로 힉스의 동등변화(EV)로 평가한다. 반면에 후자를 보상수용액(WTA: willing to accept)이라 하고 힉스의 보상변화(CV)로 평가한다.

1) 소비자 잉여

소비자 잉여는 가장 오래된 후생변화의 측정방법으로 소비자의 순편익을 측정하는 방법이다. Dupuit(1844)[6]은 소비자 잉여를 소비자가 어떤 재화를 구매하기 위해 지불할 의사가 있는 가격과 실제로 지불한 가격과의 차액으로 정의하였다. 여기서 소비자가 지불하려는 가격은 점점 더 많은 재화를 소비하면서 감소하게 된다. 이와 같이 지불의사액(WTP)이 감소하는 이유는 재화를 좀 더

6) Dupuit, J. "On the measurement of the utility of public works," *Annales des Pontset Chausees*, 2nd Series, Vol. 8; reprinted in English in D Munby(editor), Transport: Selected Readings, Harmondsworth: Penguin Books Ltd., 1968.

많이 소비하면서 이 재화로부터 얻는 한계효용이 감소하기 때문이다.

한편 가격변화는 후생의 평가에 있어서 매우 중요하다. 생산자는 재화의 생산비보다 더 많은 가격을 소비자에게 부가함으로써 소비자 잉여와 비슷한 생산자 잉여를 확보할 수 있다.

[그림 7-1] 마샬의 소비자 잉여

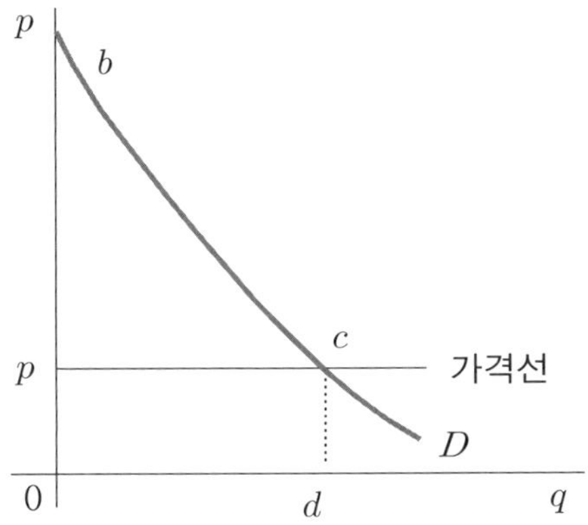

Marshall은 보통 수요곡선(ordinary demand curve)으로 소비자 잉여 개념을 설명하였다. [그림 7-1]에서 마샬수요곡선이 D로 나타나 있으며, 이 마샬수요곡선은 재화에 대한 소비자 잉여개념을 설명하고 있다. [그림 7-1]에서 면적 $\triangle pbc$는 재화의 구매량 od에 대한 소비자의 순편익(net benefit) 즉, 소비자 잉여이다. 그리고 총편익은 소비자가 od의 소비량에 대한 총비용인 면적 $\square opcd$를 순편익에 더한 것이다.

결국 수요곡선은 재화의 각 단위에 대해서 지불하여도 좋다고 생각하는 최고가격을 표시하고 있으므로 소비자잉여는 수요곡선 아래와 시장가격선 위의 면적이라고 할 수 있다. 소비자 잉여가 발생하는 이유는 이러한 재화 각 단위에 대해서 지불해도 좋다고 생각하는 최고가격과 각 단위를 구입하기 위해 지불한 실제가격과 차이가 발생하기 때문이다.

2) 보상변화와 동등변화

보상변화란 가격변화 후 소비자의 효용수준을 가격변화 이전의 수준으로 되돌려 놓기 위해 필요한 실질소득의 변화분을 말한다. 가격의 하락(상승)에 따라 효용을 변동 전의 수준으로 되돌려 놓기 위해 감소(증가)시켜야 하는 소비자 잉여의 변화분을 보상변화(compensating variation)라 한다. 한편, 동등변화(equivalent variation)는 변화된 가격하에서 얻어지는 효용수준을 변화전 가격에서 달성하도록 하기 위해 필요한 소득변화를 말한다. 두 개념의 차이를 [그림 7-2]를 이용하여 설명하면 다음과 같다.

보상변화와 동등변화의 개념은 보통수요 곡선과 보상수요 곡선의 개념차이를 이해하는 것으로부터 출발한다. 가격변화에 따라 소비자가 어떻게 상품을 구매하는가 하는 것을 나타낸 것이 수요곡선이다. 가격변화가 있기 전과 변화 후에 나타나는 수요량의 변화를 나타낸 것으로 가격변화가 일어나면 새로운 균형점이 발생하는데 이 점들을 가격과 연관시켜 연결시키면 그 상품에 대한 수요곡선이 도출된다. 이렇게 도출된 곡선을 보통수요곡선(ordinary demand curve) 또는 마샬의 수요곡선(Marshallian demand curve)이라고 한다.

보통수요 곡선상에 있는 점들은 가격효과(=대체효과+소득효과)를 보여주는 것으로 각 점에서의 효용수준이 다르다. 즉, 동일한 수요 곡선상에 있다 할지라도 효용수준(실질소득)이 다르다.

그러나 가격이 변하더라도 동일한 실질소득으로 구입할 수 있는 수요량을 표시하는 수요곡선을 보상수요곡선(compensated demand curve) 또는 힉스수요곡선(Hicksian demand curve)이라고 한다. 이 곡선은 가격이 변할 때에 동일한 무차별곡선에서의 소비자균형을 연결함으로써 얻어진다.

[그림 7-2]의 상단 그림에서 직선들은 예산선으로, 주어진 소득(예산)으로 최대한 구입 가능한 상품의 여러 가지 조합을 나타낸 것이다. 여기서는 X재, Y재, 두 재화의 구입이 가능한 수량을 말한다. 또한 예산선의 기울기는 두 재화의 가격비를 반영한다. 그리고 U_0, U_1은 무차별 곡선(indifference curve)으로 소비자에게 동일한 만족수준을 주는 상품조합을 나타내는 곡선으로 원점에서 멀어질수록 높은 효용을 가지게 된다. 그리고 주어진 소득과 가격조건하에서

효용을 극대화하는 소비점은 무차별곡선과 예산선이 접하는 점에서 결정된다. 따라서 최초의 소비자균형은 E_0에서 이루어지는데 이는 예산선 AB와 무차별곡선 U_0가 접하는 점이다.

[그림 7-2] 보상변화와 동등변화

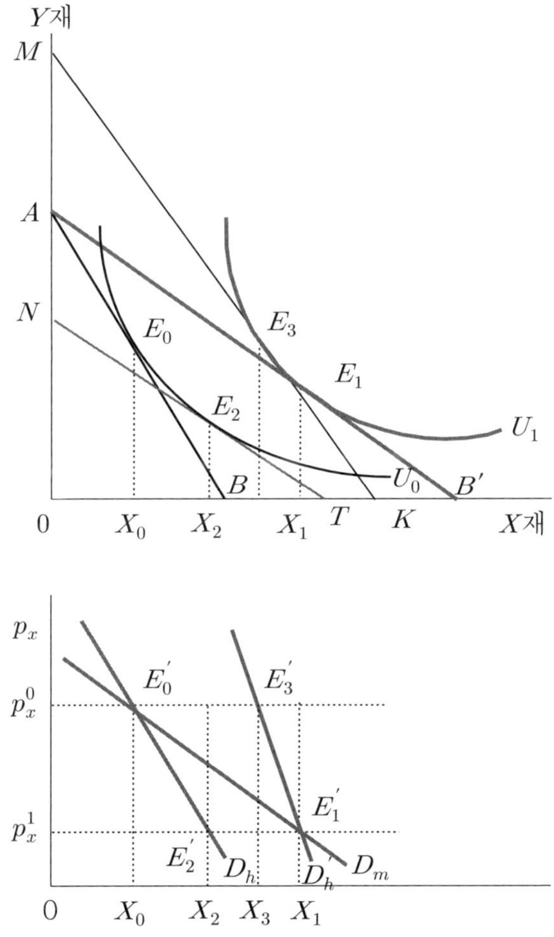

여기서 X재의 가격이 P_x^0에서 P_x^1으로 하락하고, X재는 정상재(normal good)라고 가정하자. 이는 소득전액으로 Y재를 구입하고자 할 때, Y재 구입량은 예전과 변화가 없는 반면 소득전액으로 구입할 수 있는 X재의 수량은 증가

된다. 그러므로 Y재축을 절편으로 하여 예산선이 AB에서 AB'로 우측으로 이동하게 되고 소비자균형은 E_0에서 E_1으로 변동된다. 새로운 균형에서 소비자는 X재를 P_x^1의 가격에 X_1만큼 구입한다. 변화전의 가격(P_x^0)과 수요량(X_0)을 E_0'로, 그리고 변화후의 가격(P_x^1)과 수요량(X_1)을 E_1'로 하여 하단 그림에 표시하였다. E_0'와 E_1'를 연결한 선 D_m이 바로 보통수요곡선이다.

보상수요곡선은 가격이 변화하더라도 곡선상의 모든 점에서 실질소득이 같도록 "보상"해주는 수요곡선이다. 가격이 하락했는데도 실질소득을 가격하락 이전과 동일한 수준으로 유지한다는 것은 가격하락으로 만들어진 새로운 예산선에 평행한 다른 예산선이 변화전의 무차별곡선과 접하는 점이 새로운 소비자균형이 된다. 여기서 가격하락$(p_x^0 \rightarrow p_x^1)$으로 인한 새로운 예산선은 [그림 7-2]의 상단 그림에서 AB'이다. 또한 이것에 평행한 다른 예산선은 NT가 된다. 따라서 가격하락에도 불구하고 변화전과 동일한 효용수준을 유지하게 하는 수요량은 E_2점의 X_2이다. P_x^1에서 동일한 실질소득을 보장하는 수요량은 X_2이므로 이를 하단그림에 E_2'로 표시하였다. 가격변화전의 균형인 E_0'와 E_2'를 연결한 곡선 D_h가 바로 보상수요곡선이다.

[그림 7-2]에서 보상변화와 동등변화를 정의하면 다음과 같다. 보상변화는 변화이전의 효용을 유지하는 것으로 정의하였으므로 보상변화는 X재의 가격이 하락하는 경우 효용수준이 U_0에서 U_1으로 증가했다. 가격이 하락했을 때 변화전의 효용수준(U_0)으로 되돌려 놓기 위해서 AN만큼 감소시켜야 하는데 이것이 바로 보상변화이다.

그리고 동등변화는 변화된 이후의 효용을 유지하는 것이다. [그림 7-2]에서 X재의 가격이 AB에서 AB'로 하락함에 따라 소비자의 균형이 E_0에서 E_1으로 이동하였다. 가격하락으로 새로운 균형에서 달성되는 효용은 U_1이며 Y재로 표시한 실질소득은 $0A$이다. 변화전의 가격으로 이 효용수준을 달성하기 위해서 필요한 소득은 U_1에 AB와 평행한 예산선 MK를 E_3에 접하게 하면 $0M$이 Y재로 표시한 실질소득이다. 여기서 MA가 가격의 하락에 따른 동등변화이다.

한편 [그림 7-2]의 하단 그림을 통해 소비자 잉여와 보상변화 및 동등변화의 크기를 비교해 보자. 보상변화는 가격변화전(P_x^0)의 효용(U_0)을 유지하면서 P_x^1에서 지출할 액수와 P_x^0에서의 지출액의 차이로서 보상액을 측정하므로 보상수요곡선(D_h)의 왼쪽과 두 가격선사이의 면적인 $P_x^0 E_0^{'} E_2^{'} P_x^1$이 된다. 동등변화는 가격이 P_x^1으로 변한 후에 U_1이라는 새로운 효용수준을 달성할 때의 지출액과 이러한 효용수준을 변화전의 가격 P_x^0으로 얻을 때의 지출액과의 차이이므로 $P_x^0 E_3^{'} E_1^{'} P_x^1$의 면적이 된다. 소비자잉여의 변화는 가격하락시 통상수요곡선상의 변화를 의미하므로 $P_x^0 E_0^{'} E_1^{'} P_x^1$의 면적으로 측정된다.

이와 같이 정상재(normal good)의 경우, 가격이 하락하면 동등변화가 보상변화보다 크다. 그러나 가격이 상승하면 보상변화가 동등변화보다 크다. 그리고 X재에 대한 수요의 소득탄력성이 크면 클수록 보상변화와 동등변화의 차이는 더욱 크고, 또한 이들 보상변화 및 동등변화와 마샬의 소비자잉여와도 차이가 커진다.[7] 그러므로 정상재에 관한 소비자후생의 변화의 크기는 다음과 같은 부등호관계가 성립된다.

- 보상변화(CV) 〈 소비자 잉여(CS) 〈 동등변화(EV)

보상변화와 동등변화 중 어느 측정법이 더 적절한지는 상황에 따라 다르다. 새로운 가격에서 보상을 계획한다면 보상변화가 적절하다. 그러나 지불의사(willingness to pay)를 측정하려 한다면 동등변화가 더 적절할 것이다. 왜냐하면 동등변화는 현재의 가격에서 소득의 변화를 측정하기 때문이다. 정책입안자에게 어떤 가상적인 가격에서 측정하는 것보다 현재의 가격에서 후생변화의 가치를 판단하는 것이기 설득력이 있기 때문이다. 또 다른 이유는 두 가지 이상의 계획을 비교하려 하는 경우, 보상변화는 각 계획마다 서로 다른 새로운 가격을 기준으로 하여 측정하여야 하나 동등변화는 현재의 가격을 기준가격으로 측정하면 된다. 따라서 다양한 계획을 비교하는 경우 동등변화가 더 적절하다고 할

7) Nick Hanley and Clive L. Spash, *Cost-Benefit Analysis and the Environment*, Edward Elgar Publishing Company, 1993, p. 36.

수 있다.[8)]

힉스의 보상수요곡선은 영국의 곡물법 폐지(1846년)[9)], 우리나라의 경우 FTA로 인한 농산물 수입개방의 경우 농민 피해 보상액의 추정 등에 사용되는 이론이다.

2. 공공재(환경재)의 후생변화

사적재의 경우 소비자들은 주어진 가격하에서 자신의 소비량을 자유롭게 결정하는 것이 가능하다. 그러나 자연자원과 같이 공공재의 경우 이용수준이 외생적으로 주어지기 때문에 소비자 자신이 소비량을 결정하는 것이 불가능하다. 이러한 이유로 자연자원과 같은 공공재의 가치는 보상잉여(CS: compensating surplus) 또는 동등잉여(ES: equivalent surplus)라는 개념으로 정의된다.

1) 보상잉여

보상잉여는 정부정책의 결과 나타난 새로운 수준의 공공재의 수량(quantity)이나 질(quality)하에서 소비자가 원래의 효용수준을 달성하기 위해 필요한 소득변화이다. 어떤 재화의 소비량이 변화했을 때, 환경변화 후의 소비량을 기준으로 소비량이 변화하기 전의 초기 효용수준을 유지하기 위해서 소비자로부터 줄일 수 있는 지출의 최대값으로 정의된다.[10)] 보상잉여는 지출함수나 간접효용함수[11)]를 사용하여 다음과 같이 표현할 수 있다.

$$CS = e(p, X_0, U_0) - e(p, X_1, U_0) \qquad (7\text{-}1)$$

---

8) 박명광, 경제학 원론, 무역경영사, 1996, p. 154.

9) 나폴레옹의 대륙봉쇄령으로 곡물가격이 급등하여 지주들의 이익이 급증하였다. 그 이후 대륙봉쇄령이 없어지면서 곡물가격이 폭락하자 지주계급이 다수인 영국의회가 그들의 이익을 보호하기 위해 소맥쿼터당 가격이 80실링이 될 때까지 외국산 소맥수입을 금지하는 곡물법(Corn laws)을 1815년에 제정하여 실시하다가 1846년에 폐지됨.

10) 여기서 소비자로부터 받을 수 있는 최대액은 WTP(willingness to pay)가 되고 지급해야 할 최소액은 WTA(willingness to accept)가 된다.

11) 재화의 소비량으로부터 얻는 효용을 직접효용함수라 함에 비하여, 주어진 가격과 예산제약하에서 실현 가능한 최대효용을 간접효용함수라 한다.

$$V(p, X_0, Y) = V(p, X_1, Y - CS) = U_0 \quad (7\text{-}2)$$

여기서 p는 사적재화의 가격, X_0는 변화하기 전의 공공재 수준, X_1은 변화 후의 공공재의 수준, U_0는 변화전의 효용수준이다. CS가 양(+)의 값을 가지면 X_0보다 X_1이 선호되어 소비자는 자신의 효용수준이 초기수준과 같아질 때까지 지불할 의사가 있게 된다. 반대로 CS가 음(-)의 값을 가지면 이는 소비자의 수용수준(willing to accept)이 된다.

[그림 7-3]은 수량이 증가할 경우 보상잉여의 개념을 설명해주고 있다. 정부정책의 영향으로 X재화의 수량이 증가하였다고 하자. 앞의 보상 및 동등변화 개념에서와 마찬가지로 X재화의 가격이 하락하면서 예산선이 회전하여, 효용 U_0로 X_0을 소비하며 소비자균형을 이루던 것이, X_1을 소비하며 효용 U_1을 달성한다. 보상변화에서는 X재화의 가격이 낮아져서 소비자들에게 전의 효용수준 U_0로 되돌리기 위하여 $(m_0 - m_1)$의 소득을 줄이면 된다. 하지만 보상잉여의 경우에는 소비자들이 자신의 소득을 감소시키어 소비하는 X재화의 수량을 조절할 수 없다.

이와 같이 보상변화에서와 같이 소득이 줄어들면서 X재화의 수량이 X_1에서 X_2로 이동할 수 없기 때문에 소비자들은 X_1에 머물러야만 한다. 결과적으로 소비자들이 X_1만큼 소비하도록 강제되기 때문에 효용이 U_0수준에 도달하기 위한 소득 감소 폭이 작다. [그림 7-3]에서 보상변화가 $m_0 - m_1$이고 보상잉여는 $m_0 - m_{cs}$로 나타난다. 소비자들이 소득감소에 대한 조정능력에 제약이 있기 때문에 보상잉여와 보상변화의 값은 일치하지 않는다.

[그림 7-3] 공공재의 수량 또는 질의 변화(증가)시의 보상잉여

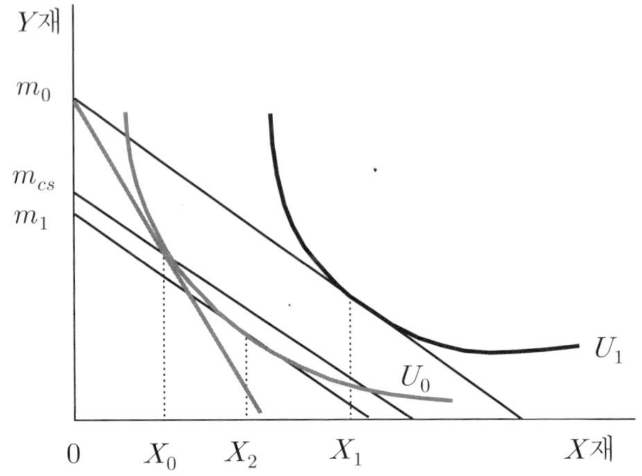

2) 동등잉여

동등잉여는 어떤 정책의 결과 나타난 환경재의 새로운 수준에서 얻는 효용수준을 정책 시행 전의 환경재의 수준을 얻게 하기 위해 필요한 소득변화를 말한다. 즉, 어떤 재화의 소비량이 감소(또는 증가)했을 때, 변화전의 소비량을 유지한 채로 변화후의 효용수준까지 도달하기 위해 소비자에게 지불해야만 하는 최소액(제거할 수 있는 최대액)이다.[12) 동등잉여를 지출함수와 간접효용함수로 표시하면 다음과 같다.

$$ES = e(p, X_0, U_1) - e(p, X_1, U_1) \tag{7-3}$$

$$V(p, X_0, Y+ES) = V(p, X_1, Y) = U_1 \tag{7-4}$$

여기서 U_1는 변화 후 효용수준이라고 할 때, X_0보다 X_1이 선호되는 경우는 WTA이고, X_1보다도 X_0이 선호되는 경우는 WTP가 된다. 변화 후의 환

12) 여기서도 소비자로부터 제거할 수 있는 최대액은 WTP가 되고, 수여해야 할 최소액은 WTA가 된다.

경수준(X_1)이 악화된다고 가정하는 경우 변화 후 얻게 되는 후생수준, $V(p, X_1, Y)$은 원래상태에서 얻던 후생수준, $V(p, X_0, Y)$ 보다도 낮다. 따라서 원래 수준(X_0)에서 악화된 수준(X_1)에서 얻던 후생수준을 얻기 위해서는 소득의 일부분을 공제하여야 한다. 이러한 공제부분이 동등잉여이다. 동등잉여는 환경수준이 악화될 경우에는 음(-)의 값을 가지며 이러한 환경수준의 악화를 방지하기 위해 소비자가 지불하고자 하는 지불의사(WTP)가 된다. 반대로 환경수준이 개선되는 경우에는 *ES*는 보상의사(WTA)가 되며 양(+)의 값을 갖는다.

[그림 7-4]에서 동등잉여의 정의와 같이 소비자의 소비수준이 제약되어있다고 하자. 예를 들어 정부가 어떤 정책의 편익을 알고자 할 때, 동등변화 하에서는 소비자는 효용 U_1까지 도달하기 위해서는 소득증가가 필요하다. 그 이유는 효용 U_1는 정부 정책을 통하여 소비자들이 얻는 효용수준이기 때문이다. 정부정책에 따라 소득이 증가하면서 소비자는 X_1까지 X재를 더 구매하게 될 것이다. 하지만 소비자들은 현재 X재의 수량이 정책 이전 수량인 X_0까지로 제한되어 있다. 이 원래의 수량을 가지고 정책 시행 후의 효용수준 U_1을 달성할 수 있도록 하는 방법은 U_1까지 도달할 수 있도록 좀 더 많은 소득을 필요로 한다. 그러므로 이를 정리하면 동등변화는 $m_0 - m_1$이지만 동등잉여는 $m_0 - m_{es}$가 된다.

[그림 7-4] 수량증가시의 동등잉여

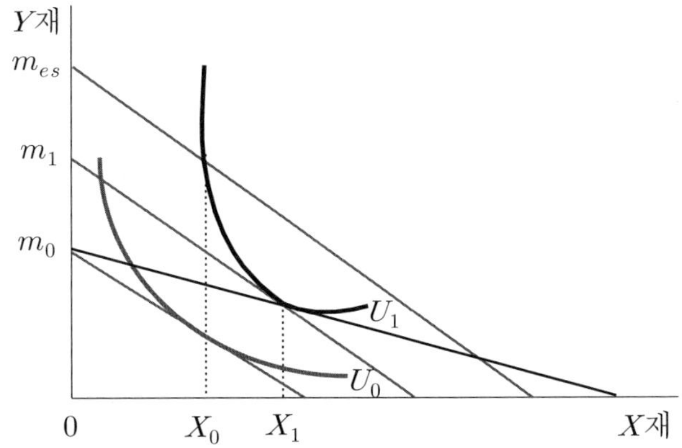

3) WTP, WTA 및 힉스의 추정치(EV, CV, ES, CS)

후생은 마샬의 소비자 잉여와 힉스의 보상변화, 동등변화, 소비잉여, 동등잉여 등으로 측정할 수 있다. 가격이나 수량에 변화가 있을 경우 마샬의 소비자 잉여는 보통수요곡선 아래 가격선 위의 면적의 변화로 정의된다. 그러나 보통수요곡선이 효용이 일정하게 유지하는 것이 아니라 소득을 일정수준으로 유지하고 있다는 점이 이론적 문제점으로 지적되고 있다. 힉스는 이러한 문제를 극복하기 위해 초기 수준의 효용을 일정하게 유지시키는 이익 또는 손실을 평가하는 두가지 방법(보상변화와 보상잉여)과 변화 후의 효용수준을 일정하게 유지시키는 두가지 방법(동등변화와 동등잉여)을 보상수요함수에 근거하여 후생개념을 제시하였다. 이중 보상변화와 동등변화는 가격변화시의 후생수준과 관련되고 동등잉여나 보상잉여는 가격변화와 달리 수량이 통제되어 있는 공공재의 후생측정에 이용된다.[13)]

한편, WTP와 WTA 및 힉스의 네 가지 후생개념간의 관계를 명확히 하기 위해 용어의 정의를 구분하여 볼 필요가 있다. 우선 보상척도(보상변화, 보상잉여)라는 것은 경제주체가 현재의 효용수준 또는 현재의 재산권을 유지하는 권리가 주어진 것을 말한다. 이에 반해 동등척도(동등변화, 동등잉여)는 경제주체가 새로운 수준의 효용 또는 새로운 재산권을 설정하는 권리가 있는 것을 말한다. 또한 지불의사액(WTP)은 경제주체가 변화를 수용하고 변화 이전의 권리가 부여된 상태를 유지하기 위해서 지불해야 하는 금액이다. 그리고 수용의사액(WTA)은 변화가 발생했을 때의 상태를 얻기 위하여 특정의 권리부여와 함께 경제주체가 보상받기를 희망하는 금액을 말한다. 그러므로 이전부터 재산권을 보유하고 있는 경우, 환경이 악화된 경우에는 WTA로 평가하고 반대로 재산권이 없는 경우에는 WTP로 평가 한다.[14)]

---

13) Robert C. Mitchell and Richard T. Carson. *Using Survey to Value Public Goods: The Contingent Valuation Method, Resource for the Future*, 1989, p.23.

14) 상게서, p.25.

부록

간접효용함수와 지출함수

1. 간접효용함수(indirect utility function)

직접효용함수가 재화(x, y)의 소비량으로부터 얻는 효용관계라면, 간접효용함수는 재화의 가격(p)과 소득(m)으로부터의 얻는 효용관계를 나타낸다.

직접효용함수: $x, y \rightarrow u(x, y)$

간접효용함수: $p_x, p_y, m \rightarrow x, y \rightarrow u(x, y)$

즉, $p_x, p_y, m \rightarrow u(x, y)$

이를 수학적 함수관계로 나타내면 다음과 같다.

$$u[\mathrm{x}(p_x, p_y, m),\ y(p_x, p_y, m)] = v(p_x, p_y, m)$$

보통수요함수는 주어진 가격과 소득에서 소비자의 효용을 극대화하는 수요량을 나타낸다. 이 수요량을 효용함수에 대입하면 주어진 가격과 소득에서 얻을 수 있는 최대의 효용을 나타낸다. 이러한 극대화된 효용을 가격과 소득으로 표시한 것을 간접효용함수라 하고 $v(p_x, p_y, m)$로 나타낸다.

다시 말해, 간접효용함수(v)는 가격과 소득의 함수이다. 우리가 실생활에서 관찰하기 쉬운 가격과 소득으로부터 효용을 직접적으로 구할 수 있기 때문에 간접효용함수는 유용하게 쓰인다.

간접효용함수를 알고 있으면, 다음의 로이항등식(Roy's identity)을 이용해서 보통의 수요함수를 쉽게 구할 수 있다.

Roy's Identity (로이 항등식)

$$x(p_x, p_y, m) = -\frac{\partial v}{\partial p_x} / \frac{\partial v}{\partial m}$$

$$y(p_x, p_y, m) = -\frac{\partial v}{\partial p_y} / \frac{\partial v}{\partial m}$$

이 항등식은 간접효용함수로부터 보통의 수요함수(=마샬 수요함수)를 도출할 때 쓰인다.

2. 지출함수(expenditure function)

Maximize $u(x, y)$

s.t. $m = p_x x + p_y y$

위의 수식으로 나타내는 예산제약하의 효용극대화 문제 대신, 효용의 크기를 고정시켜 놓은 상태(효용제약하)에서 x와 y 두재화에 대한 지출(소비)를 최소화하는 문제를 생각해보자.

Minimize $p_x x + p_y y$

s.t. $\overline{u} = u(x, y)$

이러한 문제의 해(解)로 아래와 같은 보상수요함수를 도출할 수 있다. 여기서 첨자 c는 compensated의 의미로 붙인 것이다.

$$x_c^* = x_c(p_x, p_y, \overline{u}), \quad y_c^* = y_c(p_x, p_y, \overline{u})$$

이를 예산함수에 대입하면,

$$p_x \cdot x_c(p_x, p_y, \overline{u}) + p_y \cdot y_c(p_x, p_y, \overline{u})$$

$$m^* = m^*(p_x, p_y, \overline{u}) = e(p_x, p_y, \overline{u}) \quad (e = \text{지출함수})$$

즉, 지출함수는 가격과 효용의 함수다. 지출함수와 관련해서 다음의 셰파드 보조정리(Shepard's lemma)를 통해 보상수요함수를 도출할 수 있다.

Shepard's lemma (셰파드 보조정리):

$$x_c(p_x,\ p_y,\ \overline{u}) = \frac{\partial e}{\partial p_x},\quad y_c(p_x,\ p_y,\ \overline{u}) = \frac{\partial e}{\partial p_y}$$

셰파드 보조정리는 지출함수로부터 보상수요함수(=힉스 수요함수)를 구할 때 쓰인다. 보상수요라는 것이 실질소득의 변화를 제거한 수요, 즉, 소득효과를 제거한 것이라고 생각할 수 있다. 효용의 크기를 고정시킨 상태, 즉 동일한 무차별곡선 하에서의 지출극소화의 해로 보상수요함수를 얻을 수 있다.

x재의 가격이 p_x^0에서 p_x^1로 하락하면 소비자의 만족도의 변화, 즉 편익의 변화는 $\triangle v = v(p_x^1, p_y, m) - v(p_x^0, p_y, m)$이다. 이러한 편익의 변화를 보통수요함수에서 측정한 것이 소비자 잉여의 변화량($\triangle S$)이다.

보상수요함수는 주어진 가격조건하에서 특정 수준의 효용(u)을 최소의 비용으로 얻게 해주는 수요량을 나타내는 함수이다. 이렇게 주어진 가격조건하에서 특정수준의 효용을 최소의 비용으로 얻게 해주는 보상수요량을 선택하였을 때 소비자가 지불하여야 하는 지출액을 함수로 표시한 것이 지출함수, $e(p_x, p_y, u)$라 한다.

가격변화에 따른 보상변화(CV)는 간접효용함수나 지출함수를 사용하여 다음과 같이 나타낼 수 있다.

$$v(p_x^0,\ p_y,\ m) = v(p_x^1, p_y, m - CV)$$
$$CV = e(p_x^0, p_y, u^0) - e(p_x^1, p_y, u^0) = m - e(p_x^1, p_y, u^0)$$

x재의 가격이 p_x^0일 때 얻는 효용수준은 $u^0 = v(p_x^0, p_y, m)$이고, y재의 가격과 소득이 불변인 상태에서 x재의 가격만 p_x^1로 하락한 경우 효용수준은 $u^1 = v(p_x^1,\ p_y,\ m)$이다. x재의 가격이 하락하였으므로 소비자가 가진 소득(m)보다 적은 소득을 가지고도 원래의 효용(u^0)을 효용을 얻을 수 있다. 이 때 남은 소득금액이 CV가 된다.

원래의 가격에서 소비자가 u^0의 효용을 달성하도록 하는 최소의 지출액은 $e(p_x^0, p_y, u^0)$이고, 소비자는 소득을 모두 지출하기 때문에 소득 m과 같다. x재의 가격이 p_x^1으로 하락하면 소비자가 효용 u^0의 효용수준을 얻기 위해서 지불해야 하는 금액이 줄어 새로운 지출액은 $e(p_x^1, p_y, u^0)$이다. 따라서 이 지출액의 차이가 보상변화

(CV)이다.

한편, 동등변화(EV)는 변화된 가격하에 얻는 효용을 원래의 가격으로 얻기 위해서 필요한 소득변화이다. 다음관계를 만족해야 한다.

$$v(p_x^0, p_y, m+EV) = v(p_x^1, p_y, m) = u^1$$
$$EV = e(p_x^0, p_y, u^1) - e(p_x^1, p_y, u^1) = e(p_x^0, p_y, u^1) - m$$

직접 추정되지 않는 보상수요함수 대신 보통수요함수를 추정하여 그 결과를 가지고 CV, EV를 얻을 수 있다. 셰파드 보조정리로부터 간접효용함수와 보통수요함수의 관계를 알 수 있기 때문이다.

$$x(p_x, p_y, m) = -\frac{\partial v/\partial p_x}{\partial v/\partial m} = \frac{\partial m}{\partial p_x}$$

이 식으로부터 간접효용함수나 지출함수를 구할 수 있다.

제 8 장
최적 제어이론 및 응용

최적화(optimization)의 문제는 경제 분석에서 가장 중요한 주제 중 하나이다. 이윤의 극대화를 위한 상품의 최적 가격을 정하는 문제나, 최적 생산량을 결정하는 문제 등이 쉽게 생각해 볼 수 있는 예일 것이다.

그러나 본 장에서는 하나의 최적값을 구하는 것이 아니라 주어진 전 기간에 걸쳐 목적함수를 극대화할 수 있는 개별 시점의 최적값을 구하는 이론 및 방법에 대해 알아 보고자 한다. 자원 생산량의 최적 배분문제나 최적 가격경로를 찾는 최적제어이론(optimal control theory)을 예를 들어 설명하였다.

제 1 절 동태적 최적화(dynamic optimization)

동태적 최적화(dynamic optimization)란 하나의 최적값을 구하는 것이 아니라 주어진 전 기간에 걸쳐 목적함수를 극대화(극소화)할 수 있는 매기의 최적값을 구하는 것이다. 즉 계획하는 주어진 구간(0, T)의 각 시점에서 목적함수를 극대화(극소화)해 주는 선택변수(choice variable 또는 control variable)의 최적 시간경로(optimal time path)를 찾는 것이다.

일상에서 적용 될 수 있는 예로는 서울 - 부산 간의 최단 시간 주행 문제라든지, 일생의 효용을 극대화 하는 소비수준을 결정하는 문제 등을 생각해 볼 수 있다. 경제적 문제뿐만 아니라 이를 테면 주어진 시간 내에 목표물을 명중시킬 수 있는 미사일의 최적 궤도의 문제 등에도 적용될 수 있다. 특히 자원론에서는 주어진 자원을 최적으로 채취하는 문제에 적용된다. 여기서 중요한 것은, 주어진 시간 내의 '각각의 시점'에서의 최적점을 연결한 것이 최적경로라는 것이다. 여기서는 이산시간 경우(discrete time case)보다 연속시간 경우(continuous time case)를 다루고자 한다.

제 2 절 최적생산(optimal depletion)

최적제어이론은 동태계획법(dynamic programming)과 함께 동태 최적화 문제를 해결하는 기본 이론 가운데 하나이다. 천연자원처럼 시간이 지나면서 동태적으로 변하는 자원을 사용하여 생산행위를 할 경우 이러한 천연자원량의 변화를 어떻게 반영하여 최적채취량을 찾는지를 살펴보자. 이를 위해 어떤 시점의 천연자원의 양을 X라 하고, 시간을 t로 나타내며 시간은 연속적으로 변한다고 가정하자. 천연자원을 채취량을 y라 하자. 시간이 흐르면서 자원부존량은 변한다.

우선 여기서 n개의 동일한 자원기업의 채취비용함수는 생산과 스톡의 함수로 표현하였다. 시장에서는 n개의 기업의 합이지만 이를 단순화하여 이해를 쉽게 하기 위하여 1기업으로 가정하였다. 채취비용함수, $c = c(y_t, X_t)$에서 c는 채취비용을, y_t는 t시점에서의 생산을, X_t는 t시점에서의 자원스톡을 각각 나타낸다. 생산비용은 자원스톡에 따라 증가하거나 감소할 수 있으나 통상 비용은 자원스톡에 반비례하는 것으로 가정하였다. 즉, 잔존 자원스톡이 작아질수록 단위 채취비용은 증가하는 비용함수이다.

이러한 경우 자원소유자에게는 모든 기간에 걸쳐 순이익의 현재가치를 극대화하는 문제로 볼 수 있다. 이것을 수식으로 표현하면 다음과 같다.

$$\underset{y_0, \cdots, y_t, \cdots, y_{T-1}}{Maximize} \sum_{t=0}^{T} \frac{\int_0^{y_t} p(y_t)dy - c(y_t, X_t)}{(1+r)^t} \tag{8-1}$$

제약조건, $\sum_{t=0}^{T-1} y_t = \overline{X_0} - \overline{X_T}$

위의 제약조건은 아래의 사실에서 양변을 합하면 얻는다.

$$y_0 = \overline{X_0} - X_1$$
$$y_1 = X_1 - X_2$$
$$y_t = X_t - X_{t+1}$$
$$y_{T-1} = X_{T-1} - \overline{X_T}$$

$$y_t = X_t - X_{t+1} \quad (t = 0, \ldots, t = T-1) \tag{8-2}$$

식(8-2)는 자원의 생산(채취)을 나타낸다. 자원의 채취는 자원스톡의 변화로 표현된다. 위와 같은 제약조건하의 극대화문제는 식(8-3)과 같은 라그랑지안함수(L)로 표현된다.

$$L = \sum_{t=0}^{T} \frac{\int_0^{y_t} p(y_t)dy - c(y_t, X_t)}{(1+r)^t} + \sum_{t=0}^{T-1} \mu_t (X_t - X_{t+1} - y_t) \tag{8-3}$$
$$+ \alpha(\overline{X_0} - X_0) + \beta(\overline{X_T} - X_T)$$

위식을 y_t, X_t, μ_t에 대하여 1차 편미분하여 0으로 놓으면 극대화 필수조건이 된다.

$$\frac{p(y_t) - \partial c / \partial y_t}{(1+r)^t} - \mu_t = 0 \quad (t = 0, \ldots, T-1) \tag{8-4}$$

$$-\frac{\partial c/\partial X_t}{(1+r)^t}+\mu_t-\mu_{t-1}=0\ (t=0,...,T-1) \tag{8-5}$$

$$X_t-X_{t+1}-y_t=0 \tag{8-6}$$

식(8-4)는 최적 생산을 위한 1차 조건이다. 자원의 가격은 한계채취비용($\partial c/\partial y_t$)과 할인 되지 않은 사용자비용($\mu_t(1+r)^t$)의 합과 같다. 라그랑지 승수(μ_t)는 사용자비용(로얄티)으로 해석된다. 여기서 사용자비용이란 목적함수의 가치로 표현된 지하의 자원 1단위의 가치를 말한다.

식(8-5)는 시간에 따른 사용자비용의 궤적을 나타내는 최적생산(채취)의 2차 조건을 나타낸다. μ_t는 할인된 사용자비용이므로 $\mu_t=\lambda_t(1+r)^{-t}$, 여기서 λ_t는 할인 안된(undiscounted) 사용자비용이다. 이를 이용하여 식(8-5)를 정리하면 다음과 같다.

$$-\frac{\partial c/\partial X_t}{(1+r)^t}+\lambda_t(1+r)^{-t}-\lambda_{t-1}(1+r)^{-t+1}=0\ (t=0,...,T-1)$$

다시 정리하면, $\lambda_t-\lambda_{t-1}=r\lambda_{t-1}+\frac{\partial c}{\partial X_t}$이 된다. 최적제어조건은 통상 연속상태로 표현되고 이산시간(discrete time)분석보다 연속시간(continuous time)분석이 쉽다. 연속시간분석을 위하여 식(8-5)은 식(8-7)로 다시 표현할 수 있다.

$$\frac{d\lambda_t}{dt}=r\lambda_{t-1}+\frac{\partial c}{\partial X_t} \tag{8-7}$$

최적생산(채취)은 식(8-4), (8-6), (8-7)을 만족하는 y_t를 구하면 된다.

제 3 절 최적제어조건(optimal control condition)

어느 시점에서 자원의 생산(채취)로부터 순편익은 편익의 흐름에서 비용을 차감한 부분($\int_0^{y_t} p(y_t)dy - c(y_t, X)$)과 자원 생산(채취)로부터 발생된 미래 자원 스톡의 흐름에 대한 영향($\lambda_t y_t$) 등 두 부분으로 구성된다. 여기서 이 자원스톡의 흐름에 대한 영향($\lambda_t y_t$)은 자원스톡 1단위의 가치(λ_t)에 채취량(y_t)을 곱한 것이다. t시점에서 채취로부터 순편익의 극대화는 다음과 같이 나타낼 수 있다.

$$\underset{y_t}{Maximize} \int_0^T [p(y_t)dy - c(y_t, X_t)]e^{-rt}$$

$$제약조건 \quad \frac{dX_t}{dt} = -y_t$$

$$X_0 = \overline{X_0}$$

$$X_T = \overline{X_T}$$

위와 같은 제약조건하의 극대화문제는 다음과 같은 라그랑지안함수(L)로 표현된다.

$$L = \int_0^T [p(y_t)dy - c(y_t, X_t)]e^{-rt} + \lambda_t(-y_t) + \alpha(X_0 - \overline{X_0}) + \beta(X_T - \overline{X_T})$$

라그랑지안함수로부터 경상가격 해밀토니안 함수는 다음과 같이 표현된다.

$$H = p(y_t)y_t - c(y_t, X_t) - \lambda_t y_t \tag{8-8}$$

여기서 λ_t는 보조 상태변수(co-state variable)를, H는 경상가격 해밀토니안을 나타낸다. H를 y_t에 대하여 미분하면, $p(y_t) - \partial c / \partial y_t - \lambda_t$을 얻는다. 그러므로 최적 생산의 1차조건 식(8-4)는 $\partial H / \partial y_t = 0$로 다시 쓸 수 있다. 여기서 해밀토니안은 현재편익에서 미래손실을 차감한 생산(채취)의 순효과를 측정한다고 해석된다.

$$\frac{\partial H}{\partial y_t} = p - \frac{\partial c}{\partial y_t} - \lambda_t = 0 \tag{8-9}$$

2차 조건은 $\frac{\partial H}{\partial X_t} = -\frac{\partial c}{\partial X_t}$이므로, 식(8-7)은 다음 식(8-10)으로 나타낼 수 있다.

$$\frac{d\lambda_t}{dt} = r\lambda_t - \frac{\partial H}{\partial X_t} \tag{8-10}$$

식(8-9), (8-10)은 최적생산조건에 일치하는 해밀토니안 최적제어조건이다. 그리고 제3 조건은 아래와 같다.

$$\frac{dX_t}{dt} = \frac{\partial H}{\partial \lambda_t} (= - y_t) \tag{8-11}$$

세가지 최적제어 조건식(8-9), (8-10), (8-11)은 다음과 같다. 여기서 y_t는 통제변수(control variable), X_t는 상태변수(state vaiable)[15], λ_t는 보조 상태변수(co-state or auxiliary varable)로 라그랑지안 승수와 같다. 해밀토니안 함수에서 보조 상태변수는 시간에 따른 상태변수의 행태를 설명하는 제약조건이나 전환

15) 제어이론에서 상태 변수(state variable)란, 전체 시스템의 동적 특성을 완전하게 나타낼 수 있는 최소 갯수의 독립 변수의 집합을 말한다. 일반적으로 시스템의 동적 특성을 완전하게 나타내기 위해서는 2개 이상의 변수가 필요하므로, 상태 변수는 벡터 형태인 경우가 많다. 이를 상태 벡터(state vector)라고 부르기도 한다. 상태 변수 방정식(state variable equation)이란, 입력 변수(input variables), 출력 변수(output variables) 및 상태 변수에 관한 1차 미분 방정식으로써 시스템을 나타내는 수학적 표현법을 말한다.

방정식에 붙는다.16)

다음 <표 8-1>은 제약조건하에 목표함수를 극대화하는 문제를 해결하는 방법으로 최적생산조건(optimal depletion condition)과 최적제어조건(optimal control condition)을 비교하였다.

〈표 8-1〉 최적생산조건과 최적제어조건과의 비교

〈최적생산문제〉

$$Maximize \int_0^{y_t} [p(y_t)dy - c(y_t, X_t)]e^{-rt}$$

제약조건: $\frac{dX_t}{dt} = -y_t,\ X_0 = \overline{X_0},\ X_T = \overline{X_T}$

해밀토니안 함수: $H = p(y_t) - c(y_t, X_t) - \lambda_t y_t$

최적생산조건	최적제어조건
$p(y_t) - \frac{\partial c}{\partial y_t} - \lambda_t = 0$	$\frac{\partial H}{\partial y_t} = 0$
$\frac{d\lambda_t}{dt} = r\lambda_t + \frac{\partial c}{\partial X_t}$	$\frac{d\lambda_t}{dt} = r\lambda_t - \frac{\partial H}{\partial X_t}$
$\frac{dX_t}{dt} = -y_t$	$\frac{dX_t}{dt} = \frac{\partial H}{\partial \lambda_t}$

16) 제어이론이란 공학 및 수학이 복합된 학문의 한 분야로서, 동적 시스템의 거동을 다루는 이론이다. 제어이론은, 주어진 시스템에 대하여 그 입력을 조절함으로써 그 출력을 원하는 대로 조절하는 제어기(controller)를 만드는 데에 적용된다. 기계공학, 전기 및 전자공학, 화학공학 등 여러 공학 학문에서 두루 쓰여 왔으며, 최근에는 자연 과학, 금융 분야 등 공학이 아닌 학문에서도 많이 이용되고 있다. 심지어 심리학, 사회학, 범죄학 등 사회 과학 분야에서도 이용된다.

제 4 절 천연자원의 최적소비

천연자원처럼 시간이 지나면서 동태적으로 변하는 자원을 사용하여 생산행위를 할 경우 이러한 천연자원량의 변화를 어떻게 반영하여 국민계정을 하여야 하는지를 살펴보자. 이를 위해 어떤 시점의 천연자원의 양을 X라 하고, 자본재를 K라 하자. 시간을 t로 나타내고 시간은 연속적으로 변한다고 가정하자. 새로운 천연자원을 탐사하는 활동을 S라 하고, 시간이 한 단위 흐르는 동안 탐사활동에 의해 새로이 발견되는 자원량은 $\theta(X, S)$와 같이 결정된다고 가정하자. 어떤 시점의 생산활동을 위해 사용한 자원량을 Y라 하면, 시간이 한 단위 흐르면서 자원부존량은 다음과 같이 변한다.

$$\frac{dX}{dt} = \theta(X, S) - Y \qquad (8\text{-}12)$$

한편 경제내의 총생산량은 $F(K, X, Y)$와 같이 결정되고, 생산물의 가격은 1이라 가정하자. 생산된 총산출물은 소비(C)되거나, 자원의 탐사(S)를 위해 사용되거나, 아니면 투자되어 다음 시점의 자본재로 이용된다. 따라서 어떤 시점의 자본재의 변화량은 다음과 같이 나타난다.

$$\frac{dK}{dt} = F(K, X, Y) - C - S \qquad (8\text{-}13)$$

천연자원의 양이 X인 특정시점에서 국민들이 C를 소비하여 얻는 효용을 $U(C, X)$라 하자. 효용함수가 X를 포함하도록 하는 것은 천연자원에 대해 일종의 존재가치를 인정하는 것과 같다. 위의 두 식에서와 같이 천연자원과 자본재가 동태적으로 변하는 상황하에서는 어느 한 시점의 의사결정이 미래의 후생수준에도 영향을 미친다. 따라서 여기에서는 매 시점에서 얻는 효용의 현재가치를 최대화하는 선택을 하여야 한다. 국민들은 무한히 긴 시간 동안을 살아갈 수 있다고 가정하고, 현재 생존하는 국민들이 현재와 미래에 얻는 만족도를 현시점의 가치로 할인하여 더해 준 다음과 같은 동태적 효용함수를 고려해 보자.

$$\int_0^\infty U(C, X)e^{-rt}dt \quad (8\text{-}14)$$

단, r=할인율

최적 발전경로는 식(8-14)의 목적함수를 식(8-12)와 (8-13)의 제약조건 하에서 효용을 최대화하는 C와 S를 선택할 때 달성된다. 이러한 최적화문제의 해는 흔히 최적제어이론(optimal control theory)을 이용하여 구한다. 최적제어이론에 의하면 위의 제약조건하에서 목적함수를 극대화하는 것은 다음과 같은 경상가격 해밀토니안(current value Hamiltonian)을 극대화하는 것과 동일하다.

이는 아래와 같은 라그랑지안함수(L)로부터 식(8-15)의 해밀토니안 함수로 표현할 수 있다.

$$L = \int_0^\infty U(C, X)e^{-rt}dt + \mu_t[\theta(X, S) - Y] + \gamma_t[F(K, X, Y) - C - Y]$$

$$H = U(C, X) + \mu_x\frac{dX}{dt} + \gamma_k\frac{dK}{dt} \quad (8\text{-}15)$$

$$= U(C, X) + \mu_x(\theta(X, S) - Y) + \gamma_k(F(K, X, Y) - C - S)$$

위의 경상가격 해밀토니안에서 μ_k와 γ_x는 각각 어떤 시점에서 K와 X가 한 단위 늘어나면서 미래에 추가로 얻게 되는 효용의 합을 의미한다. 즉 μ_k와 γ_x는 자본재와 천연자원의 잠재가격으로 라그랑지안함수에서 K와 X의 사용자비용을 각각 나타낸다.

경상가격 해밀토니안이 바로 동태 최적화문제에 있어서의 최대화된 동태적 효용이므로 위의 동태 최적화문제의 해는 H를 극대화하는 C와 S를 구하여 얻을 수 있다. 경상가격 해밀토니안 함수를 C와 S에 대해 미분한 값을 0으로 만드는 1차 조건은 다음과 같다.

$$U_c = \mu_t \tag{8-16}$$

$$\mu_t = \gamma_t \theta_s \tag{8-17}$$

최적제어이론에 의하면 경상가격 해밀토니안이 극대화된 동태적 효용수준과 동일하기 위해서는 자본재와 천연자원의 잠재가격은 다음과 같은 2차 조건을 추가로 충족시켜야 한다.

$$\frac{d\mu_k}{dt} = r\mu_t - \frac{\partial H}{\partial K_t} = r\mu_k - \gamma_t F_k \tag{8-18}$$

$$\frac{d\gamma_t}{dt} = r\gamma_t - \frac{\partial H}{\partial X_t} = r\gamma_t - \mu_t F_x - \mu_t \theta_x - U_x \tag{8-19}$$

식(8-16)~(8-19)가 위의 최적화 문제를 푸는 4가지 조건식이다. 이상의 조건식을 가지고 최적 소비수준(C) 및 탐사활동 수준(S)을 구할 수 있다.

제 9 장
여행비용측정법

여행비용측정법은 시장기구가 존재하지 않는 자연자원의 수요곡선을 추정하는데 많이 이용되는 방법이다. 이 방법은 1947년 Hotelling이 미국 국립공원국(National Park Service)에게 국립공원이 창출해 내는 경제적인 가치를 제시할 수 있는 경제이론을 제안하면서 시작되었으며, 그 이후 Clawson & Knetsch (1966) 등이 여행비용접근법의 발전에 기여하였다. 본 장에서는 비시장재인 자연환경재의 가치를 여행시장에서의 소비행위로부터 간접적으로 자연자원의 가치를 평가하는 방법을 설명하였다.

제 1 절　여행비용측정법

여행비용측정법(TCM: Travel Cost Method)은 관련 시장에서의 소비행태를 이용하여 비시장재화인 환경재에 대한 가치를 찾는 방법이다. 환경자산의 서비스를 소비하는데 소요되는 비용이 가격의 대체요소로서 사용된다. 이들 소비비용은 여행비용, 입장료, 현지 지출 및 소비에 필요한 자본장비(capital equipment)에 대한 지출 등을 들 수 있다.

TCM은 특정 관광지를 이용하기 위해 사람들이 어느 정도의 액수를 지불할 의사가 있는지를 추정하기 위해 그 지역에 도달하는데 소요된 시간과 비용에 대한 정보를 이용하는 방법이다. TCM은 여가지역 혹은 여가시설과 관련된 속성의 질이 개선되었을 때 발생하는 편익을 추정하는데 대단히 유용한 방법이다. TCM에서는 입장료의 증가가 수요량을 감소시키는 것과 같이 여행비용의 증가가 휴양지역에 대한 방문율을 감소시킨다는 전제 아래 휴양지역의 편익을 구한다.

그러나 여행목적이 여러 가지가 있다면 각 목적들 간에 시간 및 화폐의 기회비용이 적절하게 배분되지 못하고 비이용가치에 대한 편익이 배제된다는 단점이 있다. 또한 여행비용을 산정하는 데 있어서 시간이 고려되지 못하고 관심대상 재화를 실제로 방문한 사람들에 대해서만 편익이 측정되므로 그렇지 않은 사람들은 배제하는 표본선택편의(sample selection bias)의 문제가 있다.

1. 여행수요함수 추정

클로슨-네취는 가격에 대한 대리변수로서 거리에 따른 평균직접비용을 단일 설명변수로 하는 수요함수를 제시하였다. 이 수요함수는 두 단계를 거쳐 여가 수요곡선을 도출하는데, 첫단계는 실제방문경험을 통해 총경험수요곡선을 도출하는 것이고, 둘째 단계는 총경험수요곡선에서 여가 수요곡선을 도출하는 것이다.

• 총경험수요곡선

클로슨-네취모형은 다음과 같이 표현된다.

$$V_{ij} = f(TC_{ij}) \tag{9-1}$$

V_{ij}: 지역 i에서 목적지 j로의 방문율(단위 인구당 방문자수),

TC_{ij}: 거주지 i에 살고 있는 사람의 방문지 j로의 여행비용,

위의 식(9-1), 방문율(V_{ij}=단위 인구당 방문자수)과 여행비용과의 관계식에서 방문지 j의 총경험곡선을 도출할 수 있다. 이러한 수요함수는 거리와 역함수(distance decay function)관계가 되어 거리가 멀수록 방문자수는 감소하게 되는 것을 의미한다. 즉 여행비용이 증가할수록 방문율은 감소하는 것이다.

• 여가 수요곡선

위에서 도출된 식(9-1)은 총경험수요함수로 여기서 총방문자수는 지역의 인구를 주어진 방문율에 곱해서 추정할 수 있다. 따라서 총방문자수는 $\sum_{i=1}^{n} f(TC_{ij}) \cdot P_i = V_j$로 나타낼 수 있다.

각각의 방문에 대한 추가비용(입장료 등), $\triangle C$를 더하면 총경험수요곡선에서 방문율은 다음과 같이 변화하게 된다.

$$\sum_{i=1}^{n} f(TC_{ij} + \triangle C) \cdot P_i = V_j^1 \qquad (9\text{-}2)$$

이 결과 V_j^1에서 총방문자수는 V_j^0에서의 총방문자 수보다 작아진다. 예상방문율이 0이 될 때까지 이런 방식으로 계속 반복하면 V_j^2, V_j^3 등 각 지역에서 여행비용 증가로 인한 수요의 변화량을 계산할 수 있다. 이러한 과정을 거쳐 수요곡선을 도출된다. 특정 위락지에 대한 이러한 여가 수요곡선은 각각의 방문횟수에서 이용자가 지불할 용의가 있는 최대비용을 의미한다.

특정 위락지에 대한 수요곡선의 도출을 통해 방문지의 경제적 가치를 측정할 수 있다. 즉, 대상지 수요곡선의 적분을 통해 방문자의 총효용과 소비자 잉여를 측정할 수 있다.

2. 여행수요함수 추정의 예

여행비용 절차는 두 가지 단계를 수반한다. 어떤 지역의 여행경험에 대한 수요함수가 추정되고 그리고 휴가지역에 대한 개별 수요함수가 유도된다. 가상의 자료를 이용한 <표 9-1>은 첫단계를 보여주고 있다. 회귀분석을 이용한 종속변수(V: 지역의 1,000명당 방문자수)와 독립변수(TC: 여행비용)와의 관계식을 찾는 것이다. <표 9-1>의 가상적 자료를 이용한 추정식은 다음과 같다.

$$V = 8.19 - 0.0622\,TC \tag{9-3}$$

추정된 계수에 대한 t-통계량은 각각 70.7와 -35.2이다. 추정된 계수는 95%의 신뢰수준에서 유의적이다. 독립변수가 종속변수를 99.9%를 설명한다는 의미인 결정계수(R^2)는 0.99이다.

식(9-3)은 다양한 입장료(0, 5, 8, 10)가 추가된 여행비용을 반영하여 관광지에 대한 입장료별 수요가 추정되었다. 예를 들어, 1인당 5달러의 입장료인 경우 세 지역의 경우 1인당 여행비용은 각각 25달러, 55달러, 105달러로 증가하였다. 식(9-3)은 세 지역에 대한 방문자수(V)를 6.635, 4.769, 그리고 1.659로 추정하고 있다. 그리고 세 지역의 추정된 방문자수(V)[17]는 각각 332, 1192, 166이다. 그 결과 입장료가 5달러인 경우 관광지에 대한 총방문자수는 1,690명이 된다.

〈표 9-1〉 TCM의 가상적 자료[18]

지역	인구 (1,000)	방문자 수	인구 1,000명 당 방문자 수(V)	1인당 여행비용(TC)
1	50	350	7.0	20
2	250	1250	5.0	50
3	100	200	2.0	100

<표 9-2>에 나타난 지역분포를 보면 입장료가 1인당 8달러인 경우 추정된 방문자수는 1,616, 10달러인 경우는 1,566이 된다. 방문자가 없을 때까지 모든 가능한 입장료를 사용하여 총방문자수를 추정할 수 있다. 입장료가 없어서 여행비용의 추가가 없는 경우 총방문자수는 1,800이고 각 지역의 추정된 수요가 완료되었다.

이들 자료로부터 전형적인 우하향의 수요곡선을 얻을 수 있다. 또는 추정된 방문자수(Q)를 입장료(ΔC)에 대해 회귀분석하여 수요곡선을 구하는 경우이다.

---

17) 각지역의 인구를 곱해주면 된다. 예를 들어, 1지역의 경우 6.635×50=332가 된다.

18) Frank A. Ward and Diana Beal, *Valuing Nature with Travel Cost Methods A Manual*, Edward Elgar, MA, USA, 2000, pp.69-76.

이들 자료로부터 추정된 수요방정식은 다음과 같다.

$$Q = 1802.51 - 23.48\Delta C \tag{9-4}$$

여기서 Q는 방문자의 수이고 ΔC는 입장료이다. 이방정식은 회귀분석에 의해 추정되었기 때문에 R^2가 통계검증인데 .99로 적절한 것으로 나타났다. 이 추정된 수요함수를 가지고 방문자의 총효용과 소비자 잉여를 추정할 수 있다.[19)]

〈표 9-2〉 입장료에 따른 각 지역에 대한 관광지의 추정된 수요

입장료 (ΔC)	$TC+\Delta C$	1,000명당 방문자수(V)	지역인구 (1,000)	방문자수(Q)	추정된 방문자수
0	20 50 100	7.0 5.0 2.0	50 250 100	350 1250 200	1800
5	25 55 105	6.638 4.770 1.658	50 250 100	332 1192 166	1690
8	28 58 108	6.451 4.584 1.471	50 250 100	323 1146 147	1616
10	30 60 110	6.327 4.459 1.347	50 250 100	316 1115 135	1566

3. 지역여행비용법(Zonal Travel Cost Method)

지역여행비용법(ZTCM)은 클로슨-네취(1966)에 의해 처음 사용되었다. 지역

19) 자세한 총효용 및 소비자 잉여 추정방법은 Frank A. Ward and Diana Beal, *Valuing Nature with Travel Cost Models: A Manual*, Edward Elgar, 2000, pp.91-93에 참고할 수 있다.

여행비용법은 해당 방문지를 방문한 방문자들의 출발지점에 대한 지역적 위치 자료를 근거로 하여 여행비용을 추정하는 방법이다. 이들 지역은 방문지를 중심으로 하는 동심원이지만 대부분 도(道)·군(郡) 같은 지방정부의 행정구역에 따라 선정되는 것이 보통이다. 이러한 인구자료는 방문지를 중심으로 한 주변의 동심원으로 구분한 지역보다는 정부에서 지정한 행정구역에서 더욱 쉽게 이용할 수 있기 때문이다.

클로슨 - 네취(1966)의 연구에서 동심원으로 구분한 지역은 해당 방문지를 중심으로 파악되기 때문에 각 동심원지역에서 해당방문지까지의 거리는 대략적으로 동일한 것으로 밝혀졌다. 이는 여행비용의 계산을 용이하게 해준다. 사용할 수 있는 지역(zone)의 수는 상당히 많을 수 있다. 지역모형에 대한 여행발생함수(TGF: trip generating function)는 다음과 같다.

$$V_{ij} = V(TC_{ij}, S_i) \quad i = l, \ldots, n \tag{9-5}$$

V_{ij}: 지역 i에서 방문지 j의 방문율(단위 인구당 방문자수)

TC_{ij}: 지역 i에서 방문지 j까지의 여행비용

S_i: 각 지역 평균소득과 같은 사회경제적 변수

여기서 종속변수(V_{ij})는 단위 인구당 여행자수로 표현된다. 식(9-5)에서와 같은 여행경험함수(또는 여행발생함수(TGF))를 다중회귀분석을 사용해서 추정하면, 입장료와 같은 요금이 증가하면서 연간 개별방문(ITCM) 혹은 각 지역에서의 방문(ZTCM)이 어떻게 될 것인지를 통해 수요관계를 추정하게 된다. 이러한 방식으로 수요곡선이 각 지역에 대해 추정된다.

[그림 9-1]에서 모든 지역(zone)에서의 총방문은 V_T로 나타나고 있다. TGF는 수요곡선 D를 측정하는데 사용되며 수요곡선에서는 방문비용이 P^*이하로 유지되는 한 방문이 이루어지는 것을 보여주고 있다. 예를 들어, P_1의 요금이 되면 방문은 V_T에서 V_1으로 감소하고, P_2으로 요금이 인상되면 V_2로 감소가

예상된다. 여기서 이들 요금과 방문의 조합은 여행비용과 방문간의 관측된 관계에 기반을 둔 추정이라는 것이다. 수요곡선에 대한 주요 가정은 여행비용이 증가하면 방문의 횟수가 감소한다는 것이다.

[그림 9-1]에서 가격선위 수요곡선 아래의 면적이 소비자 잉여가 된다. 이 값은 흔히 방문당 소비자 잉여로 설명된다.

[그림 9-1] 방문수요곡선

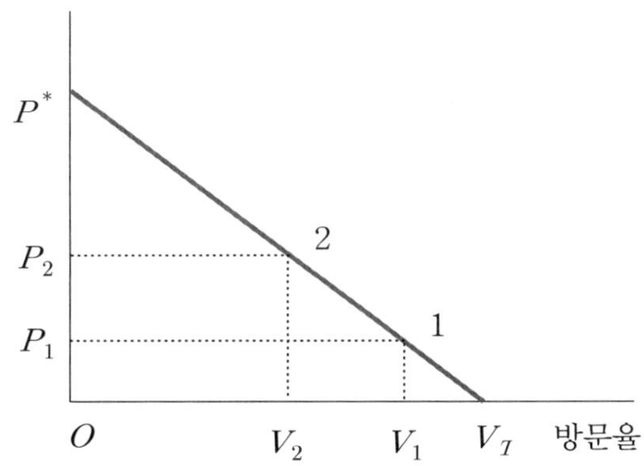

1지역은 면적 $0P_1 1 V_1$의 여행비용을 지불하면서 $OV_1 1P^*$의 혜택을 누리게 되어 순혜택, 즉 소비자 잉여는 삼각형 P_1P^*1이 된다. 이러한 논리를 적용하여 각 지역 소비자 잉여의 합은 방문지의 총가치와 같다. 즉, 소비자 잉여의 합은 식(9-6)으로 표현되는 특정 관광자원의 총가치가 된다.

$$CS = \sum_{i=1}^{n} CS_i = CS_1 + CS_2 + CS_3 + \cdots CS_n \text{이 된다.} \qquad (9\text{-}6)$$

2. 개인여행비용법(ITCM: Individual Travel Cost Method)

지역여행비용을 이용한 가치평가방법은 지역자료에 관한 신뢰성있는 자료수집의 어려움 때문에 사용되지 않고 개인여행비용법(ITCM)이 여가활동지역의 가치평가에 흔히 이용되고 있다. 이 경우의 여행발생함수는 다음과 같이 표현된다.

$$V_{ij} = f(TC_{ij}, T_{ij}, Q_i, S_j, Y_i) \tag{9-7}$$

V_{ij}: 개인 i의 j지역으로의 방문횟수
TC_{ij}: 개인 i의 j지역 방문시의 여행비용
T_{ij}: 개인 i의 j지역 방문시의 시간비용
Q_i: 레크레이션 i지역의 인식된 질 벡터
S_j: 이용가능한 대체방문지의 특성 벡터
Y_i: 개인 i의 가계소득

개인여행비용법은 주어진 시기에 가계 또는 개인의 방문빈도와 방문지로의 여행비용, 레크레이션의 선호도, 대체방문지의 이용, 그리고 사회·경제적인 정보를 도출하기 위해서 현장에서 방문자를 대상으로 설문조사를 한다. 이들 자료는 피조사자들의 소비자 잉여 추정을 통해 수요곡선을 도출하는데 사용된다.

n회의 방문에 대한 소비자 잉여는 0과 n 사이의 수요곡선 아래를 적분함으로써 추정된다. TCM의 함수형태에 따라 추가적인 방문의 한계 소비자 잉여는 첫 번째 방문시의 소비자 잉여와는 다르다. 왜냐하면 한계효용체감의 법칙과 유사하게 방문횟수가 증가함으로써 소비자 잉여는 감소하기 때문이다. 일단 가구당 소비자 잉여가 추정되면 해당지역을 방문한 모든 가계의 총합을 계산할 수 있다.

가구당 소비자 잉여가 추정되면 총추정치를 산정해 내기 위해 주어진 기간 동안 해당지역을 방문한 평균가구수를 가구당 소비자 잉여에다 곱해주면 된다.

- 개인여행비용모형(ITCM)의 계산과정을 정리하면 다음과 같다.

① 방문지를 규정하고 방문자와 관련된 해당지역의 여행비용, 방문횟수, 레크

레이션 선호도, 사회경제적 특징 등의 자료를 수집하기 위한 설문조사를 한다.

② 여행발생함수를 규정하고 여행비용모형을 추정한다.

③ 수요곡선을 도출하고 수요곡선을 누적 합산한 가계 소비자 잉여 추정치를 산출한다.

④ 해당방문지에 대한 총 소비자 잉여를 산출한다.

제 2 절 지역여행비용법과 개인여행비용법의 비교

개인여행비용법은 지역적인 자료에 의존하는 것보다는 자료에 있어서 본래의 변수를 고려한다는 점에서 지역여행비용법보다는 분명한 장점을 가지고 있다. 또한 지역적인 자료보다는 개인에 바탕을 둔 추정치는 통계적으로 효율적이다. 지역여행비용법의 의한 수요는 자신의 행동이 모집단에서 평균행동을 반영하는 대표 소비자로 인식되는 것이다.

개인여행비용법의 여행발생함수(TGF)는 지역여행비용법보다 적은 수의 관측자료를 사용할 수 있다는 이점이 있다. 하지만 개인여행비용법은 개별 방문객에 대한 보다 많은 정보를 필요로 하고 방문객의 특성, 선호성 그리고 행동을 도출해내기 위하여 비용이 많이 드는 설문조사에 의존하게 된다. 그럼에도 불구하고 개인여행비용법이 일반적으로 지역여행비용법보다는 융통성이 있고 보다 넓은 지역에 적용이 가능하다. 이론상으로 개인적인 자료를 사용한다는 것은 특정한 형태의 레크레이션 활동을 수행하는 개인들에게 해당 지역을 방문함으로써 발생하는 편익을 살펴볼 수 있다는 의미가 있다. 예를 들어 수변지역(水邊地域)의 경우 애완견과의 산책, 낚시, 보트타기와 같은 활동을 수행하는 가구와 관련된 소비자 잉여를 추정하는 것이 가능하다. 어떤 방문지에서 방문객들이 한 가지 이상의 레크레이션 활동을 한다는 점에서 개인여행비용법이 바람직하다.

개인여행비용법과 지역여행비용법 조사를 수행한 결과를 비교했을 때 소비자 잉여에 상당한 차이가 관측되었다. Garrod와 Willis(1991)은 영국의 산림지역에 대한 개인여행비용법과 지역여행비용법의 소비자잉여를 비교하였는데 상당한 차이를 발견하였다(<표 9-3> 참조).

〈표 9-3〉 지역여행비용법과 개인여행비용법의 소비자 잉여 비교

	ZTCM 여행비용 계수	ZTCM 방문자 당 소비자 잉여	ITCM 여행비용 계수	ITCM 방문자 당 소비자 잉여	ZTCM과 ITCM의 비율 (소비자 잉여)
Brecon	-0.384	2.60	-0.358	1.40	1.86
Buchan	-0.444	2.26	-0.996	0.50	4.52
Cheshire	-0.525	1.91	-1.259	0.40	4.78
Lorne	-0.694	1.44	-0.327	1.53	0.94
New Forest	-0.702	1.43	-0.215	2.32	0.62
Ruthin	0.396	2.52	-0.386	1.29	1.95

자료: Guy Garrod & Kenneth G. Willis(1991), "An individual travel-cost method of evaluating forest recreation," *Journal of Agricultural Economics*, 41, 33-42.

제 3 절 여행비용법(TCM)의 이론적 한계

지금까지 설명한 여행비용측정법은 다양한 이론적 한계점을 가지고 있다. 이러한 한계점은 ① 종속변수의 선택, ② 다목적 여행, ③ 휴가여행자와 거주자, ④ 거리비용의 계산, ⑤ 시간의 가치, ⑥ 통계적 문제 등 측면에서 설명된다.

1. 종속변수의 선택

여행비용측정의 종속변수는 가정된 지역에서의 방문과 개인에 의한 방문이 있다. 첫 번째 방법은 흔히 일인당 방문(visits per capita)으로 표현되며 두 번째 방법은 각 응답자의 연간 방문(visits per annum)에 관한 자료를 수집함으로서 통상적으로 평가할 수 있다. 그러나 어느 방법이

적절한지에 대한 이론적 근거는 없다. 그러나 방문지에 대한 소비자 잉여의 추정은 종속변수에 어떤 변수를 사용하느냐에 따라 크게 차이가 있다.

2. 다목적 여행

여행비용분석에서 "다목적 방문자"와 "순수여행자"를 구분해야 하는 문제가 발생한다. 다목적 방문자는 해당되는 방문지에 자신들의 여행에 대한 목적의 일부로서 방문하게 되는 사람을 말하며 순수 여행자는 해당방문지의 방문이 전적으로 여행의 목적이 되는 사람을 말한다. 다목적 방문자들의 경우 예를 들어 가까이 있는 두 지역 중 한 지역을 방문하는 경우 방문지역에 부여한 최소가치에서 방문하느라 소요된 일부의 여행경비는 제외할 필요가 있다. 왜냐하면 이들은 같은 여행기간 동안 다른 방문지도 방문할 것이기 때문이다. 그렇다면 얼마 정도가 다목적 방문자들의 조사대상방문지의 여행비용으로 할당되어야 하는 문제가 발생한다.

여기에는 두 가지의 선택이 있는데 첫째는 조사대상방문지에 대한 방문의 상대적 중요성을 채점하도록 요구하는 것으로 이것은 이들의 전체 여행에 대한 즐거움의 정도가 되는 것이다. '0'과 '1' 사이의 수로 표시된 이 점수는 다목적 방문자들의 총여행비용에 가중치를 정하는데 사용할 수 있다.

두 번째 방법으로는 여행비용분석에서 다목적 방문자들을 제외시키고 나머지 순수여행자 함수를 근거로 방문소비자당 소비자 잉여의 값을 계산하는 것이다. 그리고 이러한 평균방문객 소비자잉여는 모든 방문자들에 걸쳐서 합산된다. 이러한 경우 이 방법은 다목적 방문자들이 순수여행자들과 같은 정도로 방문지의 가치를 부여한다고 가정한 것이다.

3. 거리비용의 계산

여가재화에 대한 접근 비용은 상당히 간단하게 평가될 수 있다. 하지만 먼 지역을 찾는 대부분의 방문객들이 자가용을 이용하기도 하지만 도보 혹은 자전거, 철도 혹은 버스를 이용할 수도 있다. 물론 관념적으로 이러한 비용은 왕복여행거리와 일정한 차량속도에 근거하여 추정되지만 이러한 모든 범주는 상이한 운송비용을 발생시키게 된다. 자가용을 이용하는 경우에도 운송비용은 자동차의 종류와 크기에 따라 상당히 다를 수 있으며 또한 자가용의 소유형태에 따라 다르다.

여행한 거리에 대한 자료가 수집된 후에는 이들 자료를 "여행거리비용"변수로 환산하여야 한다. km당 가격으로 환산할 수 있는데 두 가지 방법이 있다. 한계비용의 추정치로서 휘발유의 비용을 측정하거나 감가상각, 보험 등 모든 발생비용을 포함하는 총거리비용을 계산하는 것이다. 이때 소비자 잉여는 계산방법에 따라 달라진다. 일반적으로 한계비용측정이 이론적으로 타당하다. 그 이유는 개인들은 소비의 한계효용과 한계비용을 비교하는데 총거리비용은 평균비용을 측정하기 때문이다.

4. 시간의 가치

거리비용계산보다 더 어려운 것이 시간가치의 문제이다. 선행연구에서도 시간가치에 대한 계산은 여가활동의 가치추정에 대해 중요한 요인인 것으로 나타났다.[20] 여행비용방법에서 여가시간의 가치는 다음과 같이 평가한다.

첫째, 경제이론과는 반대되는 것이지만 제로(0)가치이다, 제로가치이기 때문에 포함시키지 않는다. 둘째, 여가시간은 노동의 기회비용이므로 한계고정임금(marginal fixed wage rate)으로 평가한다. 셋째, 비근로상황, 대표적인 예로 출근할 때 시간을 절약하기 위한 지불의사액에 근거를 둔 임금율의 일정 비율을 사용한다. 모든 사람들이 주말 혹은 공휴일 기간을 근무일과 비교하여 시간가치를 다르게 평가한다. 시간의 제약성 또한 사람들에 따라 다르다. 또한 사람들의 직업과 여행목적은 시간의 가치에 영향을 미친다.

여가의 가정생산함수모형에서 소비자들은 여가 서비스를 생산하기 위해 투입요소를 결합한다. 기본적인 투입요소로 장비 그리고 시간을 들 수 있다. 희

20) Elizabeth A. Wilman, "The Value of Time in Recreational Benefit Studies," *Journal of Environmental Economics and Management*, 7, 1980, pp. 272-286.
Kerry V. Smith, William H. Desvousges and M. P. McGivney, "The Opportunity Cost of Travel Time in Recreational Demand Models," *Land Economics*, 59, 1983, pp.170-189.

소한 자원으로서 시간은 잠재가격(shadow price)을 가지고 있다. 여가수요 추정에서 시간의 가격을 어떤 방법으로 추정할 것인가에 많은 연구가 있다. 만약 사람들이 관광지를 방문하기 위해서 근무를 하지 않으면 임금이 기회비용이 된다. 그리고 이론적으로 사람마다 별개의 가치가 산정되어야 하는데 그 이유는 각 개인이 상이한 대안을 갖고 있고 이들 대안에 대한 가치가 다르기 때문이다.

5. 통계적 문제

표본수집 기간 동안의 방문이 기록되기 때문에 년 중 다른 시기에 방문한 사람들의 선호에 대한 것을 잘못 기술할 수 있다. 여행발생함수(TGF)의 형태는 소비자 잉여의 추정치에 커다란 변화를 주기 때문에 함수형태의 선택은 중요하다. 가장 보편적인 형태는 선형, 2차, 반로그(semi-log)와 로그로그(log-log)형태이다. 경제학적 이론으로서는 어떤 선택이 좋은 것인지는 명백하지는 않다.

제 4 절 여행비용법의 평가

여행비용방법은 오락, 휴양을 위해 상당한 지출을 수반하는 여가자원에 대한 이용가치(use value)를 측정하는 데에 쓰일 수 있다. 다시 말하면 자연자원을 이용하는 사람들이 지출한 비용, 즉 교통비, 숙박비, 입장료 및 여행기간 동안 상실한 기회비용(소득)을 측정하여 비시장 재화의 가치를 평가하는 방법이다. 여기서 여행비용은 여행에 수반되는 직·간접비용이 포함되는데, 이는 국립공원, 산, 바다, 강, 호수와 같은 관광자원과 유적지, 사찰 등을 이용하는 사람들이 지불하는 입장료는 명목적인 가격에 불과하기 때문에 입장료만으로 그 자원의 가치를 평가한다는 것은 무의미하기 때문이다.

여행비용방법은 여행비용자체가 관광자원의 가치를 반영하는 것이 아니라, 입장료의 증가가 수요량을 감소시키는 것과 같이 여행비용의 증가가 관광지에 대한 방문율을 감소시킨다는 전제 아래 수요곡선을 도출한다. 지불의사를 통해 관광자원의 가치를 구하기 때문에 이론적으로 설득력이 강한 모형이다. 그러나 이 방법에 대한 비판도 많다. 여행비용이 증가하면 방문자수(방문율)가 감소한다는 역함수관계를 전제로 하고 있지만 자원의 매력이 아주 높은 경우에는 여행비용이 문제가 되지 않을 수도 있다. 또한 이 방법에서 다루는 이용자(관광자)와 관광자원까지의 거리도 교통의 발달 등으로 그 영향력 또한 낮아질 수 있다.

또한 여행비용방법은 자연자원 혹은 자원개발정책이 발생시키는 여가이용가치 혹은 편익을 측정하는데 사용된다. 하지만 대부분의 환경재나 자연공원은 상당히 공공재적 성격을 띠고 있다. 공공재는 소비에 있어서 비배타성과 비경합성을 지니는 재화이다. 이는 공공재가 일단 존재하거나 제공되면 어떤 소비자도 공공재를 즐기는데 있어 방해받지 않으며 또한 사용하는 사람은 다른 사람의 사용을 배제하지 못한다는 것을 뜻한다. 여행비용방법과 같은 간접적 가치측정법은 이러한 편익을 도출해내지 못한다. 또한 여행비용방법은 원칙적으로 서비스 질의 변화가치를 측정하기 보다는 여가지역이 제공하는 편익가치를 산출하는데 사용된다고 볼 수 있다.[21]

21) Frank A. Ward and Diana Beal(2000), p.50.

제 10 장 회피행위분석법

회피행위분석법(ABM: Averting Behavior Method)은 가정생산함수에 기초한 모형으로 주로 환경재와 시장재 사이의 대체관계를 이용해 환경재의 가치를 평가하는 방법이다. 본 장에서는 회피행위분석방법의 이해를 위해 그 개념을 간략히 서술하였다.

제 1 절 회피행위분석법

회피행위분석법(ABM: Averting Behavior Method)은 가정생산함수에 기초한 모형으로 주로 환경재와 시장재 사이의 대체관계를 이용해 환경재의 가치를 평가하는 방법이다. 시장재와 환경재간에는 기술적 관계가 존재한다고 가정하고 소비자는 환경재를 생산하는 동시에 또한 소비자로 간주된다. 이러한 가정생산함수를 통하여 시장재 수요와 환경재간의 관계를 알면 시장재 수요의 변화로부터 환경수준 변화의 편익을 계산할 수 있다.[22)]

ABM에서는 시장재 수요의 구매량인 회피비용을 가지고 환경질의 가치를 평가하게 된다. 악화된 환경을 회피하기 위해 소요되는 지출로 환경질의 저하에 따른 후생의 감소를 측정할 수 있다는 이론이다. 예를 들면 실내의 나빠지는 공기를 회피하기 위해 공기정화기를 구매한다던가, 수질의 악화를 방지하기 위해 생수구입이나 정수장치를 구매하는 등 인간의 회피행동에 따라 발생하는 회피재화의 크기를 가지고 환경질의 편익을 추정하는 방법이다. <표 10-1>은

22) 곽승준·전영섭, 환경의 경제적 가치, 학현사, 1995, p. 45.

회피행위의 예이다.

〈표 10-1〉 회피행위의 예

	오염피해	회피행위
대기오염	건강문제	- 공기정화기 설치 - 의약품구입, 건강검진을 자주함, 이사
	건물·시설물의 피해	- 건물·시설물의 도색 - 이사 또는 시설물의 이동
수질	건강문제/시설·기계의 피해	- 정수기 설치, 세척제 사용 - 먹는 물 구입, 이사
쓰레기/독성물질의 공해	경관파괴 건강문제	- 보호막 설치나 보호림 조성, 이사 - 공기정화기 구입, 수질검사, 이사
소음공해	건강문제	- 방음벽설치, 수면제 복용, 이사

요약하면 ABM은 회피행동에 따라 발생되는 회피비용(averting cost)이나 방어적 지출(defensive expenditure)이 편익추정의 기준이 된다. ABM은 도시 전체의 대기오염도와 같은 총체적 환경질(overall environment quality)과 사무실이나 주택내의 공기처럼 각 개인이 직접 접하는 개인적 환경질(personal environmental quality)을 구분한다. 그리고 개인은 개인적 환경질의 변화로 인해 효용변화를 경험한다고 가정한다. 각 개인은 총체적 환경질이 악화되면 자신의 개인적 환경질이 동시에 나빠지는 것을 방지하기 위해 공기정화기와 같은 오염완화수단을 구입하게 된다. 이러한 개인의 오염완화행위를 분석하여 총체적 환경질 개선의 편익을 분석할 수 있다.

[그림 10-1]에서 가로축은 개인이 접하는 환경질을 나타내고, MB곡선은 개인의 환경질의 한계편익을 나타낸다. 그리고 MC_0곡선은 총체적 환경질에서 개인의 환경질을 달성하기 위해 지불해야 하는 한계비용을 나타낸다. 이러한 상황에서 환경질이 개선되면 개인의 환경질을 유지하기 위한 회피비용은 줄어들게 된다. MC_1은 개선된 총체적 환경질 하에서 개인의 환경질을 유지하기 위한 한계비용곡선이다. 초기에 개인은 q_0의 환경질을 유지할 수 있도록 완화행위를

선택하며, 개선된 환경질하에서는 q_1의 환경질을 유지할 것이다.

ABM을 사용하여 총체적 환경질이 개선되어 발생한 편익을 추정할 경우 통상적으로 두 가지 기준을 사용하여 편익을 계산한다. 첫 번째 기준은, q_0의 환경질을 개선된 후에도 그대로 유지하고자 할 때 절약되는 완화비용이다. 이는 그림에서 $\triangle abe$이다. 두 번째 기준은, 개인이 개선된 환경질 수준 q_1의 환경질을 달성하고자 할 때 추가로 지불하여야 하는 비용이다. 이는 그림에서 면적 $\triangle acd$에서 해당된다. 이 두 가지 기준을 이용해 측정된 환경질 개선의 편익은 실제 편익의 하한값이나 상한값으로 사용될 수 있다.[23)]

그러나 회피지출이 정확한 후생지표로 사용될 수 있기 위해서는 첫째, 회피지출로 인해 환경질의 저하를 상쇄하는 것 이외의 추가적인 편익을 발생시켜서는 안된다. 둘째, 회피지출은 환경질에 대한 완전 대체재이어야 하고 셋째, 가계의 효용함수에는 오직 가계가 생산하는 산출물만이 포함되어야만 한다.[24)]

회피행위분석법은 이론적으로 우수하나 회피행동이 나타나거나 이에 대한 관측이 용이한 경우에만 적용이 가능하다는 단점이 있다. 또한 이용가치는 측정할 수 있지만 비이용가치는 측정할 수 없는 한계가 있다.

[그림 10-1] 회피행위모형

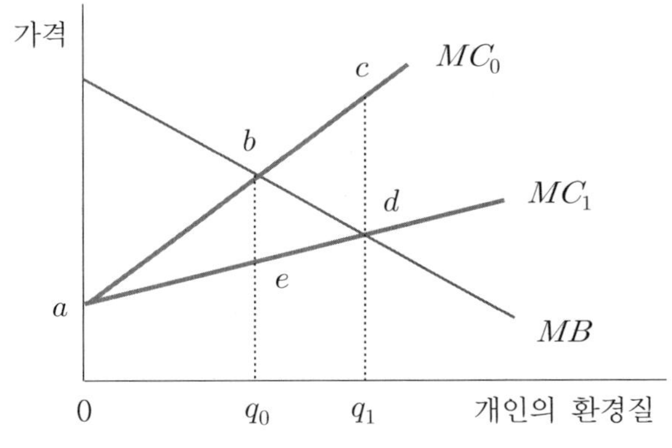

23) 권오상, pp.282-284.
24) 김승우 외 7인(2000), pp.117-118.

제 11 장
속성가격접근법

속성가격접근법은 1960년대 후반과 1970년대 초반 Lancaster(1966), Griliches(1971), Rosen(1974) 등에 의해 발전된 가치특성이론에서 비롯된다. 이 방법은 재화나 용역에 대한 사람들의 효용은 이들 재화나 용역이 지니고 있는 속성에 기반을 두고 있다는 데서 출발한다. 환경서비스의 수준과 시장재의 가격 간의 관계를 이용하는 것이다. 즉, 특정재화를 소비하려는 사람들이 지불할 수 있는 금액(지불의사액)을 모형으로 하여 재화의 개별 특성의 변화가 어떻게 사람들의 효용에 변화를 주는가를 평가하는 것이다.

제 1 절 속성가치

시장에서 거래되는 상품의 가격에 자연경관의 가치가 포함되어 있는 경우 이를 이용하여 자연경관의 잠재적 가치를 추정해내는 방법이다. 예를 들어 한강, 북한산, 아차산 등 때문에 주변아파트(1,000가구)의 가격이 1,000만원 상승하였다고 가정하자. 이는 한강이나 아차산 등 자연경관 때문에 발생한 증가분이다. 가격증가분에다 전체가구를 곱하면 자연경관(한강이나 아차산)의 가치는 100억원이라고 추정한다.

HPM(hedonic price method)의 장점은 공항주변의 소음수준, 지진위험, 도시의 대기질, 강, 삼림의 주변가치를 측정하는 등 다양하게 환경의 가치를 측정할 수 있다는 점이다. 예를 들면,

환경위험을 측정하기 위해 Brookshire et al.(1985)는 로스엔젤레스와 샌프란

시스코의 주택지구를 대상으로 하여 지진의 위험이 주택가치에 미치는 영향을 조사하였다. 연구결과 로스엔젤레스지역은 샌프란시스코에 비해 지진발생 확률이 거의 2배로 높아 샌프란시스코지역이 로스엔젤레스지역에 비해 주택가격이 높은 것으로 나타났다.

또한 Anderson과 Cordell(1988)은 수목으로 조경된 경우 주택 판매가격이 3.5%에서 4.5% 증가하는 것으로 연구하였다. Garrod와 Willis(1994)의 연구에서도 주택을 둘러싼 1㎢내에 적어도 20%의 삼림이 존재하는 경우 주택의 구매가격은 7.1% 증가하는 것으로 나타났다.

수질가치의 측정의 경우 Kirshner와 Moore(1989)는 수질에 따라 주택가격이 차이가 있다고 하였다. 또한 Wabe(1970)는 주택주변에 그린벨트가 있는 경우 주택가격에 긍정적인 영향을 미친다는 연구로 대기질 또는 경관과 같은 환경재의 가치를 평가하였다. 그 외에도 공해, 사회적 요인 등 여러 가치의 측정에 HPM이 이용되고 있다.

소비자이론에서 주택의 경우 잠재 구매자가 지불하려 하는 구매가격은 주택의 다양한 특성과 그 수준에 의해 결정된다. 이러한 주택의 특성은 주택의 크기, 방의 수, 창고 공간, 난방시설 및 구조적인 보존 상태 등 구조적 특성과 실업률, 사회적 여건, 임금차이, 학교의 질, 지방세 등 지역의 사회경제적 특성 및 공공부문의 특성과 환경의 질, 서비스 이용성, 통신시설 등 지역의 쾌적함 등을 들 수 있다.

HPM은 주택가격이 이러한 여러 다양한 특성들에 의해 결정된다고 본다. 즉 각각의 환경수준은 지역에 따라 다르기 마련이며 이러한 결과로 해당 지역의 토지 및 주택가격은 지역에 따라 서로 상이하다. 아름다운 주변경치, 깨끗한 물, 공기 등을 갖춘 깨끗한 환경을 갖춘 지역은 그렇지 못한 지역보다 부동산 값이 비싸진다. 이러한 토지가격 및 주택가격의 정보를 근간으로 하여 환경재의 가치를 평가하는 것이다.

환경재에 대한 시장이 명시적으로 존재하지 않는 경우에 그 대체시장으로서 주택시장이나 토지시장을 이용하여 주택이나 토지의 가격에 반영된 환경재의 가치를 측정한다. 속성가격함수의 추정계수들은 재화의 특성에 대한 선호 구조를 찾아내고 그리고 이러한 선호구조를 이용하여 주어진 특성의 수준변화에 대한 암묵가격(한계지불의사액)을 도출해 낼 수 있다.

제 2 절 속성가치 추정

HPM의 추정과정은 다음과 같다. 우선 관심의 대상이 되는 환경질의 변수를 결정하고 이러한 변수들이 충분히 분할가능한지 그리고 주택가격과 주택의 특성에 대한 자료와 함께 공간자료가 이용 가능한지의 여부를 확인하는 것이다. 일단 이러한 사항이 검증되면 전형적인 HPM은 두 단계로 진행된다. 즉 속성가격함수의 추정과 환경질의 요소에 대한 수요곡선의 추정이다.

1. 속성가격함수의 추정

이 단계에서는 관심의 대상이 되는 환경변수와 관련 시장재화간의 관계를 추정하는 것이다. 설명변수는 이 시장재화의 가격을 결정하는데 관련이 있는 모든 특성들이 포함된다. 설명변수의 선택은 매우 중요하다. 주택가격(P_i)의 경우 방의 수와 정원의 크기 및 화장실의 수와 같은 구조적 특성(S_i), 학군의 수준, 범죄율, 도심지와의 거리 등과 같은 주변특성(N_i), 대기의 질과 소음수준 등과 같은 환경질의 특성(Q_i) 등을 설명변수로 볼 수 있다. 이 때 다음과 같은 속성가격함수가 회귀분석을 이용하여 추정된다.

$$P_i = f(S_i, N_i, Q_i),\ \text{즉},\ i = 1, \cdots, m \qquad (10\text{-}1)$$

환경 특성의 암묵가격은 추정된 식(10-1)을 특성변수로 편미분함으로써 얻을 수 있다. 예를 들어, 대기질과 같은 환경질의 특성(Q)에 대해 암묵가격을 구하면 식(10-2)와 같다.

$$\frac{dP_i}{dQ_i} = f(S_i, N_i, Q_i) = W_i \tag{10-2}$$

이 암묵가격 $dP_i/dQ_i = f_{q_i} = W_i$는 대기질의 한 단위 증가가 주택가격에 미치는 영향의 정도를 나타낸다. 여기서 암묵가격 또는 한계지불용의액(W_i)은 추정된 주택가격방정식을 이용하여 계산한다. 이러한 암묵가격을 대기질의 주택가격에 대한 속성가격이라고 부른다.

주택가격방정식이 선형함수가 아니라면 암묵가격은 대기질의 수준에 따라 변하게 된다. 또한 암묵가격은 환경질의 개선을 위해 소비자가 주택가격을 통해 지불해야 하는 가격을 나타내므로 환경질 개선에 따른 한계비용으로 해석할 수 있다. 예를 들면, 주택구입과정에서 자신의 효용을 극대화하기 위하여 소비자들은 대기질에 대한 한계지불의사액과 대기질 개선에 따른 한계비용을 일치시키고자 할 것이다. 따라서 이러한 균형상태에서는 앞에서 구한 암묵가격은 소비자의 한계지불의사액과 동일하게 된다. 결국 암묵가격은 대기질에 있어서 한계편익의 수치로 사용될 수 있다.

2. 수요곡선의 추정

HPM의 다음 단계는 첫 단계에서 얻은 정보를 사용하여 환경 질에 대한 수요곡선을 추정하는 일이다. 이 단계에서는 다양한 사회경제적 특성을 갖고 있는 소비자들의 대기질에 대한 한계편익을 도출하기 위해 이루어진다. 대기질에 대한 역수요함수(inverse demand function)를 추정하게 된다. 즉 $W_i = f(S_i, Q_i)$형태의 지불의사액 함수를 추정한다. 전 단계에서 추정한 암묵가격인 한계지불의사액을 종속변수로 놓고 환경변수와 소득 및 기타 여러 사회경제적 변수에 대해 회귀분석함으로써 얻어진다.

제 3 절 HPM의 이론적 한계

HPM은 환경과 관련된 다양한 가치를 평가하기 위해 사용되어 왔으나 다음과 같은 이론적인 문제점을 갖고 있다.[25)]

첫째, 생략변수의 편의(bias)문제이다. 이 문제는 환경변수의 측정과 관련되는 문제이다. 주택가격에 상당한 영향을 미치는 변수가 속성가격방정식에서 생략되는 경우에는 추정된 변수의 계수에 상당한 영향을 미치기 때문이다. 변수가 생략됨으로써 암묵가격의 추정치가 편의(bias)가 될 수 있다.

둘째, 다중 공선성(multicollinearity)의 문제다. 속성가격방정식에 포함되는 독립변수들은 서로 밀접하게 관련될 수 있다. 예를 들면 채석장이나 건축공사장에 근접한 주택은 먼지 수준이 증가하면 소음수준도 증가하게 된다. 이러한 다중 공선성은 추정치의 부정확성, 모수추정치의 불안정성 등 많은 문제를 발생시키게 된다.

셋째, 속성가격함수의 추정에서 부적절한 함수형태를 선정함으로써 잘못 계산된 실수를 할 수 있다. 함수형태의 선택은 연구의 주목적이 속성에 대한 한계가격을 추정하는 것인가 아니면 주택가격 혹은 임대가격에 대한 예측치를 산출하는 것인가에 따라 달라진다.

넷째, 시장세분화의 문제이다. 주택시장은 소득, 임대 및 소유, 그리고 주택의 가격분류와 같은 여러 근거에 기준하여 세분화된다. 실제로 HPM에서 이러한 세분화를 인식하지 못하면 속성가격함수가 잘못 추정된다.

마지막으로 가정의 문제이다. HPM은 여러 가지 가정이 전제가 되는 경우에만 환경질의 가치를 정확히 측정할 수 있다. 주택시장의 경우, 1) 모든 구매자들이 모든 주택의 입지에 대한 환경적 질의 수준에 대해 완벽한 정보를 갖고 있다. 2) 시장에서 최대효용을 달성할 수 있는 위치로 모든 구매자들이 이동할 수 있다. 3) 주택시장이 균형상태에 있다는 가정을 하고 있다. 그러나 이러한 가정은 현실적으로 불가능하다.

---

25) Garrod and Willis(1994), pp.110-111.

HPM은 문제점을 갖고 있음에도 불구하고 다양한 재화의 속성에 대한 편익을 추정하는데 사용될 수 있는 방법이다. 주택시장의 경우 기본적인 구조적 특성과 주변특성 뿐만 아니라 대기질, 경관 및 생태적 다양성 등 환경적 특성도 평가할 수 있다. 이와 같이 HPM은 주택과 환경질의 수준은 물론 재화에 대하여 관측 가능한 모든 특성의 암묵가격을 측정할 수 있다는 것이 큰 장점이다.

또한 HPM은 개발이나 정책변화가 발생한 이후의 효과를 추정하는데 사용할 수 있다. 환경질의 각 속성이 제공하는 편익에 대한 가치측정이 가능하기 때문에 논리적으로 HPM은 환경질의 변화에 따라 발생하는 미래편익도 추정이 가능하다. 이와 같이 속성가격접근기법은 정부정책에 의한 변화로부터 발생할 수 있는 사전적 편익의 추정보다는 정부정책에 의해 발생할 사후적 편익의 추정에 보다 적절한 기법이다.

제 12 장
조건부가치측정법

CVM(contingent valuation method)은 가상적인 시장에서 소비자의 선택을 조사하여 환경재의 가치를 평가하는 방법이다. 그러므로 이론적으로는 이용가치와 비이용가치를 모두 포함한다는 점에서 다른 간접적 가치평가 방법보다 우수하다.

이러한 CVM이 논쟁과 발전의 기회로 작용하게 된 것은 1989년 3월 24일에 미국 알래스카주의 프린스 윌리엄 해협(Prince William Sound)에 유조선 엑손 발데즈(Exxon Valdez)호가 좌초하여 약 1천 1백만 갤런의 원유 유출 사고에 기인한다. 이 사건을 둘러싼 논쟁의 핵심은 엑손사에 청구할 보상액을 결정하는 데 있어 첫째, CVM을 사용할 수 있는가, 둘째 알래스카주에 거주하지 않으면서도 알래스카주의 오염으로 인해 피해를 당했다고 주장하는 사람들이 알래스카주의 자연환경에 대해 가지는 존재가치 혹은 비이용가치를 피해액에 포함시켜야 할 것인지의 여부였다.

제 1 절 CVM의 시작

조건부가치측정법(CVM: Contingent Valuation Mehtod)은 시작은 1947년 시리아시-원트럽(Ciriacy-Wantrup)[26]이 토양오염방지에 대해 연구하면서 설문조사 결과를 소비자 수요를 파악하기 위한 정보로 이용하자고 제안하면서 비롯되었다. 그는 설문조사를 통해 공공재의 가치를 평가할 때 여러 가지 문제점이

26) V. S. Ciriacy-Wantrup, "Capital Returns from Soil-Conservation Practices," *Journal of Farm Economics*, Vol. 29, 1947, pp.1181-1196.

있지만 해결할 수 있다고 보았다.[27]

그러나 그의 제안에도 불구하고 경제학분야에서는 설문조사를 통해 공공재의 가치를 평가하는 것이 오랫동안 금기시되어 왔다. 이후 시리아시-원트럽이 제안한 설문조사기법을 실제로 환경재의 가치평가를 위해 사용한 최초의 실증적인 연구는 1963년 Davis[28]의 논문이다. 그는 미국 메인(Maine)주의 사냥터의 가치를 평가하기 위해 입찰게임(bidding game) 형태인 설문조사기법을 사용하여 사냥꾼들이 메인주의 숲을 보존하기 위해 지불할 의사가 있는 금액을 조사하여 이를 숲의 가치로 평가하였다.

Davis의 연구 이후에 설문조사기법이 한동안 사용되지 않다가 1970년 Bradford[29]가 CVM의 이론적 근거를 마련하였고 1970년대 이후 CVM의 이용범위가 매우 다양해지고 있다. 특히 1970년대 중반 미국 환경청의 재정지원은 CVM의 발전에 기여하였다. 환경청의 관심은 정책적인 목적에 CVM을 어떻게 효과적으로 이용할 것인가였다.[30] 이 시기의 연구 중 가장 영향력 있는 연구는 Randall et al.(1974)[31]에 의해 이루어졌다. 이들은 입찰게임기법을 사용하여 환경재의 가치를 평가하였고 이 기법과 관련된 이론적인 문제를 검토함으로써 상당한 방법론적 발전이 이루어졌다.

1980년대에 들어와 미국 수자원위원회(U.S. Water Resource Council)가 1983년 CVM의 사용을 공인하기에 이르렀다. 1986년에는 미국 내무성(Department of Interior)의 공표에 따라 "포괄적 환경대응, 보상, 책임에 관한 법률(CERCLA: Comprehensive Environmental Response, Compensation, Liability Act 혹은 흔히 Superfund Law라 불림 : 1980년 제정)"에 대한 편익과 손실의 측정방법 중 하나로 인정되었다.

---

27) 권오상, 환경경제학, 박영사, 2007, p.497.
28) Robert K. Davis, "The Value of Outdoor Recreation: An Economic Study of the Maine Woods," *Ph. D. dissertation*, Harvard University.
29) David F. Bradford, "Benefit-Cost Analysis and Demand Curves for Public Goods," *Kyklos*, Vol. 23, 1970, pp. 775-791.
30) Duffield, J. & D. Patterson, "Inference and Optimal Design for a Welfare Measure in Dichotomous Choice Contingent Valuation Models," *Land Economics*, 1991, p. 225.
31) Alan Randall, Berry C. Ives and Clyde Eastman, "Bidding Games for Valuation of Aesthetic Environmental Improvements," *Journal of Environmental Economics and Management*, Vol. 1, 1974, pp. 132-149.

CVM의 역사상 중요한 것으로 1989년 오하이오 재판에서 사법당국이 CVM을 환경에 대한 피해보상 액수의 산정방법으로서 인정했다는 것이다. 이제까지 물적 피해만을 보상하고 있었지만 이 재판을 시작으로 자연환경의 파괴에 대해서도 물적 피해 이외의 피해를 CVM을 이용하여 측정해도 좋다는 견해가 제시된 획기적인 것이었다.

1990년대에 들어와 CVM이 논쟁과 발전의 기회로 작용하게 된 것은 1989년 3월 24일에 미국 알래스카주의 프린스윌리엄 해협(Prince William Sound)에 유조선 엑손 발데즈(Exxon Valdez)호가 좌초하여 약 1천 1백만 갤런의 원유 유출 사고에 기인한다. 이 사건을 둘러싼 논쟁의 핵심은 엑손사에 청구할 보상액을 결정하는데 있어 CVM을 사용할 수 있느냐의 여부와, 알래스카주에 거주하지 않으면서도 알래스카주의 오염으로 인해 피해를 당했다고 주장하는 사람들이 알래스카주의 자연환경에 대해 가지는 존재가치 혹은 비이용가치를 피해액에 포함시켜야 할 것인지의 여부였다.[32)]

이러한 상황하에서 소송을 담당한 정부부서인 국립해양대기관리국(NOAA: National Oceanic and Atmospheric Administration)은 엑손사에 청구할 보상액을 결정하는데 CVM의 사용가능여부를 판단하는 위원회를 1992년에 설립하였다. 애로우(K. Arrow)와 솔로우(R. Solow) 등으로 구성된 위원단은 1993년 NOAA위원단 보고서(Arrow et al., 1993)를 제출하였다. 한편 피소된 엑손사는 CVM을 사용하여 추정한 보상금이 너무 클 것으로 염려하여 CVM에 관한 비판적인 분석을 종합하는 연구서를 출판하였다. CVM에 관한 NOAA위원단 보고서는 존재가치도 포함하여 분석하는 CVM이 환경사고의 피해보상액을 결정하는데 사용될 수 있다고 결론을 내리고 동시에 CVM이 환경재에 관해 비현실적으로 높은 가치를 추정하는 것을 막기 위한 지침을 제시하였다.

---

32) 생태계 파괴의 손해액을 28억 달러로 평가해 미연방 및 주정부가 액슨사와 합의 끝에 10억 달러 보상에 합의하였다.

NOAA 위원단의 CVM 사용시 가이드라인[33)]

1) CVM 조사는 면담조사를 통하여 해야 하며 면담조사가 불가능한 경우 전화조사가 이루어져야 한다.
2) CVM은 이미 발생한 환경사고 보다는 향후 발생가능성이 있는 환경사고의 피해액을 추정하는데 사용되어야 한다.
3) CVM은 질문방식으로서 투표모형을 사용하여야 한다.
4) CVM 실행시 환경질 변화에 의해 발생할 예상효과를 정확히 설명하여야 한다.
5) 조사자나 설문지는 응답자 자신이 어떤 금액의 지불의사를 적어낼 경우 이로 인해 다른 재화나 서비스에 대해 지출할 수 있는 소득이 그만큼 줄어든다는 사실을 분명히 인식시켜야 한다.
6) CVM 적용시 응답자에게 평가대상이 되는 환경재를 대체할 수 있는 다른 환경재가 있다는 사실을 주지시켜야 한다.
7) 추가 질문을 통해 응답자가 자신이 행한 선택에 대해 정확히 이해하고 있는지의 여부를 확인하여야 하고, 응답자가 왜 이러한 선택을 하였는지 파악하여야 한다.

제 2 절 CVM의 특성

CVM은 원래 시장이 없는 재화에 대해 가상적인 시장을 만들어 재화의 가치를 평가하는 것이다. 이는 소비자가 시장에 가서 상품을 구매하는 상황에 가까운 상황을 만들어 마치 소비자가 정말로 상품을 구매할 것인가의 여부를 생각하여 결정하는 과정을 재현하는 것이다.

환경이나 자연에 대한 내용을 응답자에게 설명하고 그 수준을 향상시키기 위해서 지불할 수 있다고 생각하는 금액인 지불의사액(WTP: willingness to pay)을 설문을 통하여 얻는다. 또한 환경이나 자연의 질이 악화되어 이용할 수 없을 경우에 원래 수준의 효용을 얻기 위해 보상으로 받을 경우 필요한 금액인 보상수용액(WTA: willingness to accept)을 설문을 통하여 질문하여 얻는다. 이러한 과정을 거쳐 환경재의 가치를 평가하는 방법이다.

---

33) 권오상, 환경경제학, 제2판, 박영사, 2007, p. 517.

가상적 가치(contingent valuation)라는 용어는 방법상의 특징에서 유래되었다. 특정한 상황의 발생을 조건으로 하여 사람들에게 대답을 요구하는 것에서 시작된 것이다. 예를 들어 사람들에게 국립공원에 들어 갈 때 입장료가 도입되거나 혹은 새로운 공원이 건설되는 경우 최대지불의사(MWTP: maximum willingness to pay)를 물어 볼 수 있다. 또 다른 방법으로는 공원이 폐쇄되어 대중들에게 더 이상 제공되지 않는 경우 사람들의 원래 효용수준을 유지하기 위해 필요로 되는 최소 보상액을 말하도록 물어볼 수도 있다.

자연재화는 현시된 선호(revealed preference) 또는 시장이 없기 때문에 CVM 방법은 환경재의 평가에 있어서 중요한 도구이다. 현시된 선호를 사용하여 환경재의 가치를 평가하는 방법인 여행비용법이나 속성가격접근법과 같은 간접평가방법과는 달리 환경재의 가치를 직접적으로 개인에게 질문하여 구하는 방법이다. 따라서 이 방법은 자연휴양지, 경관, 습지, 대기, 수질, 산림보호, 야생동물보호 등과 같은 환경재의 가치평가를 위해서 사용될 수 있다.

또한 여행비용방법이나 속성가격방법으로 국립공원과 같은 환경자산의 가치를 추정할 수 있다. 그러나 여행비용방법과 속성가격방법은 공원을 이용하지 않는 사람들의 가치와 공원의 단순한 존재에 대한 관련된 시장재화가 없기 때문에 비이용가치(nonuse value)를 추정할 수가 없다. 반면에 가상적 가치는 특정 환경재를 소비하지 않는 사람이 환경재에 대해 부여하는 존재가치도 평가할 수 있기 때문에 환경재의 이용가치뿐 아니라 비이용가치도 평가할 수 있다. 이와 같이 가상적 가치는 자연자원 및 환경재의 다양한 가치측정에 광범위하게 이용되고 있다.

이러한 장점 때문에 CVM은 국립공원, 산림, 희귀야생동물보호지역, 대기질, 수질, 레크레이션 등 자연자원과 환경재의 가치측정에 널리 이용되고 있다. 현재는 그 적용범위가 넓어져 실험설계, 마케팅, 정치과학, 심리학, 사회학, 조사연구 등 다른 영역과 결합되어 비환경재에 가치측정에서도 사용되기 시작하였다.

제 3 절 CVM 측정 방법

CVM은 현실과 유사하게 작성된 가상시장에서 환경서비스 수준의 변화에 대해 소비자들의 지불의사와(혹은) 보상의사를 설문을 통하여 직접적으로 구하는 것이다.

통상적으로 CVM은 ① 가상시장의 설정, ② 가치의 획득, ③ WTP나 또는 WTA의 평균추정, ④ 총가치의 계산, ⑤ CVM의 평가 등 5단계로 구분되어 시행된다.

1. 1단계: 가상시장의 설정

첫 번째 단계는 연구의 대상이 되는 자연자원 혹은 환경재에 대한 가상적 시장을 설정하는 일이다. 즉, 자연자원에 대한 개발정책 혹은 환경정책의 시행으로 해당되는 자연자원 및 환경에 추가 유입되는 환경서비스에 대한 가상시장을 설정하는 것이다. 이와 같이 추가 제공되는 환경서비스에 대해서는 추가적인 재원이 확보가 되어야만 정책의 실현가능성이 있다는 것을 응답자에게 알려야 한다. 그리고 현재 직접지불이 강요되지 않는 경우에는 정책 프로젝트를 통해 제공되는 서비스에 대한 지불이유를 설명해 주어야 한다. 즉 자금조달방법과 필요성이 기술되어야 한다.

CVM에서는 가상시장 설정에서 중요한 것은 본인이 밝힌 지불의사를 실제 지불할 수 있도록 지불수단을 제시한다는 점이다. 응답자가 제시한 가치가 현실성있는 지불수단과 교환되도록 시장을 설정하는 것은 응답자가 진실된 가치를 밝힐 수 있도록 유도하여 가상적 상황을 좀 더 현실화시킨다.

지불수단으로는 연구목적에 따라 소득세, 재산세, 부가가치세, 수도세, 낚시면허료의 인상, 환경세, 관광지입장료 등 여러 가지가 사용될 수 있다. 지불수단을 선정할 때 가장 중요한 것은 평가하려는 대상과 관련하여 현실성 있고 사실과 일치하는 지불수단을 선택하여야 한다.[34] 지불수단의 수용여부는 지불수단에 따라 달라지게 된다. 그 이유는 여러 서로 다른 지불수단의 형태는 무임승차자에게 상이한 기회를 제공하기 때문이다. 어떤 지역에 수질을 개선시키기 위한 자금을 조성하기 위해 수도세나 하수도세를 추가적으로 부담하여야 한다고 할 때 개선된 수질의 주요 편익이 비용부담을 전혀 하지 않은 해당지역을 방문하는 관광객에게 돌아간다고 하면 지역주민은 세금형태의 지불수단에 대해 항의를 하는 결과를 가져올 것이다. 또한 이 지역을 방문하는 관광객은 지불할 필요가 전혀 없기 때문에 수질개선을 위해 인상된 지방세에 대해 상당히 큰 액수의 지불의사액을 표출하게 되는 문제가 있다. 이러한 경우에는 호텔의 객실세가 좀 더 적절한 지불수단이 되는 것이다.[35]

한편 이 단계에서 사용되는 설문서는 본 조사가 실행되기 전에 시험을 해보아야 하는데 통상적으로 사전연구 이전에 일차 설문서에 대해 소비자들의 반응을 알아보려는 목적으로 소그룹에 대해서 행해진다.

2. 2단계: 가치의 획득

제2단계에서는 조사대상이 되는 환경재의 가치를 추출하기 위해 설문조사를 통해 응답자의 지불의사액(WTP)이나 보상수용액(WTA)을 구하는 일이다. 조사방법으로 면접조사, 전화조사, 우편조사 등의 방법이 이용될 수 있으나 전화나 우편보다는 직접 면접조사가 가장 바람직하다. 전화조사의 경우 전화상으로 정보를 전달하는데 어려움이 있고 주의를 집중하는데 제한된 시간이라는 분위기로 인해 좋지 못한 방법으로 알려져 있다. 그리고 우편조사의 경우에는 흔히 사용되기는 하지만 무응답 편의와 낮은 응답율이 문제로 제기되고 있다. 조사에서는 환경개선을 위한 것이거나 혹은 환경수준의 하락을 방지하기 위한 최대 지불의사액(WTP)를 조사하거나 또는 환경의 질적 개선이 없거나 질적 저하를 견딜 수 있는 최소 보상수용액(WTA)을 조사한다. WTP를 도출하는 방식은 다음과 같다.

34) 곽승준・전영섭, 환경의 경제적 가치, 학현사, 1995, p.56.
35) Garrod and Willis(1991), pp. 132-133.

① 경매법(bidding game)

최대 지불의사액이 될 때까지 계속 높은 가격을 제시하는 방법이다. 이 방식은 직접적으로 지불의사 액수를 물어보지 않고 경매방식을 사용해서 응답자에게 일정액수를 제시하고 (예/아니오)의 응답을 유도하게 된다. 응답자가 제시된 액수보다 적은 편익을 누리게 될 것이라고 생각된다면 '아니오'의 응답을 하게 되고 질문자는 제시되는 액수를 낮추어서 다시 질문하게 된다. 반대로 응답자의 제시된 액수보다 큰 편익을 누리게 된다고 생각되면 '예'의 응답을 하게 되고 질문자는 액수를 높여서 다시 질문한다. 결국 질문은 응답자가 제시되는 액수에 합의를 할 때 멈춰진다.[36)]

이 방식은 게임절차를 통해 소비자들이 지불하고자 하는 최대가격을 알아낼 수 있으며 반복과정을 통해 응답자들이 주어진 환경재의 가치를 좀 더 신중히 생각해 볼 수 있다는 장점이 있다. 반면 출발점 편의(starting point bias)라는 단점이 존재한다. 즉 처음 시작하는 액수가 얼마인가에 따라서 지불의사금액이 크게 영향을 받는다는 문제점을 가지고 있다. 환경질 개선의 편익에 대해 생각해 본 일이 없는 응답자는 설문자가 제시한 금액을 일종의 모범답안으로 간주하는 경향이 있다. 따라서 처음 제시된 금액에 가까운 금액을 자신의 지불의사액으로 대답할 가능성이 크다.

② 양분선택법(dichotomous choice format)

양분선택법은 take it or leave it approach, 투표 질문법(referendum) 등으로 불리는 방법으로서 기본적으로 응답자로 하여금 주어진 지불의사액에 대해 '예'/'아니오'만 답하면 되는 방식을 취하고 있다. 이 때 미리 설정된 금액들은 대략 예상되는 몇 가지 지불의사액으로 결정되는데 이들 중 임의의 한 가지 금액을 응답자에게 제시한다. 물론 이 경우 각 금액들은 균등한 숫자의 응답자에게 배당된다. 이때 질문은 반복없이 단 한차례만 이루어지며 만약 그 응답이 '예'이면 지불의사액이 제시된 금액과 같거나 클 것을 의미하며 '아니

36) 곽승준 · 전영섭, 전게서, 1995, p.78.

오'이면 제시된 금액은 실제의 지불의사액이 상한이 된다. 응답자의 역할은 주어진 가격에서 그 재화를 살 것인가 말 것인가를 결정하는 일이다. 따라서 응답자는 사적재화의 매매과정과 동일한 선택과정에 놓이게 된다. 양분선택법은 응답자들의 선택과정을 단순화시켜 줌으로써 응답률을 높인다는 장점이 있다. 또한 금액이 미리 설정되어 있기 때문에 개방형설문에서 발생하는 지나치게 큰 변이가 나타날 가능성이 적다. 그러나 양분선택법은 다른 방법에 비해 지불의사액을 추정하는 과정에서 비효율성을 발생시킨다. 즉, 이 방법에서 수집된 금액들은 응답자의 지불의사액이라기보다는 그것을 추정하기 위한 간접지표이기 때문에 다른 방법들에 비해서 제공하는 정보가 적게 되고 따라서 통계적 신뢰성을 얻기 위해서는 보다 많은 표본수가 필요하다. 또한 응답자에게 제시되는 금액이 잘못 예상되었을 경우 추정된 지불의사액의 신뢰성이 떨어질 수 있다.

③ 지불카드법(payment card)

가치의 범위가 카드에 제시되어 있으며 또한 이 카드에는 다른 공공서비스에 대한 응답자들의 대표적인 지출액이 표시되어 있다. 따라서 이 방법은 응답자들이 자신의 응답을 산정하는데 도움을 준다. 이때 주의할 점은 지불카드에 표기되는 다른 공공재 소비에 대한 지불내역은 평가하고자 하는 대상과 크게 관련이 없는 사항이어야 한다. 만약 둘의 관계가 깊다면 응답자들은 평가하는 대상과 관련이 깊은 지불내역에 근접한 값을 자신의 지불의사액(WTP)으로 밝히게 되는 경향이 있다. 이러한 현상을 고정점 편의(anchor point bias)라고 하는데 이를 줄이기 위해서는 카드에 나타나는 공공재 항목을 선택하는데 있어 평가하고자 하는 대상과 비교하여 크게 관련이 없는 항목을 선택하도록 특별한 주의를 기울여야 한다.[37)]

이 방법의 장점은 다양한 공공 프로젝트에 대해 응답자들이 지불하는 세금이나 부과금의 액수가 각기 소득 혹은 조세그룹별로 제시되어 있기 때문에 응답자들에게 시각적인 정보를 제공해 준다는 점이다. 또한 다른 공공 프로젝트

---

37) 곽승준 · 전형섭, 전게서, 1995. p.82.

에 대한 지출금액을 제시함으로써 보다 정확한 지불의사액을 제시할 수 있으며 경매법보다는 출발점 편의가 적다는 장점이 있다.

④ 개방형 설문법(open-ended question)

어떤 가치가 제시되지 않고 사람들에게 최대 지불의사액을 응답하도록 하게 한다. 이 방법을 사용하는 경우 출발점 편의(starting point bias)는 해결될 수 있지만 일반적으로 환경개선이라는 상황이 가져다주는 편익을 화폐가치로 대답하는 데 어려움을 느낀다. 특히 응답자들이 해당되는 상품에 대한 교환경험이 없는 경우 이러한 질문에 응답하는 것은 매우 어렵다. 일반적으로 응답자들이 이러한 경우에 접했을 때 대개 터무니없는 큰 액수나 적은 액수 혹은 응답을 회피하는 경향이 있다. 이러한 이유로 재화시장 혹은 유사한 재화시장이 존재하지 않는 상황에서 환경재에 대한 비이용가치 혹은 수동적 이용가치(passive use value)를 확보하는데 이 방법이 사용되어서는 안된다.[38)]

3. 3단계: WTP(WTA)평균의 산정

제3단계에서는 설문자료에 기초하여 평균지불의사액 혹은 평균보상수용액을 추정하는 일이다. 통상적으로 평균과 중앙값이 사용된다. 평균 지불의사액 혹은 평균 보상수용액에 근거하여 산출한 절사추정치(trimmed estimator) 혹은 수정추정치(modified estimator: 편의되고 부적절하게 제시된 가격이 제외된 것)들이다. 중앙값(median bid)도 중요한 의미를 지닌다. 이는 평균값과는 달리 분포의 상단 끝부분에 있는 특이하게 큰 값의 영향을 받지 않기 때문이다. 통상적으로 중앙값은 평균값보다 작다.

앞서 언급한데로 가장 적절한 가치값은 절사추정치와 수정추정치라 할 수 있다. 절사추정치는 어떤 이유이던 간에 잘못된 지불의사액 응답이라고 생각되는 이상치(outlier)가 존재하는 경우 사용될 수 있다. 이상치는 비합리적인

---

38) Kenneth J. Arrow et al. *Report of the NOAA Panel on Contingent Valuation*, Washington, D.C., January 1993.

지불의사로 매우 큰 가치가 제시된 것을 말하는데 어떻게 처리할 것인가에 대한 결정을 해야 한다. 비합리적인 지불의사가 전략적인 응답이 아니고 순수한 응답이며 또한 이 응답자의 소득이 이 가치와 상응한다고 하면 이를 제외할 근거는 없다. 하지만 비합리적인 지불의사는 제외되는 것이 통상적인 경우이다. 하나 혹은 두 개의 이상치는 평균 지불의사액을 상당히 증가시키고 공공재에 대한 잘못된 가치를 제공한다. 또한 이 단계에서 '항변가치(protest bids)'는 통상적으로 계산에서 제외된다. 항변가치는 해당자원에 대해 가치가 '0'이라기 보다는 다른 이유로 해서 '0'이라는 가치를 매긴 경우를 말한다. 예를 들면 아주 아름다운 환경자원의 손실에 대한 보상액을 사람들이 응답하는 것을 거절할 수도 있는 것이다. 응답자들은 조사에 참가하기를 원치 않거나 혹은 환경자원서비스의 유입에 대한 직접적인 형태로 지불하는 것에 대한 윤리적 반대의견을 갖고 있어 지불의사액수를 제시하는 것을 거절하는 것이다.

절사추정치가 지닌 문제는 실질적으로 잘못된 관측치가 무엇이며 제외시켜야할 것이 무엇인지를 결정하는 것이다. 수집된 자료에서 개별적인 관측치의 참값과 잘못된 값을 찾아내는 과정을 생략하고 가치를 추정하려면 지불의사액 관측치 분포의 상단과 하단의 5% 혹은 10%를 잘라내는 것이 통상적으로 쓰이는 방법이다.

수정추정치는 지불의사값에 대한 가장 진실성이 있는 가치를 제공해주는데 이는 편의되고 잘못된 응답이 제거된 평균 지불의사액이다. 편의되고 잘못된 응답은 응답자들이 왜 특별한 지불의사액을 제시하였는가를 찾아낼 수 있는 질문을 함으로써 찾아낼 수 있다. 잘못된 응답은 전략적 입찰, 무임승차, 항변적 행동 등인 경우에 발생한다. 이 경우 관측된 제시값은 실제 지불의사액의 정확한 값을 반영하지 않는다.[39)]

지불카드법, 개방형설문, 경매법의 경우에는 응답자들의 지불의사액을 직접적으로 확보할 수 있기 때문에 지불의사액에 대한 표본평균을 손쉽게 구할 수 있다. 반면 폐쇄식 투표법의 경우에는 각 제시된 금액에 대한 '예'의 응답에 대한 확률에 관해 로짓(logit)방정식이 추정되어야만 한다. 다른 방법으로는

39) Garrod and Willis(1991), pp.139-140.

Cameron과 James[40]의 방법으로 로짓(logit) 혹은 프로빗(probit)방정식으로부터 직접 평균지불의사액을 추정할 수 있다.

4. 4단계: 총가치의 계산

이 단계에서는 총가치를 도출해 내기 위해 평균 지불의사액 혹은 평균지불액을 전체인구로 총합하는 일이다. 즉 표본으로부터 모집단의 지불의사액을 구하는 것이다. 인구전체의 총가치는 존재가치와 이용가치 등과 같이 가치의 모든 요소를 포함해야 한다. 일반적으로 총가치로의 변환과 관련되어 고려할 것은 다음 세가지가 열거된다.

첫째, 인구의 범위를 적절하게 결정해야 한다. 표본을 추출하는 표본틀을 구축할 때 결정되어야 한다. 이것은 환경질의 변화로 인해 영향을 받는 인구를 파악하는 것이다. 즉, 누구를 계산에 포함시킬 것인지에 관한 것으로 주어진 환경재의 질적 변화로 인해 영향을 받는 인구를 어떤 기준에 의해 결정해야 할 것인지를 설정하는 것이다.

둘째, 표본평균을 모집단인 전체인구의 평균으로 전환이다. 일반적으로 CVM에서는 1세대당 지불의사액 또는 보상수용액을 질문하는 것으로서 여기에 대상이 되는 세대수를 곱해서 집계액을 구한다. 이는 표본평균에 세대수를 곱해줌으로써 구할 수 있다. 반면 세대단위가 아닌 개인단위의 조사에서는 모집단의 인구를 곱해서 지불의사액 또는 보상수용액의 집계액을 구한다.

셋째, 환경재의 사회적 편익을 합산하는 기간의 결정이다. 이는 CVM이 실행되는 배경에 따라 달라지게 된다. 만약 오랜 기간에 걸쳐 발생하는 환경재의 편익이 중요하다면 이러한 편익은 통상 적정한 할인율을 적용할 필요가 있다. 편익의 예상 발생기간이 길면 길수록 현재 세대의 선호체계에 의해 결정된 지불의사액이 미래 세대에 있어서도 동일하게 적용된다는 문제가 발생한다. 할인율 적용시 세대간 형평성 문제가 대두된다.

---

40) T. A. Cameron and M. D. James, "Efficient Estimation Methods for Use with 'Closed-Ended' Contingent Valuation Survey Data," *Review of Economics and Statistics*, vol. 69, 1987, pp.269-276.

5. 5단계: 평가

이 단계는 CVM이 성공적으로 적용되었는가를 평가하는 것이다. 조사결과 많은 항변가치(저항응답: protest bids)가 있었는가, 응답자들이 가상시장을 이해하였는가, 해당되는 재화에 대한 응답자들의 경험은 어느 정도인가, 가상시장이 환경재화에 대한 모든 면을 포괄하고 있는가, 평균과 총 가치값을 산정하기 위해 필요한 가정은 무엇인가, CVM과 연관된 문제영역은 처리되었는가, 추정된 가치가 다른 조사에서 나온 결과와 어떻게 비교되는 가 등에 대한 것들이다.

제 4 절 CVM의 이론적 한계

CVM에 대한 많은 연구가 이루어지면서 이론적으로 상당한 발전을 하였다. 하지만 이 방법이 사람들의 실제 행동을 관측하는 것이 아니고 가상시장을 형성하여 설문을 통하여 지불의사액이나 보상수용액을 질문하는 방법이기 때문에 학자들 사이에 논쟁의 대상이 되고 있다. CVM에서 등장하는 주요 문제는 설문응답자들이 진정한 가치를 과소평가하거나 과대평가한다는 것이다. 따라서 CVM이 환경재의 가치평가방법으로서 적절한 수단이 되는가에 관한 논란이 제기된다. CVM에서는 진정한 가치와 잘못된 가치간의 차이를 발생시키는 전략적 편의, 지불수단 편의, 출발점 편의, 정보 편의, 가상 편의 등으로 오류가 발생할 수 있다.

1. 전략적 편의

전략적 편의(strategic bias)는 응답자가 자신에게 유리한 결과를 위하여 왜곡된 응답을 할 때 발생한다. 예를 들면 낚시를 위해 강을 보존하려는 정책이 조사결과 낚시에 대한 가치가 충분한지의 여부에 달렸다면 낚시를 즐기는 사람은 이 강에 대해 실제 가치 보다 높은 가치가 있다고 응답을 할 것이다.

응답자들은 자신들의 지불의사액이 실제로 징수된다고 생각하면 비배타적 성격을 지닌 환경재의 참값에 비해 낮은 가격으로 응답을 할 것이다. 이러한 문제는 전형적인 무임 승차자의 문제이다. 이러한 경우 모든 사람이 제시하는 평균가격을 언급하거나 해당 정책의 가상적 성질을 강조하고 응답자들로 하여금 실제의 가치를 표현하도록 촉구함으로써 편의를 줄일 수가 있다. 반면, 응답자들이 자신의 제시가격이 순전히 가상적 상황이며 실제로 징수되지 않는다고 생각하는 경우 응답자들은 환경재나 정책에 대해 과장된 지불의사액으로 응답할 수 있다. 과장된 지불의사액으로 응답함으로써 환경개선이 진행될 것이라고 생각하거나 다른 사람이 이에 대한 지불을 할 것이라고 생각하기 때문이다. 이러한 경우 완전한 가상적인 상황이 아니고 조사결과가 실제로 정책에 영향을 미칠 것이다. 따라서 문제의 환경 개선을 제공하기 위해서 입찰가를 징수할 수도 있다는 것을 제시하여 잘못된 응답을 줄일 수 있다. 전략적 편의를 최소화할 수 있는 방법으로는 다음과 같은 것을 들 수 있다.

① 이상치(outlier)를 제거한다. 절사추정치를 산출해 내기 위해 모든 관측치의 상・하단의 5% 또는 10%를 잘라낸다.

② 지불의사액과 보상수용액의 응답을 받은 후에 해당되는 제시가격을 응답한 이유를 질문하는 질문을 설문지에 포함한다.

③ 설문에 정직하게 응답하도록 강조한다. 무임승차자의 문제를 해결하기 위한 것으로 제시가격이 불충분한 경우 환경재는 제공되지 않는다고 언급하여야 한다. 환경재가 공급되도록 전략적 과대평가를 하는 것을 방지하기 위해 다른 사람들에 대한 지불이 확정적이라고 언급한다.

④ 응답자 자신들의 제시가격에 관계없이 자동적으로 환경개선이 이루어질 것이라는 기대를 방지하기 위해 환경변화는 제시가격에 달려 있다고 한다.

⑤ 다른 사람의 제시가격을 알려주지 않는다.

⑥ 개방형설문법보다는 투표질문법 설문형식을 선택하여 전략적으로 낮거나 높은 가격을 책정하는 것을 방지할 수 있다.

2. 지불수단 편의

설문에서 사용되는 지불수단이 비현실적이거나 응답자의 거부감을 유발하는 경우 지불의사액이나 보상수용액의 결과에 영향을 미칠 수 있다. 지불수단으로는 세금, 입장료, 사용료, 가격, 기금 등을 들 수 있는데, 이러한 지불수단 편의는 특히 세금이나 기금의 경우 무효 응답이나 저항 응답이 나타날 수 있다. 이러한 이유는 세금의 경우 응답자의 조세에 대한 거부감에서 비롯되며 기금의 경우에는 지불금액의 사용용도에 대한 의문에서 발생한다. 기금을 지불수단으로 선택할 경우에는 기금의 사용 용도에 대한 공표약속을 응답자에게 전달함으로써 편의를 줄일 수 있다. 한편 공공재에 대한 입장료 형태의 부과시에도 편의가 나타날 수 있다. 최선의 방법은 문제가 발생할 가능성이 있는 지불수단을 피하고 실제로 사용될 수 있는 최선의 지불수단을 선택하는 것이다.

3. 출발점 편의

출발점 편의(starting point bias)는 응답자들에게 가격이 제시되는 경우 초기값에 영향을 받아 지불의사액이나 보상수용액을 결정하는 문제를 말한다. 경매법이나 지불카드법에서 나타나기 쉬운 편의이다.

4. 정보 편의

정보 편의(information bias)는 조사대상의 환경재에 대한 정보가 불충분하거나 부정확한 경우 이에 대한 가치평가에 있어 오류가 발생하는 것을 말한다. 가상시장에서 응답자들은 평가하려는 환경재와 시장이 어떻게 움직일 것인가에 관해 응답자에게 제공된 정보와 응답자들이 해당 환경재에 대해 이미 갖고 있는 정보를 결합시키게 된다. 이들의 응답은 설문조사에서 가상시장 혹은 자신들에게 제공되는 정보에 의해 영향을 받을 수가 있다.

재화의 특성에 관해 사람들의 지식을 개선하는 정보는 소비를 위한 결정을 알리는 것으로 생각할 수 있다. 선호(preference)를 변경시키는 정보는 편의를 발생시키는 것으로 간주할 수 있다. 정보 편의를 감소시키기 위해서는 조사 대상자 전원에게 동일한 정보가 전달되도록 해야 한다.

5. 가상편의

가상편의(hypothetical bias)는 응답자들이 실질적인 선택사항보다는 인위적으로 조작된 선택사항에 직면함으로서 발생한다. 응답자는 설문지가 설정한 가상적 상황이 발생할 지에 대해 회의적일 경우 응답하는 지불의사액 혹은 보상수용액 역시 비현실적인 금액이 될 가능성이 많다. 따라서 가상적 상황 하에서 응답자가 지불하겠다고 밝힌 금액은 동일한 상황이 실제로 발생하였을 때 응답자가 지불하는 금액과 반드시 같다고 볼 수 없다. Duffield & Patterson(1991)는 설문지 상의 추정 지불의사액과 실제 지불의사액간의 비교를 한 결과 가상적인 설문지에서의 추정 지불 의사액이 실제로 지불할 의사액을 상회하는 것으로 나타났다. 이와 같이 CVM은 정확한 가치를 반영할 수 있는 현실시장의 모든 중요한 특징을 재현하는 데는 다소 어려움이 있다고 할 수 있다.

6. 지불의사액(WTP)과 보상수용액(WTA)의 차이

CVM의 기본가정은 재산권의 문제라고 할 수 있다. 어떤 재화에 대해서 사람들이 소유권을 갖고 있지 않을 때 사람들이 이 재화를 획득하기 위해 지불하려는 최대금액이 해당재화의 효용수치라 할 수 있다. 반대로 사람들이 어떤 재화를 소유하고 있을 경우에는 해당 재화의 손실에 대한 보상으로 수용할 수 있는 최소금액이 해당재화에 대한 효용수치라고 할 수 있다. 그 이유는 해당재화를 손실하기 전의 효용수준으로 복귀할 수 있는 보상액이기 때문이다. 따라서 이론적으로 어떤 재화에 대한 WTP와 WTA의 크기는 비슷해야 한다. 단, 차이는 대체효과가 작다거나 소득효과가 클 때 발생할 수 있다.

대체효과는 일반적으로 어떤 재화를 대신하여 대체재를 이용할 수 있는 경우 해당 재화를 획득하거나 포기하는데 따른 WTP와 WTA간의 차이가 대체재가 없는 상황보다 적게 발생된다. 소득효과는 해당 재화의 가치를 부과할 때 지불의사액을 지불하면 감소하게 될 실질소득을 고려하게 되므로 WTP와 WTA의 차이가 발생한다는 것이다.

이상에서 살펴본 바와 같이 CVM에서는 여러 다양한 편의의 발생으로 신뢰성의 문제가 제기된다. 이에 따라 국립 해양 대기청(NOAA: National Oceanic and Atmospheric Administration)은 CVM의 신뢰성을 확보하기 위해 연구자가 주의해야할 지침을 정하였다. NOAA지침을 살펴보면 일반 지침에서는 사전 테스트의 실시와 편의되지 않은 표본추출방식 채용 등 평가조사전반에 걸쳐 주의해야 할 점을 지적하고 있다. 그리고 평가조사에 관한 지침에서는 질문형식에 있어서 세심한 주의사항을 열거하고 있다. 예를 들면 질문형식에 있어서 투표방식(referendum)이 바람직하다고 추천하고 있다. 투표방식은 양자택일형의 응용으로 전략적 편의를 피할 수가 있다. 일반적으로 모든 국민이 투표방식에 대한 경험을 갖고 있기 때문이다. 또한 지불수용액보다도 지불의사액에 의한 질문방법이 추천되고 있다. 이는 지불받고 싶은 금액이라는 것은 반드시 지불해도 좋은 금액보다 높게 나타나기 때문이다.

제 3 부

자연자원별 분석

자원은 시간, 공간, 사회환경, 그리고 과학과 기술의 진보에 따라 그 범위가 변화하여 자원의 개념을 단순화시켜 한 마디로 규정하기 어렵다. 또한 인간과 자연환경간의 관계의 변화에 따라 자원의 정의는 다양하다.

자원이란 자연에 의해 주어져 인간을 활동하게 하는 한 요소이다. 광의로는 인간이 물질적·정신적 욕망을 만족하고 인류의 사회생활을 유지·향상시키기 위한 원천이라고 정의할 수 있는데, 경제학적으로 토지·자본·노동 등 생산에 투입되는 물적·인적인 생산 요소를 가리킨다. 그러나 오늘날 자원이라고 하는 경우는 인간사회의 생활 및 생산활동을 위하여 투입되는 물적 요소를 가리키며, 협의의 천연자원을 가리킨다. 자원의 개념이 복잡하고 다양한 것과 같이 자원의 분류도 그 기준에 따라 상이하다.[1] 자원은 제공하는 원천에 따라 토지와 관련되는 농산자원, 광물자원, 산림자원 등이 있고, 물과 관련있는 수자원과 어자원이 있다. 또한 시간적 차원에서 자원은 고갈성 자원(exhaustible resource)와 비고갈성 자원(non-exhaustible resource)으로 구분된다.

3부에서는 고갈성 에너지 자원, 재활용 자원, 수자원, 농산물 자원, 산림자원, 어자원으로 구분하여 각 자원의 특성, 현황, 그리고 가격결정 과정을 중심으로 설명하였다.

---

1) 신의순, 자원경제학, 박영사, 1992, pp.9-10.

제 13 장
고갈성 자원

자원에 대한 수요는 어느 날 예고도 없이 갑작스럽게 자원의 이용 가능량을 초과하게 된다. 그 결과 자원에 대한 수요가 자원총량(resource base)을 초과하여 자원이 고갈된다. 이러한 사실이 현실성이 있는가? 경제제도가 갑작스런 자원 고갈 문제를 우리 인간에게 경제적 신호를 통하여 경고를 해주는가? 에너지 자원이 너무 많이 소비되는가? 아니면 생산국과 대기업들의 생산제한으로 에너지 자원이 너무 적게 공급되는가?

이러한 질문에 대한 통상적인 접근은 1) 우선 사회적으로 효율적인 자원이용을 위한 조건을 찾고 2) 경쟁시장에서는 어떻게 자원배분이 실현되는지를 분석한다.

고갈성 자원과 비고갈성 자원과의 차이는 많이 모호해질 수 있다. 비고갈성 자원은 고갈될 수 있고 그리고 고갈성 자원은 새로운 매장량의 발견이나 기술발전을 통하여 비고갈성 자원이 될 수 있다. 그러나 우리는 재생속도에 따라 자원을 고갈성 자원과 비고갈성 자원으로 분류한 전통을 따를 것이다. 석유는 새로운 석유가 만들어지기 위해서는 수백만년의 시간이 소요되기 때문에 고갈성 자원이고 반대로 목재는 수십여년이면 성장하기 때문에 비고갈성 자원이다.

본 장에서는 고갈성 자원을 분류하고 고갈성 자원의 최적분배에 대해 설명하였다. 최적배분과정에서 희소자원의 적정가격이 어떻게 결정되는지를 설명하였다. 이를 위해 먼저 단순 모형을 통해 최적 생산(채취)이론을 소개하였다. 그 다음에는 일반모형을 통하여 누적 생산에 따른 생산비용의 변화, 경쟁시장, 독점시장, 과점시장, 탐사활동 및 불확실성 등을 설명하였다.

제 1 절 고갈성 자원의 분류

통상 고갈성 자원은 현재매장량(current reserves), 잠재매장량(potential reserves), 자원총량(resources endowment)으로 분류된다. 그리고 자원은 경제적 채취가능성(A)과 지리학적 정보의 확실성(B)의 두 가지 기준에 의해 가채 매장량과 잠재매장량으로 분류된다.

1. 고갈성 자원의 정의

고갈성 자원이란 자연적 재보충과정이 무시될 수 있는 자원이다. 즉, 고갈성 자원은 자연적인 재보충과정이 무시될 수 있을 정도로 작아서 잠재 매장량을 늘릴 수 없는 자원을 말한다. 석유와 같이 재보충 과정이 수백만년 이상 걸리는 경우 고갈성 자원이라고 하고 목재와 같이 수십년이면 재보충이 가능한 자원을 재생가능자원이라고 한다.

재생가능 자원(renewable resources)은 보충과정이 무시할 수 없는 속도로 진행되는 특징을 갖고 있다. 태양에너지, 농축산물 자원, 수산 자원, 산림 자원 등이 여기에 해당된다. 반대로 지하수 등과 같이 재생 불가능 자원은 재보충 과정이 무시할 정도로 느려서 자원의 존재량이 유한한 자원이다.

그리고 “재생가능(recyclable)”의 의미는 지금은 어떤 용도로 사용될 수 있으나 그 용도의 필요성이 없어지면 다른 용도로 회수될 수 있는 것이고 그렇지 못한 것은 “재생불가능”이라고 정의한다. 석탄, 가스, 석유 등 에너지 자원이 해당된다.

고갈성 자원은 재활용 불능자원과 재활용 가능자원으로 구분된다. 재활용 가능 자원은 구리와 같이 어떤 목적으로 사용되다가 더 이상 필요하지 않을 때 회수될 수 있는 자원을 말한다. 재활용의 정도는 경제적인 조건에 의해 결정된다. 가채매장량은 경제적 보충에 의해 증가한다. 가격이 증가하면 생산자는 더 많이 탐사하고, 깊이 채굴하고, 품위가 낮은 광물자원을 채취하게 되어 가채매장량이 증가한다.

또한 높은 가격은 기술개발을 자극한다. 고갈성 자원의 경우 가격 상승은 기술진보를 촉진시켜 자원량을 증가시킨다. 석유가격의 증가는 유전탐사를 증가시켜 자원량을 증가시킨다. 또한 핵에너지 기술을 발전시켜 우라늄의 재활용을 증가시킨다.

2. 가채매장량(current reserves)

일반적으로 매장량의 개념은 "현재의 기술수준에서 현재의 가격으로 경제적으로 생산이 가능한 확인된 자원의 수량"으로 정의된다. 즉, 현재의 가격수준에서 충분한 경제성을 갖는 자원의 존재량으로 고갈성 자원의 희소성을 측정하는 실물지표로서 사용되는 개념이다. 경제적 채취가능성(A)과 지리학적 정보의 확실성(B) 모두 충족시키는 개념으로 정의된다.

3. 잠재매장량

잠재매장량(potential reserves)은 존재는 확인되었으나 현재의 경제 여건하에서는 경제성이 없어 매장량에 포함되지 않은 자원이다. 현재의 가격으로는 생산이 불가능하나 가격이 높아지면 매장량으로 편입될 수 있는 자원이다. 캐나다의 오일샌드(oil sand)의 경우 석유가격이 50달러 이상이 되면 경제성이 있어 석유의 가채매장량으로 편입될 수 있는 경우다. 그리고 생산비용이 높지만 석유 채취기술 중 솔벤트나 스팀을 주입하여 석유의 비중을 낮추는 기술을 사용하면 더 많은 석유를 채취할 수 있다. 이러한 경우 석유가격이 증가하면 가채매장량은 증가할 수 있다.

4. 자원총량

자원총량(resources endowment)은 지구상에 존재할 것으로 예상되는 광상 중에서 현재 또는 미래의 기술 및 경제여건 하에서 채취가능성이 있는 것이 모두 포함된다. 지구상 이용할 수 있는 자원의 최고를 나타내는 개념이다.

만약 가격이 무한정 높다면 자원총량이나 잠재적 매장량은 가채 매장량으로 편입될 수 있다. 그러나 현실적으로 끝없이 높은 자원가격은 발생하기가 어렵다. 어떤 광물자원은 생산비용이 너무 높아 현재나 미래에서 경제성을 확보하기 어렵다. 이러한 경우 최고 실현 가능한 잠재매장량은 자원총량보다 작다. 가채매장량은 고갈성 자원(depletable resources)을 분류할 때 유용하게 사용된다.

5. 희소성 지표

1) 물리적 지표

물리적 희소성(physical measures of scarcity)으로 매장량이 가장 대표적인 희소성 지표이다. 가채매장량을 연간 생산량 또는 소비량으로 나눈 가채연수를 계산하여 해당 자원의 희소성을 평가하는 방법이다. 이 지표는 매장량의 개념에 따라 큰 편차를 보인다. 또한 기술발전에 따라 매장량이 커지면서 희소성 지표로서 유효성이 많이 떨어진다.

2) 경제적 지표

희소성의 경제적 지표로서는 지대, 로열티, 사용자 비용 등이 있다. 특히 사용자 비용(MUC: marginal user cost)이 희소성을 나타내는 가장 좋은 지표이나 자료를 구하기 어렵다는 단점이 있다. 사용자 비용은 가격과 채취비용의 차이기 때문에 가격이 오르고 채취비용이 하락한다면 사용자 비용은 상승한다. 그러나 시장이 불완전하고 정부규제에 의해 자원가격이 영향을 받는다면 희소성 지표로서 적절하지 않다. 특히 채취비용은 한계비용이 아니라 평균비용이기 때문이다.

사용자 비용을 추정하기 위해서 간접적인 방법을 사용할 수 있다. 석유탐사는 추가적인 석유발견을 위한 비용과 발견으로부터의 편익(사용자비용)이 같아질 때까지 탐사활동이 이루어진다. 탐사비용은 구할 수 있기 때문에 사용자 비용을 추정하기 위해 탐사비용이 사용될 수 있다. 목재의 경우는 입목가격이 사용자 비용으로 사용될 수 있다. 이와 같이 한계사용자비용 지표가 자료 획득의 어려움 때문에 한계채취비용과 가격이 대체 희소성 지표로 사용된다.

제 2 절 고갈성 자원의 최적분배

고갈성 에너지 자원이 과다 사용되는가? 아니면 생산국과 다국적 대기업들의 생산제한으로 에너지 자원이 너무 적게 공급되는가? 최근 에너지 위기에 따른 이러한 질문은 효율적인 자원 이용을 위한 조건과 경쟁시장에서는 어떻게 자원배분이 실현되는지를 분석하게 되었다.

본 절에서는 단순 모형을 통해 최적 채취이론을 소개하였다. 그 다음에는 일반모형을 통하여 완전경쟁시장, 독점시장, 과점시장, 탐사활동 및 불확실성 등의 경우를 설명하였다.

1. 최적 생산이론

효용을 극대화하기 위한 세대간 자원배분 즉, 자원의 최적 채취 경로는 두 가지 조건이 충족되어야 한다. 이들이 최적 제어조건들이지만 쉽게 이해될 수 있다.

고갈성 자원이 어떻게 보통 재화나 자원과 다른가? 고갈성 자원은 부존량이 제한되어 생산이 제한되어 있다. 그러므로 오늘 한단위의 생산(소비)은 기회비용(=미래 어느 시점에서 얻을 수 있는 가치)을 수반하고 있다. 기회비용은 어떻게 자원을 시간에 따라 배분할 것인가를 결정하는 데 고려되어야 한다. 특히 통상적인 효율성 조건인 $mr = mc$ 대신에 자원론에서는 $mr = mc + user$ cost를 사용한다. 이것이 [그림 13-1]에서 보듯이 최적 생산의 1차 조건이다. 이것은 수량제한이 없는 비고갈성 자원의 경우보다 적은 양의 자원이 오늘 채취된다. 주어진 수요함수, $p = p(q)$에서 자원소유자는 시간에 따른 자원배분을 효율적으로 하기 위해 q^*를 생산한다. 그 결과 [그림 13-1]에서와 같이 가격과 한계비용사이에 AB의 차이를 보인다.

[그림 13-1] 고갈성 자원의 경우 가격과 한계비용과의 관계

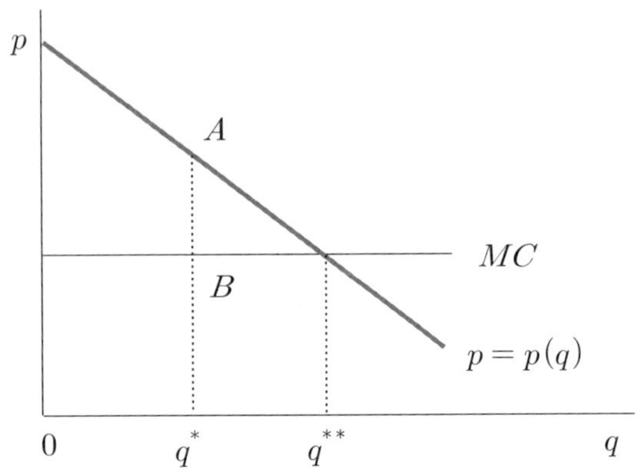

최적 채취의 2차 조건은 시간에 따른 기회비용의 행태를 나타낸다. 먼저 용어를 설명하자. 가격과 한계채취비용과의 차이는 자원론에서 사용자 비용,[2] 로열티, 지대, 순가격, 그리고 한계이익 등 여러 가지 이름으로 알려져 있다. 우리는 여기서 로열티 또는 사용자 비용으로 사용할 것이다.

오늘 석유 1배럴을 생산함으로써 얻는 사회적 순이익은 가격과 채취비용의 차이인 로열티이다. 다음해에도 석유가 생산되고 소비된다면 로열티가 발생될 것이라고 기대될 것이다. 이 두 경우에 어느 시점에서 생산하는 것이 가장 큰 순이익을 얻는가?

이 문제를 설명하기 위하여 단순 가정을 하자. 지하에 석유는 10톤이 전부이고, 한계채취비용은 2달러로 일정하고, 두 시점($t=0,1$)에서 수요는 동일한 $p_t = 10 - q_t$이다. 여기서 p_t는 가격을 q_t는 생산량을 각각 나타낸다. 할인율(r)은 10%를 가정하자.

이러한 단순 모형의 경우 현세대 및 미래세대의 순이익은 수요곡선 아래 한계생산비용 위의 면적을 적분하여 얻을 수 있다. 순이익을 수식으로 표현하면 다음과 같다.

2) the opportunity cost to the user of taking a unit today.

$$\text{현세대의 순익} = \int_0^{q_0}(10-q-2)dq$$

$$\text{미래세대의 순익} = \int_0^{q_1}(10-q-2)dq$$

여기서 미래세대의 순익은 현재가치로 계산하기 위하여 할인인자$(1/1+r)$를 곱해주어야 한다. 우리의 목적은 현세대와 미래세대의 순이익의 합을 극대화하기위한 생산량을 결정하는 문제이므로 다음과 같이 표현된다.

$$\underset{q_0,\, q_1}{Maximize} \int_0^{q_0}[10-q-2]dq + \int_0^{q_1}\frac{[10-q-2]}{(1+0.1)}dq,$$

제약조건은 $q_0 + q_1 = 10$

이러한 제약된 조건하의 극대화문제는 라그랑지안 표현으로 쉽게 풀 수 있다.

$$L = \int_0^{q_0}[10-q-2]dq + \int_0^{q_1}\frac{[10-q-2]}{(1+0.1)}dq + \lambda(10-q_0-q_1)$$

여기서 λ는 라그랑지안 승수이다. $q_{0,}\ q_1$에 대하여 미분하여 0으로 놓으면 1차 조건이 된다.

이 식으로부터 $q_0 = 5.14$, $q_1 = 4.86$, $\lambda = 2.86$, $p_0 = 4.86$, $p_1 = 5.14$를 얻는다. 현재 세대에서 로열티는 2.86달러이다. 미래세대는 3.14달러이나 할인하면 2.86달러이다. 로열티의 현재가치는 매기마다 동일하다. 할인되지 않은 로열티는 10%로 증가하여야 한다는 것을 나타낸다.

라그랑지안 승수(λ)는 제약조건$(\bar{q})$의 변화에 의한 목적함수(순익)의 변화를 나타내는 암묵가격으로 해석된다. 땅속의 석유 1배럴을 추가 생산함으로서 얻는 편익의 증가 또는 1배럴을 감산함으로서 감소되는 편익을 말한다. 이것이 바로 1배럴 지금 생산하는 것에 대한 기회비용, 즉 로열티이다. 앞의 예의 1차 조건에서 로열티는 현재세대에서는 가격과 한계비용의 차이와 같고 미래세대에서는 가격과 한계비용의 차이의 현재가치와 같다.

지하 땅속의 석유를 자산으로 보자. 경제에서 투자가 효율적이라면 얼마의 자산이 유지되어야 하는가? 효율성 기준은 하나의 자산을 다른 곳으로 이전함으로부터 얻는 이익이 없어야 한다는 것이다. 이것은 차례로 보수도 모두 같아야 한다는 것을 의미한다. 통상 보수는 자본이득에 배당을 합한 것에서 감가상각을 제한 것을 말한다. 그러나 고갈성 자원인 석유가 지하 땅속에 있어도 배당이 없고 감가상각도 없다. 따라서 보수는 전적으로 자산가치의 증가나 자본이득의 형태로 얻는다. 자산가치는 가격과 한계비용과의 차이 또는 로열티이다. 그리하여 자원 생산(채취)은 로열티가 이자율로 증가하도록 기간별로 분배된다.

시간에 따른 자원의 가격과 생산 패턴을 보기 위하여 좀 더 단순한 예를 들어 설명하자. 앞에서 로열티는 이자율로 증가한다고 가정하였다. 이는 다음과 같이 표현할 수 있다.

$$(p_1 - MC) = (p_0 - MC)(1 + r)$$

그리고 가격을 위한 식으로 전환하면, $p_1 = MC + (p_0 - MC)(1 + r)$이 된다. 이를 일반화하면, $p_t = MC + (p_0 - MC)(1 + r)^t$이 되고 [그림 13-2]에 나타나 있다.

[그림 13-2] 가격의 궤적과 백스톱비용과의 관계

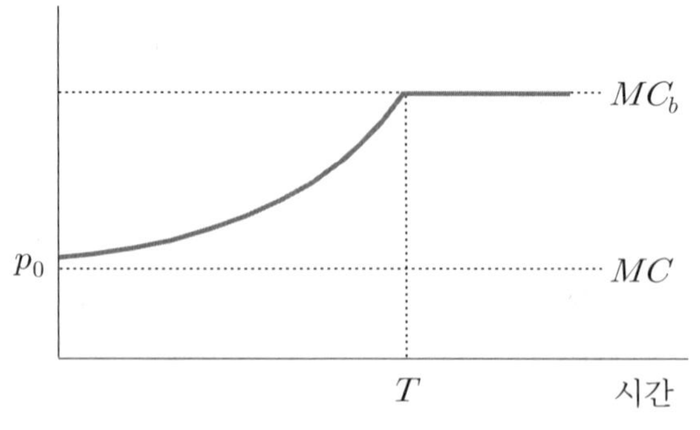

가격이 무한정 상승하는가? 분명히 앞의 예에서는 석유가격이 10달러에서는

수요가 0이므로 가격이 배럴당 10달러 이상으로 오를 수 없다. 그리고 대체재에 의해 가격상승에 제한된다. 예를 들어 석유의 대체재 또는 백스톱은 석탄, 핵융합 또는 태양에너지 등이다. 백스톱은 석유보다는 높은 비용으로 석유와 같은 서비스를 무한정 공급할 수 있는 자원이나 기술을 말한다.

예를 들어 배럴당 MC_b의 비용으로 에너지를 공급할 수 있는 태양에너지와 같은 백스톱이 존재한다고 가정하자. 태양에너지는 자원량이 무제한이기 때문에 로열티는 없고 가격은 MC_b이다. [그림 13-2]의 T시점에서 석유로부터 백스톱 자원(태양에너지)으로 대체된다. 이 때 가격은,

$$p_T = MC + (p_0 - MC)(1+r)^T \quad \text{그러나 } p_T = MC_b \text{이므로}$$

$$p_0 - MC = \frac{MC_b - MC}{(1+r)^T}$$

이는 $t=0$ 시점에서 로열티($P_0 - MC$)는 백스톱자원의 생산비용과 석유의 생산비용과의 차이를 할인한 것이다. 이로부터 우리는 석유가격을 백스톱 자원의 생산비용의 관점에서 표시할 수 있다.

$$p_t = MC + \frac{MC_b - MC}{(1+r)^{T-t}}, \quad t < T$$

2. 최적생산: 일반모형

고갈성 자원의 최적생산문제를 좀 더 일반화시켜 보자. 앞에서 논의된 단순모형과의 주된 차이는 자원스톡에 관한 가정이다. 앞에서는 자원채취비용은 2달러로 잔존 자원스톡의 크기에 영향을 받지 않는다고 가정하였지만 여기서는 채취비용이 자원스톡의 크기에 영향을 받는 일반적인 경우를 가정하였다.

우선 여기서 n개의 동일한 자원기업의 채취비용함수는 생산과 스톡의 함수로 표현하였다. 시장은 n개의 기업의 합으로 구성되지만 이해를 쉽게 하기 위하여 1기업으로 가정하였다. 채취비용함수, $c = c(q_t, X_t)$에서 c는 채취비용을,

q_t는 t시점에서의 생산을, X_t는 t시점에서의 자원스톡을 각각 나타낸다. 채취비용은 자원스톡에 따라 증가하거나 감소할 수 있다. 그러나 통상 채취비용은 자원스톡에 반비례하는 것으로 가정하였다. 즉, 자원스톡이 작아질수록 채취비용은 증가하는 함수이다.

편익의 측정은 자원의 수요함수의 적분($\int_0^{q_t} p(q_t)dq$)이고 비용은 $c(q_t, X_t)$이므로 순이익은 편익과 비용의 차이인 $\int_0^{q_t} p(q_t)dq - c(q_t, X_t)$이다.

그러므로 자원소유자는 모든 기간에 발생하는 이익의 합에 비용을 뺀 순이익의 현재가치를 극대화하고자 한하는 문제이다. 이것을 수식으로 표현하면 다음과 같다.

$$\underset{q_0, \cdots q_t, \cdots q_{T-1}}{Maximize} \sum_{t=0}^{T} \frac{\int_0^{q_t} p(q_t)dq - c(q_t, X_t)}{(1+r)^t} \qquad (13\text{-}1)$$

$$\text{제약조건,} \quad \sum_{t=0}^{T-1} q_t = \overline{X_0} - \overline{X_T}$$

$q_0 = \overline{X_0} - X_1,\ q_1 = X_1 - X_2, \ldots, q_t = X_t - X_{t+1}, \ldots, q_{T-1} = X_{T-1} - \overline{X_T}$의 양변을 합하면 위의 제약조건식을 얻는다.

$$q_t = X_t - X_{t+1} \quad (t = 0, \ldots, t = T-1) \qquad (13\text{-}2)$$

식(13-2)는 자원의 생산(채취)을 나타낸다. 자원의 생산(채취)은 자원스톡의 변화로 표현된다. 위와 같은 제약조건하의 극대화문제는 식(13-3)과 같은 라그랑지안함수(L)로 표현된다.

$$L = \sum_{t=0}^{T} \frac{\int_0^{q_t} p(q_t)dq - c(q_t, X_t)}{(1+r)^t} + \sum_{t=0}^{T-1} \mu_t (X_t - X_{t+1} - q_t) \qquad (13\text{-}3)$$

$$+ \alpha(\overline{X_0} - X_0) + \beta(\overline{X_T} - X_T)$$

위식을 q_t, X_t에 대하여 1차 편미분하여 0으로 놓으면 극대화 필수조건이 된다.

$$\frac{p(q_t) - \partial c/\partial q_t}{(1+r)^t} - \mu_t = 0 \ (t = 0, \ldots, T-1) \qquad (13\text{-}4)$$

$$-\frac{\partial c/\partial X_t}{(1+r)^t} + \mu_t - \mu_{t-1} = 0 \ (t = 0, \ldots, T-1) \qquad (13\text{-}5)$$

식(13-4)는 최적 생산을 위한 1차 조건이다. 이로부터 자원의 가격은 한계 채취비용($\partial c/\partial q_t$)과 할인 되지 않은 사용자비용($\mu_t(1+r)^t$)의 합으로 표현됨을 알 수 있다. 라그랑지 승수(μ_t)는 사용자비용(로얄티)으로 해석된다. 여기서 사용자비용이란 목적함수의 가치로 표현된 지하의 자원 1단위의 가치를 말한다.

식(13-5)는 시간에 따른 사용자 비용의 궤적을 나타내는 최적생산(채취)의 2차 조건을 나타낸다. μ_t는 할인된 사용자 비용이므로 $\mu_t = \lambda_t(1+r)^{-t}$, 여기서 λ_t는 할인 안된(undiscounted) 사용자 비용이다. 이를 이용하여 식(13-5)를 정리하면 다음과 같다.

$$-\frac{\partial c/\partial X_t}{(1+r)^t} + \lambda_t(1+r)^{-t} - \lambda_{t-1}(1+r)^{-t+1} = 0 \ (t = 0, \ldots, T-1)$$

다시 정리하면 식(13-6)으로 나타낼 수 있다.

$$\lambda_t - \lambda_{t-1} = r\lambda_{t-1} + \frac{\partial c}{\partial X_t} \qquad (13\text{-}6)$$

최적제어조건은 이산시간(discrete time)분석보다 연속시간(continuous time)분석으로 표현된다. 식(13-6)은 연속시간분석에 따라 식(13-7)로 다시 쓸 수 있다.

$$\frac{d\lambda_t}{dt} = r\lambda_{t-1} + \frac{\partial c}{\partial X_t} \qquad (13\text{-}7)$$

만약 시간이 매우 짧고 생산(채취)비용이 자원스톡량에 의해 영향을 받지 않는다면 $\partial c/\partial X_t = 0$이 되어 사용자 비용의 증가율($(d\lambda_t/dt)/\lambda_t$)은 할인율(r)과 동일하다. 만약 한계채취비용이 무시할 정도라면($\partial c/\partial q_t = 0$) 식(13-4)에서 사용자 비용은 가격과 같아 가격변화율$(dp_t/dt)/p_t$은 이자율과 같다는 것을 알 수 있다.[3)]

예를 들어, 중동국가의 석유생산비용은 배럴당 3~4달러로 100달러 내외인 판매가격에 비하면 무시할 정도이다. 그리고 자원스톡량에 따른 생산비용의 변화도 대규모 유전에서는 무시할 정도이다($\partial c/\partial X = 0$). 물론 OPEC의 생산결정이 완전경쟁시장과 다른 독과점시장이므로 석유가격은 이자율로 증가하지 않는다. 생산비용이 자원총량에 의해 영향을 받는다고 가정하면($\partial c/\partial X_t < 0$), 식(13-7)로부터 사용자 비용의 변화율은 이자율보다 작다.

식(13-7)에서 $\partial c/\partial X_t$은 자원 1단위를 지하에 보유하는 데 대한 자원소유자에 대한 배당으로 해석할 수 있다. 투자에 대한 보수는 자본이득과 배당으로 구성된다. 자원에 대한 배당은 없다고 가정하였기 때문에 모든 보수는 자본이득의 형태(사용자비용의 증가)가 된다. 만약 자원스톡의 감소에 따라 생산비용이 증가된다면, 자원을 채취하지 않고 지하에 보유하여 스톡을 감소시키지 않는 것은 생산원가 절감의 형태로 배당을 제공한다. 그리하여 식(13-7)은 $d\lambda_t/dt - \partial c/\partial X_t = r\lambda_t$이 된다. 이것은 자본이득($d\lambda/dt$)과 배당($-\partial c/\partial X_t \geq 0$)의 합은 지하에 자원을 투자하는데 대한 이자비용($r\lambda$)과 같다고 말할 수 있다.

일반적으로 매장량의 품위가 일정한 자원생산(채취)의 경우에는 생산비용은

---

3) 채취비용이 무시할 정도라면 $p_t = \mu(1+r)^t$이다.

자원스톡의 크기에 영향을 받지 않는다. 그러나 매장량이 고갈되고 생산이 낮은 품위의 광산으로 이전될 때는 생산비용은 증가한다. 즉, 고품위의 자원이 고갈되면서 저 품위의 자원으로 생산이 이전되면서 로열티는 하락한다.

식(13-4)에서 μ_t를 λ_t로 표현하고 시간에 대하여 미분하면 다음과 같다.[4)]

$$\frac{dp}{dt} = \frac{d(\partial c/\partial q_t)}{dt} + \frac{d\lambda_t}{dt} \tag{13-8}$$

즉, 가격의 변화는 한계생산비용의 변화와 사용자 비용의 변화에 달려있다. 식(13-8)의 오른쪽 첫째항은 한계생산비용의 시간에 대한 전미분이므로 다음과 같이 표현된다. 식에서 시간을 나타내는 아래첨자를 생략하였다.

$$\frac{d(\partial c/\partial q)}{dt} = \frac{\partial^2 c}{\partial q^2}\frac{dq}{dt} + \frac{\partial^2 c}{\partial X \partial q}\frac{dX}{dt} \tag{13-8a}$$

그리고 $\frac{dX}{dt} = -q$를 대입하면 식(13-9)를 얻는다.

$$\frac{d(\partial c/\partial q)}{dt} = \frac{\partial^2 c}{\partial q^2}\frac{dq}{dt} - q \cdot \frac{\partial^2 c}{\partial X \partial q} \tag{13-9}$$

한계생산비용의 변화는 생산(채취)량의 변화와 자원스톡의 변화에 의한 것이다. 식(13-9)의 오른쪽의 첫항은 한계비용곡선상의 이동을, 두 번째 항은 곡선의 이동을 나타낸다.

시간에 따른 한계비용함수의 변화는 비용함수의 형태에 따라 여러 가지 경우가 나타날 수 있다. 여기서는 몇가지의 경우를 설명하자.

첫째, 한계비용이 자원스톡의 크기에 영향을 받지 않는다면($\partial^2 c/\partial X \partial q = 0$),

---

4) λ_t은 할인되지 않은 사용자 비용, μ_t는 할인된 사용자 비용으로 정의하였다. 그러므로 $\lambda_t = \mu(1+r)^t$로 표현된다.

식(13-9)의 오른쪽 두 번째 항은 없어진다. 그리고 자원의 생산(채취)에 따라 한계비용이 증가한다면($\partial^2 c/\partial q^2 > 0$), 시간에 따른 생산비용함수의 변화는 생산량의 변화에 달려있다. 즉, $\frac{d(\partial c/\partial q)}{dt} = \frac{\partial^2 c}{\partial q^2}\frac{dq}{dt} = (+\alpha)\frac{dq}{dt}$.

둘째, 자원스톡이 감소함에 따라 한계비용이 증가한다면 ($\partial^2 c/\partial X \partial q = \partial(\partial c/\partial q)/\partial X < 0$), 식(13-9)의 오른쪽 두 번째항은 양의 값을 가진다. 그리고 생산(채취)에 따라 한계비용이 증가한다($\partial^2 c/\partial q^2 > 0$)고 가정하면, 한계비용의 변화($d(\partial c/\partial q)/dt$)는 생산량의 변화($(\partial^2 c/\partial q)(dq/dt)$)와 자원스톡의 변화($-y(\partial^2 c/\partial X \partial y)$)에 의하여 더 커진다.

셋째, 주어진 자원스톡하에 한계비용이 일정하다면 식(13-9)의 오른쪽 첫째항이 0이 된다. 그 결과 한계비용의 변화는 양(+)의 값을 갖는다.

넷째, 만약 생산비용이 무시할 수준이라면($\partial c/\partial q = 0$, $\partial c/\partial X = 0$), 식(13-8)로부터 가격은 사용자비용($p_t = \lambda_t$)과 같다. 그러므로 가격의 변화는 식(13-7)로부터 $\frac{dp}{dt} = rp$가 된다. 매우 특수한 경우로 가격은 이자율로 오른다는 것이다.

3. 최적제어조건(Optimal control condition)

어느 시점에서 자원의 생산(채취)로부터 얻는 순편익은 ① 편익의 흐름에서 비용을 차감한 부분($\int_0^{q_t} p(q_t)dq - c(q_t, X)$)과 ② 자원 한 단위 생산(채취)로부터 발생된 미래 자원스톡의 흐름에 대한 영향($\omega_t q_t$)으로 구성된다. 여기서 이 자원스톡의 흐름에 대한 영향($\omega_t q_t$)은 자원스톡 1단위의 가치(ω_t)에다 채취량(q_t)을 곱한 것이다. 여기서 $\omega_t (= \lambda_t)$은 사용자 비용이다. t 시점에서 자원의 채취로부터 순편익의 극대화는 다음과 같이 나타낼 수 있다.

$$\underset{q_t}{Maximize} \int_0^T [pq_t dq - c(q_t, X_t)]e^{-rt}dt$$

제약조건, $\frac{dX_t}{dt} = -q_t$

$X_0 = \overline{X_0}$

$X_T = \overline{X_T}$

위와 같은 제약조건하의 극대화문제는 다음과 같은 라그랑지안함수(L)로 표현된다.

$$L = \int_0^T [pq_t dq - c(q_t, X_t)] e^{-rt} dt + \lambda_t (\frac{dX_t}{dt} + q_t) + \alpha (X_0 - \overline{X_0}) + \beta (X_T - \overline{X_T})$$

라그랑지안함수로부터 경상가격 해밀토니안(current value Hamiltonian) 함수는 다음과 같이 표현된다.

$$H = \int_0^{q_t} p(q_t) dq - c(q_t, X_t) - \omega_t q_t \qquad (13\text{-}10)$$

여기서 H는 해밀토니안을 나타낸다. H를 q_t에 대하여 미분하면, $p(q_t) - \partial c/\partial q_t - \omega_t$을 얻는다. 그러므로 최적 생산의 1차 조건(식13-4)은 $\partial H/\partial q_t = 0$로 다시 쓸 수 있다. 여기서 해밀토니안 함수는 현재편익에서 미래손실을 차감한 생산(채취)의 순효과를 측정한다고 해석된다.

$$\frac{\partial H}{\partial q_t} = 0 \qquad (13\text{-}11)$$

2차 조건은 $\frac{\partial H}{\partial X_t} = -\frac{\partial c}{\partial X_t}$ 이므로, 식(13-7)으로부터

$$\frac{d\omega_t}{dt} = r\omega_t - \frac{\partial H}{\partial X_t} \tag{13-12}$$

식(13-7)은 다음과 같이 다시 쓸 수 있다.

$$\frac{\partial \lambda_t}{dt} = r\lambda_t - \frac{\partial H}{\partial X_t}$$

식(13-11)과 (13-12)는 최적생산조건에 일치하는 해밀토니안 최적제어조건이다. 제3조건은 아래와 같다.

$$\frac{dX_t}{dt} = \frac{\partial H}{\partial \omega_t}(= -q_t) \tag{13-13}$$

세 가지 최적제어 조건식(13-11, 12, 13)은 다음 <표 13-1>과 같다. 여기서 q_t는 통제변수(control variable), X_t는 상태변수(state vaiable)[5], ω_t는 보조 상태변수(co-state or auxiliary varable)로 라그랑지안 승수와 같다. 해밀토니안 함수에서 보조 상태변수는 시간에 따른 상태변수의 행태를 설명하는 제약조건이나 전환방정식에 붙는다.[6]

5) 제어이론에서 상태변수(state variable)란 전체 시스템의 동적 특성을 나타낼 수 있는 독립변수의 집합을 말한다. 일반적으로 시스템의 동적 특성을 나타내기 위해서는 2개 이상의 변수가 필요하므로 상태변수는 벡터형태인 경우가 많다. 이를 상태벡터(state vector)라고 부르기도 한다. 상태변수 방정식(state variable equation)이란 입력변수(input variables), 출력변수(output variables) 및 상태 변수에 관한 1차 미분 방정식으로써 시스템을 나타내는 수학적 표현법을 말한다.

6) 제어이론이란 공학 및 수학이 복합된 학문의 한 분야로서 동적 시스템의 거동을 다루는 이론이다. 제어이론은 주어진 시스템에 대하여 그 입력을 조절함으로써 그 출력을 원하는 대로 조절하는 제어기(controller)를 만드는 데에 적용된다. 기계공학, 전기 및 전자공학, 화학공학 등 여러 공학 학문에서 두루 쓰여 왔다. 최근에는 자연 과학, 금융 분야 등 공학이 아닌 학문에서도 많이 이용되고 있다. 심지어 심리학, 사회학, 범죄학 등 사회 과학 분야에서도 이용된다.

1) 경쟁시장

완전경쟁시장에서 기업의 이윤극대화(사회전체 소비자잉여의 극대화가 아닌)조건은 다음과 같다.

$$\underset{q_t}{Maiximize} \int_0^T [pq_t - c(q_t, X_t)]e^{-rt}dt \tag{13-14}$$

$$\text{제약조건:} \quad \frac{dX_t}{dt} = -q_t, \quad X_0 = \overline{X_0}, \quad X_T = \overline{X_T}$$

이러한 경우 해밀토니안 함수는 다음과 같다.

$$H = pq_t - c(q_t, X_t) - \rho_t q_t \tag{13-15}$$

여기서 ρ_t는 보조상태변수이고 <표 13-1>에 의해 필수조건은 다음과 같다.

$$\frac{\partial H}{\partial q_t} = p - \frac{\partial c}{\partial q_t} - \rho_t = 0 \tag{13-16}$$

$$\frac{d\rho_t}{dt} = r\rho_t - \frac{\partial H}{\partial X_t} = r\rho_t + \frac{\partial c}{\partial X_t} \tag{13-17}$$

만약 $\lambda_t = \rho_t$라면 이것은 식(13-4)와 식(13-7)과 동일하다.

자원기업이 더 이상 가격순응자(price taker)가 아닌 독점기업인 경우 생산패턴을 알아보자. 독점기업의 경우 자원생산을 경쟁기업의 경우보다 더 빨리 생산하는지 아니면 보존주의자와 같이 저축하고 생산을 늦추는지 알아보자.

2) 독점시장

경쟁기업의 최적생산의 1차 조건 식(13-16)으로부터 독점기업의 생산결정이 가격에 영향을 준다는 것을 고려하면 다음과 같이 된다.

$$p + q_t \frac{\partial p}{\partial q_t} - \frac{\partial c}{\partial q_t} - \rho_t = 0 \tag{13-18}$$

사용자비용, ρ_t는 한계수입($p + q_t(dp/dq_t)$)과 한계비용(dc/dq_t)의 차이다. 비록 사용자비용은 식(13-17)에 따라 움직이지만 가격과 생산(채취)은 완전경쟁의 경우와는 다르게 움직인다. 자원의 채취(생산)가 더 빨리 되는지 아니면 천천히 되는지는 수요함수(가격과 한계수입과의 관계)에 달려있다.

예를 들어 10배럴의 석유를 두 기간에 걸쳐 최적 생산하는 경우를 보자. 1차 조건에 따라 순이익(한계수입-한계비용)은 이자율로 증가해야 한다(여기서 $\partial c/\partial X_t = 0$).

즉, $MR_1 - MC = (MR_0 - MC)(1+r)$이다. 그리고 주어진 수요함수($p = 10 - 2q$), 비용함수($mc = 2$), 할인율($r = 0.1$)의 구체적인 수치로 대입하고 q_0, q_1을 풀면, $q_0 = 4.95$, $q_1 = 5.505$를 얻는다. 이것은 완전경쟁의 경우 ($q_0 = 5.14$, $q_1 = 4.86$)와 비교하여 자원생산을 후기로 미루는(천천히 생산하는) 것으로 나타났다.

이것이 일반적인 경우는 아니나 예를 든 것과 같이 수요함수가 선형일 경우 수요의 탄력성이 수량에 따라 감소하기 때문에 자원채취를 후기로 미룬다. 그러나 수요의 탄력성이 수량에 따라 증가하는 경우 독점자는 자원생산을 초기에로 집중한다. 그리고 시간에 따라 수요가 비탄력적으로 변하는 경우에도 독점자는 자원을 초기에로 집중한다.

예를 들어 수요가 비탄력적으로 바뀌었다면($p_0 = 10 - q_0 \rightarrow p_1 = 20 - 2q_1$), 완전경쟁의 경우 생산분배는 $q_0 = 3.48$, $q_1 = 6.52$이고, 독점의 경우 생산분배는 $q_0 = 4.97$, $q_1 = 5.03$이다. 독점자는 비탄력적인 수요를 이용하여 2기의 생산을 제한할 수 있다.

생산이 초기로 집중된다면 가격은 이자율보다 크게 상승할 수 있다. 생산을 초기로 집중하기 위한 필수조건은 탄력성이 시간에 따라 감소하는 것이다. 그런데 사실은 대체재의 이용가능성이 증가하기 때문에 탄력성은 오히려 시간이 감에 따라 탄력적이다. 이러한 경우 독점자는 생산을 후기로 집중한다.

동일한 질의 자원스톡을 제한된 기간내에 완전히 채굴되는 모형하에서는 독점기업은 생산(채취)을 지연시키는 경향이 있다. 생산이 누적됨에 따라 비용이 증가하는 모형에서는 생산은 더욱 더 지연된다. 만약 독점기업이 초기에 채취를 적게 하면 궁극적으로 후기에 더 많이 생산해야 한다. 그러나 단위당 높은 채굴비용 때문에 자원이 전부 생산되지 않는 경우에는 이것이 발생하지 않는다. 그런 경우에 누적 생산은 독점이나 경쟁기업이 동일할 필요는 없다. 특히 독점기업의 경우 매기에 적게 생산할 것이다.

3) 과점 시장: 카르텔

지금까지 독점이나 완전경쟁의 양쪽의 극단적인 경우를 알아보았다. 과점의 경우 카르텔은 하나로서 행동하지만 시장에서 하나의 판매자는 아니다. 예를 들어, 과점시장인 석유시장에서 일부 생산은 경쟁시장인 non-OPEC 국가에서 담당한다. 소규모 생산자들은 카르텔(OPEC)에 의해 정해진 가격을 따른다. 반대로 카르텔(OPEC)은 가격을 정하는데 있어 카르텔(OPEC)내의 소규모 생산자를 고려한다. 소규모 생산자들은 시차를 두고 적응한다는 가정하에 가격은 카르텔이익의 현재가치를 극대화하는 수준에서 결정된다. 연구에 의하면[7] 1970-80년대의 카르텔 가격은 소규모 생산자들의 적응에 시차가 있기 때문에 처음에는 석유가격이 급등하고 그 다음에는 5년간 점차 하락하다가 그 후에는 가격이 꾸준히 상승하였다.

카르텔은 석유가격을 높게 유지하기 위하여 생산량을 제한한다. 문제는 멤버들에게 어떻게 생산량을 할당하고 감시하느냐이다. 배정된 할당량 이상으로 생산하면 카르텔이 붕괴되기 때문이다. 카르텔은 이문제 때문에 불안정하다. 특히 소규모 생산 멤버는 가격을 약간 저렴하게 해서 할당량보다 많은 양을 판매할 유인이 강하다. 만약 모든 멤버가 이렇게 한다면 카르텔은 붕괴된다. 실제로 몇몇 멤버국이 가격할인을 통해 할당량보다 많은 량을 판매한 경우가 종종 있었음에도 불구하고 OPEC은 가격을 상당히 올릴 수 있었다. 이와 같이 OPEC이

7) Pindyck, R. S. "Gainss to Producers from the Cartelization of Exhaustible Resources," *Review of Economics and Satistics* 60: 238-51, 1978.

성공적이었던 이유는 인센티브이다. 연구에 의하면 OPEC 카르텔의 총이득은 약 1조억 달러였다. 또 다른 이유는 이란의 감산이었다. 이것은 우연한 것이었지만 멤버국 사이의 생산량 할당문제를 해결하는데 도움이 되었다.

멤버는 상대적으로 많은 현금이 필요하지 않고 그리하여 낮은 할인율을 적용하여 생산을 후기로 늦추기를 원하는 대규모 매장량을 보유하고 있는 국가(savers)와 반대로 많은 현금이 필요하고 그리하여 높은 할인율을 적용하여 초기생산을 많이 하고자 원하는 소규모 매장량을 보유하고 있는 국가(spenders)로 구분된다. 가격 및 생산량 결정 과정에서 대규모 매장량을 가지고 있는 국가(사우디)가 초기 감산량을 떠 맡음으로써 두 그룹 모두 이익은 증가하였다.

카르텔이 성공하기 위한 조건이 무엇인가? 첫째, 카르텔이 자원공급의 상당한 몫을 통제할 수 있어야 한다. OPEC는 세계석유매장량의 2/3 그리고 생산량도 비슷하여 첫째조건에 부합된다. 반대로 구리수출국기구(CIPEC: Intergovernmental Council of Copper Exporting Countries)는 세계구리생산의 1/3에 불과하여 카르텔로부터 예상되는 이익도 매우 적은 것으로 예상할 수 있다. 둘째, non-OPEC 국가의 비탄력적인 공급곡선이 성공적인 카르텔의 조건이다. 단기 기간에 non-OPEC 국가들은 가격의 급등에도 불구하고 석유공급을 쉽게 늘릴 수 없다. 그러나 구리는 단기에 매우 탄력적인 제2의 공급인 재활용(scarp) 생산이 있기 때문에 CIPEC는 구리공급을 통제할 수 없었다.

위와 같이 카르텔 성공 조건은 해당 자원 시장의 상당몫을 지배할 것과 비멤버국가의 비탄력적인 공급, 그리고 카르텔에 의한 실질적인 이익이다. OPEC 경우와 같이 공동이익이 충분히 크다면 카르텔을 지속하기 위한 방법이 모색될 것이다. OPEC의 경험으로부터 얻은 결론은 자원카르텔이 성공여부는 카르텔 멤버와 비멤버 사이의 공급관계, 그리고 카르텔의 멤버사이의 생산량 할당문제를 해결할 수 있는 능력에 달려있다. 석유가 유일하게 카르텔에 영향을 받기 쉬운 그리고 가격의 급상승을 경험한 고갈성 자원이지만 구리의 경험을 볼 때 OPEC의 성공이 다른 자원시장으로 확산될 것 같지 않다.

4) 탐 사

미래 예상가격의 변화는 자원의 현재가격에 피드백효과를 발생시킨다. 예를 들면, 미래 예상가격의 상승은 공급자로 하여금 현재생산을 줄이도록 하여 현재가격이 상승하게 된다. 새로운 매장량의 발견은 동일한 피드백 메카니즘으로 이해될 수 있다.

[그림 13-2]에서 가격의 상승패턴은 신규 매장량의 발견과 같은 충격이 없다는 가정에서 시작하였다. 만약 신규 매장량이 발견된다면 미래 예상가격은 하락할 것이다. 차례로 이것은 현재 생산을 늘리도록 하여 현재가격을 하락시킨다. 그리하여 완만한 가격상승패턴은 바뀔 것이다. [그림 13-3]에서 가격의 하락은 신규 매장량 발견의 효과를 나타낸다. 장기적으로는 하락할지 몰라도 새로운 매장량 발견 사이에서 가격은 완만하게 상승할 수 있다.

탐사는 자원스톡을 증가시키고 그리하여 생산비용을 낮추는 활동으로 일반적으로 정의될 수 있다. 새로운 매장량의 발견은 생산비용을 낮출 것이다. 또한 품위가 낮아서 생산성이 없는 자원을 생산성이 있도록 만드는 새로운 공정의 개발이나 연구도 자원스톡을 증가시키는 것과 같은 효과를 발휘할 것이다.

[그림 13-3] 기대하지 않은 매장량 발견과 가격패턴

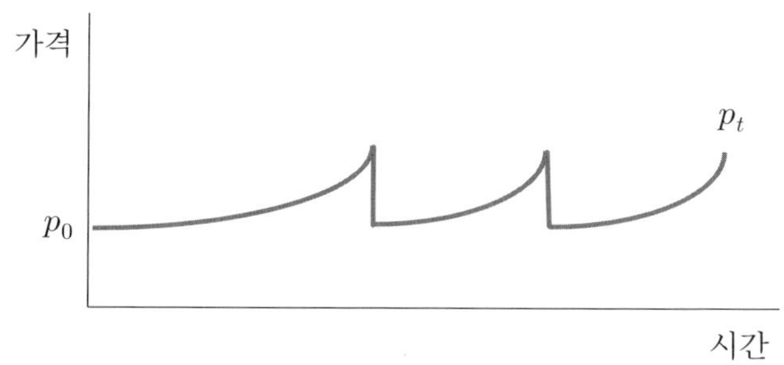

경쟁시장에서 사용자 비용 또는 자원 한단위의 잠재가격은 그것을 대체할 새로운 발견의 추가비용과 같다. 즉 탐사의 한계비용과 사용자 비용이 같다. 이것은 중요한 사실이다. 왜냐하면 이것은 사용자 비용을 측정할 수 있는 지표를 제공하기 때문이다.

사용자 비용은 미래의 자원부족, 가격상승, 그리고 임박한 자원고갈을 나타내는 희소성의 적정한 지표이다. 그리고 다른 지표(매장량, 생산비용, 가격 등)와 달리 사용자 비용은 자료를 구하기 어렵다. 그러나 완전경쟁시장에서 사용자 비용이 탐사의 한계비용과 같다면 탐사비용에 관한 자료를 통하여 사용자 비용을 얻을 수 있다.

가격에 영향을 미치는 자원의 채취, 매장량의 발견, 기술발전 등의 강도에 따라 가격경로가 달라진다. 두 가지 경우가 있는데 두 가지 모두 가격이 처음에는 하락하는 패턴을 가진다. 새로운 유전발견이나 기술혁신에 의해 생산비용의 감소는 사용자 비용의 상승을 제한한다. [그림 13-4]의 첫 번째 그림은 이러한 추세가 무한정 지속되는 경우이다. 반대로 두 번째 그림은 이러한 추세가 역전되는 경우이다. 새로운 유전의 발견과 기술혁신이 무한정으로 생산비용의 절감을 지속할 수 없는 경우이다.

[그림 13-4] 새로운 유전이나 기술발전에 의한 가격경로(A, B)

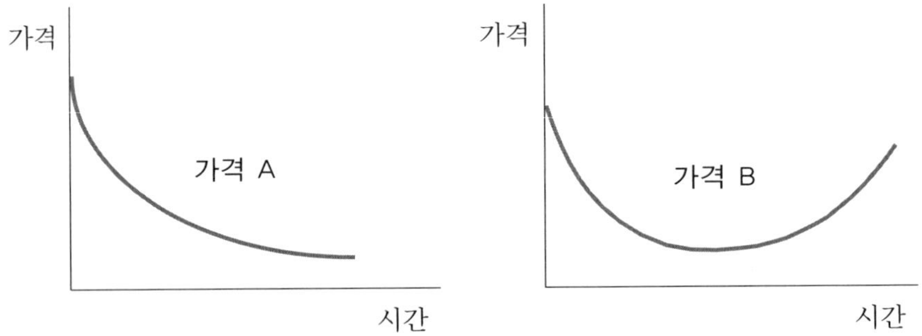

지난 20세기 후반 고갈성 자원인 석유가격은 수년간 하락했었다. 대부분의 고갈성 자원의 가격은 [그림 13-4]의 B형태인 U자형이었다. 물론 그래프의 바닥은 고품위의 매장량의 고갈을 대체할 새로운 매장량의 발견이나 기술혁신에 의해 넓어진다.

일반적으로 가격이 단순 증가추세에 있는 경우 생산량은 단순 감소추세에 있다. 그러나 [그림 13-4]의 B경우와 같이 가격이 하락하다가 증가하는 추세에 있다면 생산량은 처음에는 증가하다가 감소하는 역U자형이 될 것이다.

제 14 장 에너지 자원

에너지 없이는 인류는 생존하기 어렵다. 그러므로 에너지는 가장 중요한 자원 중의 하나이다. 대부분의 산업 국가는 에너지를 고갈성 자원인 석유나 천연가스에 의존하고 있다. 예를 들어 미국은 전체 에너지의 67%를 이들로부터 얻는다. 우리나라는 90% 이상이다.

자원 이론에 의하면 석유나 가스의 한계비용이 대체자원의 한계비용을 초과할 때까지 석유나 가스가 사용된다. 즉, 석유의 한계비용이 대체자원의 한계비용보다 높아지는 시점까지 석유가 주력 에너지원으로 사용될 것이다. 그 이후는 신재생에너지와 같은 대체 에너지 자원으로 전환(turning)이 발생할 것이다. 효율적인 시장에서는 이러한 새로운 에너지 자원으로의 대체가 순조롭게 진행된다.

과거 에너지 자원의 분배가 효율적이었는가? 에너지 위기가 존재했다는 것은 에너지 자원의 분배가 효율적이지 못했다는 증거이다. 그러면 왜 시장이 비효율적이었는가? 어떤 이유로 에너지 자원이 비효율적으로 분배되었는가? 시장제도에 의해서 비효율성의 제거가 가능한가? 본 장에서는 에너지 자원의 이러한 문제에 대해 설명하였다.

제 1 절 석 유

우리나라는 지난 1960년대 초만 해도 석탄이 주요 에너지원이었다. 그러나 제2차 경제개발 5개년계획에 따라 정유공장을 건설하여 가동한 이후 산업의 고도화와 생활수준의 향상에 따라 석유는 계속 우리나라의 주요 에너지원의 위치를 유지하고 있다.

에너지원별 수급 구조를 보면 1965년에는 석탄이 총에너지 소비의 44%, 석유 등 수입에너지가 12%를 차지하였으나 1999년에는 석탄이 21%, 석유가 54%를 차지하는 등 우리 경제는 석유에 크게 의존하고 있다.

그동안의 경제성장률과 에너지 소비증가율을 비교해 보면 거의 같은 방향으로 움직여 왔음을 알 수 있다. 특히 에너지 공급이 물량 및 가격면에서 원활했던 기간에는 우리 경제가 높은 성장을 이룩한 반면 제1차(1973~1974), 제2차(1979~1980) 석유 위기시와 IMF 외환위기(1998) 때와 같이 에너지 공급이 불안했던 기간에는 경제성장이 침체되었다.

1. 석유의 유래

오늘날과 같이 석유가 경제적으로 중요한 의미를 갖게 된 것은 약 150년 전인 1859년 8월 미국 펜실베니아주 타이타스빌에서 처음으로 유정에서 원유를 채취하는 데 성공한 이후이다. 이후 석유개발은 코카서스·아제르바이젠 등의 중앙아시아에 파급되었다. 20세기초 이란에서 최초의 유전을 발견하면서 중동으로 확대되어 갔다. 이때 석유의 주요 제품은 등화용으로 사용된 등유였다.

19세기말까지 세계의 거의 모든 지역에 석유 램프용 연료는 등유로 보급되었으나 1879년 에디슨이 전등을 발명하여 등화용으로서의 수요는 점차 없어지게 되었다. 이 시대에는 휘발유·경유·중유 등은 찌꺼기로 폐기되기도 하였다. 휘발유는 19세기 말까지만 해도 약용 정도로 쓰였으나 내연기관의 발명과 자동차의 실용화로 1910년경에는 등유 대신 가장 수요가 많은 석유제품으로 등장했다.

1910년 이후 디젤기관 실용화에 의해서 경유나 중유에도 새로운 사용분야가 열리게 되었다. 또한 19세기 말부터는 석유에서 나온 윤활유가 기계의 윤활유제로 이용되기 시작했고 제1·2차 세계대전을 계기로 발달한 항공기에 의해서 항공기용 휘발유와 등유 유분이 추가되었다.

이러한 값싸고 풍부한 석유의 대량소비를 바탕으로 1960년대 선진국은 인류사상 최고의 비약적 경제 성장을 이루었다. 그러나 1970년대에 들어 OPEC의 공급제한, 특히, 1973년과 1979년의 제3·4차 중동 전쟁을 계기로 시작된 석유위기는 석유 소비를 기반으로 한 소비국들을 큰 불안에 빠뜨리기도 했다.

2. 석유의 매장량

석유의 매장량(reserve)이란 유층 속에 집적되어 있는 석유를 지표로 끌어 올렸을 때 1기압 15℃의 상태에서의 석유의 용적을 말한다. 석유의 매장량은 보통 다음과 같이 분류된다.

- 확인 매장량(proved reserve): 이미 발견된 유정의 매장량 중 현재의 기술과 비용으로 회수할 수 있는 양
- 기(旣)발견 매장량: 확인 매장량과 지금까지의 누적 생산량을 합계한 기발견 매장량
- 궁극(窮極)가채 매장량: 기발견 매장량과 장래에 발견 가능성이 있는 미발견 매장량의 합계

이 가운데 일반적으로 가장 많이 쓰이는 것이 확인 매장량이다. 석유매장량에서 최대 관심사는 '현재와 같은 규모로 생산할 경우 앞으로 몇 년이나 더 쓸 수 있을까'라는 것이다. 앞으로 생산 가능한 기간을 가채년수(R/P)라고 한다. 이것은 확인 매장량(R)을 그 해의 연간 생산량(P)으로 나눈 숫자이다.

그러나 가채년수가 얼마 남지 않았다고 해서 석유가 21세기 초에 고갈될 것이라고 단정지을 수는 없다. 왜냐하면 확인 매장량이라는 것은 현재의 기술로 경제적으로 회수할 수 있는 양을 말한다. 현재의 기술로 경제적으로 회수할 수 있는 양은 궁극 가채 매장량의 3분의 1 정도이다. 따라서 앞으로 개발기술이 계속적으로 발전되어 나머지 3분의 2를 회수할 경우 새 유전이 전혀 발견되지 않는다 해도 가채년수는 3배로 늘어난다.

3. 석유제품의 연산성

석유제품은 원료인 원유를 상압 정제 시설에 투입하면 여러 제품이 동시에 일정 비율로 생산되는 연산품이다. 따라서 상압 정제 시설로는 특정 제품을 증

산하거나 감산하는 데에 한계가 있어 제품별 수급의 균형유지에도 제약이 따른다.

제품의 수급 불균형을 해소하기 위해서는, 첫째 휘발유 등 경질제품의 수요가 증가할 경우 경질원유를 수입 정제하여 이들 경질제품을 다소 증산하는 방법이 있고, 두 번째는 잉여 제품은 수출하고 부족 제품은 수입하는 방법이 있다.

이 두 가지 방법은 모두 석유 제품의 연산성에 기인한 수급 불균형의 해결을 위한 근본적인 대책은 아니다. 경질원유의 수입 정제 방식은 경질 원유가 세계적으로 매장량과 생산량이 제한되어 있고 가격도 비싸다는 문제점을 갖고 있다. 또한 필요한 만큼의 증산도 어렵다.

근본적인 해결책으로는 중질 제품인 B-C유 분해 시설을 건설하여 B-C유를 분해하여 휘발유 등 경질유를 증산하는 방법이 있다. 그러나 이러한 고도화 시설은 막대한 투자비가 소요된다.

또한 석유제품은 이 연산품 특성 때문에 개별제품의 원가산정이 불가능하다. 즉, 정유공장에서 생산되는 석유제품의 총량기준으로는 원가요소별 구분이 가능하나 개별 석유제품 기준으로는 원가요소별 구분을 할 수가 없다. 이처럼 개별제품의 한계원가계산이 곤란하기 때문에 석유재품의 경우 일정한 기준에 입각하여 제품별(유종별)로 원가를 배분하는 것이 일반적이다.

결국 개별제품의 원가에 입각하여 가격이 결정되는 것이 아니라 총원가를 기준으로 가격을 결정하고 개별제품의 원가는 사후적으로 결정되는 구조를 갖고 있다. 그리고 각 제품의 소비자 가격은 주로 정책적으로 부과되는 세금에 의해 좌우된다.

4. 석유제품가격의 주요 변동요인

국내 석유제품가격은 자유화되어 시장기능에 의해 결정되고 있으나, 주로 제품생산 비용의 대부분을 차지하는 원유 수입가격의 변동과 지불화폐인 달러화와 원화의 환율 변동에 의해 크게 영향을 받고 있다.

수입원유가격은 FOB에 국내까지의 운임과 보험료를 더한 수입도착가격인

CIF에 의해 결정된다. 국내 정유사들은 원유를 달러화로 지불하고 구입하고 있으므로 원화로 환산한 후의 원유수입가격은 환율에 의해 크게 영향을 받게 된다.

2010년 현재 연간 우리나라 원유수입물량이 약 9억 배럴 정도에 달하고 있고 석유제품 원가 구성중 원유수입 관련비용이 90%에 이르고 있다. 또한 원유도입에 따른 막대한 소요자금 조달을 위해 선적일로부터 일정 기간 경과 후에 수입 대금을 결제하는 유전스(Usance)를 사용하고 있어 선적일과 결제일 사이의 환율 변화가 고스란히 환차손익으로 남게 되는 취약한 구조를 가지고 있다.

5. 석유비축

우리나라는 현재 세계 4위의 석유 수입국, 6위의 석유 소비국이다. 그리고 석유는 우리나라에서 생산되지 않아 비상시에 대비한 석유 비축의 중요성은 매우 크다.

우리나라가 석유 비축 사업을 추진하게 된 것은 우리나라가 국내 소요 석유의 전량을 해외 수입에 의존하고 있다는 점과 1·2차 석유위기의 경험에서 출발하고 있다. 더욱이 국제에너지기구(IEA)에서 비축의 확대를 권고하고 있어 정부도 지속적으로 비축을 증가시키고 있다.

1, 2차 석유 파동을 겪으면서 정부는 1978년 한국석유공사를 설립하여 정부 석유 비축 사업을 시작하였다. 그 후 정부는 지속적으로 저장시설을 확충하여 2010년 현재 약 160일분의 국가 석유비축시설(원유 및 석유 제품)을 보유하고 있어 미국과 일본을 능가하고 있다. IEA에서 90일 수준의 석유 비축을 권고하고 있다.

6. OPEC, IEA

OPEC은 석유수출국기구(Organization of Petroleum Exporting Countries)의 약자로 산유국 집단을 말한다. OPEC은 1960년 9월 이라크의 바그다드에서 개최된 사우디아라비아, 쿠웨이트, 이란, 이라크, 베네수엘라 등 5개국 각료회의에서 결성된 조직이다. OPEC의 기본 목적은 당시 메이저라 불리던 국제 석유 자본에 대항하기 위하여 산유국의 석유 정책을 조정 및 통일을 통하여 집단의 이익을 위해 결성되었다.

그 후 OPEC은 카타르, 인도네시아, 리비아, 아랍에미레이트, 알제리, 나이지리아, 에콰도르, 가봉 등 8개국이 추가되어 13개국으로 불어났으나, 1992년 에콰도르, 1994년 가봉과 2009년 인도네시아가 탈퇴하여 현재는 12개국이다. OPEC의 활동은 원유가 과잉 생산되었던 1960년대에는 보잘 것 없었으나, 1970년대 두 차례의 석유 위기를 통해 막강한 힘을 발휘하였다. 1970년대 석유위기 이후 원유가격에 대한 지배권이 메이저로부터 OPEC로 넘어옴에 따라 OPEC 산유국들은 원유를 직접 판매하는 한편 자체 정유공장을 건설, 석유제품을 생산하여 수출하고 있다.

국제에너지기구(IEA: International Energy Agency)는 1973년 10월 제1차 석유 위기 이후 OPEC의 일방적인 유가 인상 및 금수조치에 공동 대응하기 위한 수단으로 서방의 주요 석유 소비국들이 설립한 석유 안정 보장 기구이다. 파리 OECD 본부에 사무국을 설치하고 있는 IEA는 회원국은 한국, 호주, 오스트리아, 벨기에, 캐나다, 체코, 덴마크, 핀란드, 프랑스, 독일, 그리스, 헝가리, 아일랜드, 이탈리아, 일본, 룩셈부르크, 네덜란드, 뉴질랜드, 노르웨이, 포르투칼, 스페인, 스웨덴, 스위스, 터키, 영국, 미국 등 25개국이 회원국으로 가입하고 있다.

IEA는 협정을 통해 비축 의무(전년도 일평균 석유 순 수입량의 90일분)를 회원국에 부과하고 있다. 비상시에는 석유 소비 억제 및 회원국 간 부족한 석유의 상호 융통을 통해 산유국의 석유 금수 및 감산에 대응하고 있다.

제 2 절 가격통제의 비효율성

미국은 1974년 겨울부터 1975년 봄까지 심각한 천연가스 부족현상이 발생(75년 생산량의 10%부족)하였다. 통상 효율적인 시장에서는 공급부족은 발생하지 않는다. 공급부족의 원인은 정부의 가스가격통제로 볼 수 있다.

1970년대 미국에서는 자동차가 급증하여 석유수요가 급증하였다. 이에 따라 대체 에너지원을 찾게 되었다. 이를 위한 탐사활동으로 석유는 물론 새로운 천연가스를 발견하였다. 천연가스가 발견되자 석탄을 대체하게 되었다. 천연가스에 대한 수요증가로 파이프라인과 같은 장기수송시스템이 건설되었다. 그 결과 2차 대전 이후 천연가스는 미국의 주요 에너지자원이 되었다.

1938년 천연가스법 통과로 천연가스에 대한 가격규제(price ceiling)가 1990년대 초까지 있었다. 가격통제로 가스가격이 정상수준보다 낮았다. 가격이 증가해야 자원을 보존할 유인이 발생하는데 가격이 낮으므로 보존에 대한 유인이 낮아 소비가 초기로 집중된다. 따라서 가격통제가 없는 경우보다도 소비가 증가하여 공급부족을 심화시킨다. 그리고 공급자는 오직 이익이 있는 경우만 자원을 공급하므로 일단 한계비용이 가격에 도달하면 수요가 충분하더라도 더 이상 생산을 하지 않는다.

가격통제가 영구히 계속되는 한 과소 공급이 되고, 이미 생산된 것은 초기 소비로 집중된다. 이와 같이 가격통제에 의한 수요와 공급측면의 왜곡은 자원 배분의 효율성을 깬다.

[그림 14-1]에서 가격통제는 미래 자원가격의 상승을 낮추어 한계사용자비용(희소성지대)[8]을 줄이기 때문에 자원생산을 현재로 집중시켜 공급곡선을 아래로 이동시킨다. 현재 생산은 Q_c로 증가되고 가격은 p_c로 하락하게 된다. 현재 소비자는 소비자 잉여가 A에서 면적 A+B+C로 증가하여 후생이 증가한다. 그 결과 소비자는 면적 B+C의 순익이 증가한다.

그러나 생산자는 D($\nabla p_c hf$)와 B($\nabla p^* ej$)의 크기에 의해 결정된다. 생산자의 경우 D가 B보다 크면 이익일지 모르지만 그렇지 않다. 생산자는 가격통제에 의한 과잉생산으로 가격통제가 없었던 때에는 얻을 수 있었던 희소성 지대(면적 $p^* egf$)를 포기해야 하기 때문이다. 면적 D는 정부의 가격통제가 없어 희소성 지대가 없는 경우의 생산자 잉여이다. 실질적으로 현재 생산자가 얻는 이득은 사다리꼴 면적($p^* egf$)과 면적 D를 비교하여 판단해야 한다. 실질적인 이득은 분명히 감소하였다. 희소성 지대 손실을 고려하면 생산자도 손해가 확실하다.

---

8) 한계사용자 비용이란 오늘 자원 1단위를 사용함으로서 미래사용에서 잃어버린 기회비용을 말한다. 기격제한으로 한계사용자비용(MC)이 줄어들어 생산이 초기로 집중되어 공급곡선이 이동한다.

[그림 14-1] 가격통제의 효과

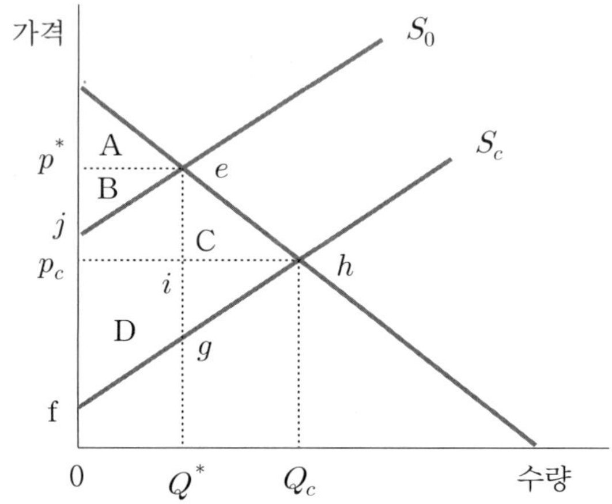

미래 소비자도 손해다. 가격통제에 의해 가스가 빨리 소진되어 결과적으로 가스가격이 규제가 없는 경우보다 가격이 높아질 것이기 때문이다. 보다 비싼 대체에너지로의 전환이 영구적으로 발생하기 때문에 미래 소비자는 높은 에너지 가격을 경험할 것이다. 가격통제를 경험하지 않은 미래세대도 비싼 대체에너지 사용을 강요당하는 것이다.

가격통제하에서는 다른 에너지 자원으로의 대체시기가 빨라진다. 또한 시장가격이 통제가격보다 낮을 경우에도 영향을 준다. 비록 첫해에 가격이 최고가격보다 낮더라도 효율적인 가격은 아니다. 왜냐하면 최고가격제는 미래에서 현재에로의 자원의 재분배를 발생시키기 때문이다.

최고가격제의 실시가 영구적이 아니라 정치에 의해 일시적으로 예상과 다르게 폐지된다면 제도폐지로 인하여 천연가스 가격은 갑자기 상승할 것이다. 생산자가 가까운 장래에 상당한 가격상승을 기대하여 생산을 줄일 것이기 때문이다. 따라서 심각한 공급부족 초래한다. 천연가스에 대한 가격통제는 대체제로의 전환을 서두르게 한다.

그러면 왜 이러한 비효율적인 천연가스 가격통제 정책을 실시했느냐? 희소성 지대를 생산자로부터 소비자에게로 이전이 가능하다고 본 것이다. 그러나 희소성 지대는 미래의 소비자를(미래 소비자를 보호할 목적으로) 대변하는 기회비용이다. 정부가 가격통제로 희소성 지대를 줄이고자 하면 현재 소비자에게 자원이 과도하게 할당되고 미래 소비자에게는 적게 할당된다. 따라서 생산자로부터 소비자로의 희소성 지대의 이전은 미래 소비자로부터 현재 소비자로의 희소성 지대의 이전이다. 장기적으로 가격통제는 소비자를 보호하는 것이 아니라 소비자에게 피해를 주는 것이다.

희소성 지대는 자원분배의 효율성에 중요한 역할을 한다. 희소성 지대를 제거하는 것은 더 많은 문제를 발생시킨다. 결국 미국은 1978년에 가격규제법안을 개정하면서 1993년에는 천연가스 가격규제를 완전히 폐지하였다.

제 3 절 가격선도모형(Price Leadership Model)[9]

과소 생산량, 높은 가격에 의해 자원 독점자는 희소성 지대를 더 많이 획득한다. 그 결과 대체 에너지로의 개발을 촉진시키고 에너지 사용으로부터 사회가 얻는 순이익은 감소된다. 일반적으로 석유는 생산이 일부지역에 집중되어 카르텔 가격(리더쉽모형)으로 설명할 수 있다. 리더쉽 모형이 효과적인가는 수요의 가격탄력성, 대체재의 이용가능성, 수요의 소득 탄력성, 카르텔 비멤버 공급자의 비중, 그리고 회원이익의 비교성[10]에 의하여 결정된다.

독점도 $= \frac{P-MC}{P}$ 이고 이윤극대화원리($MR = P(1-\frac{1}{e_0}) = MC$)에 따라 독점도는 다음 식(14-1)로 나타낼 수 있다.

$$\text{독점도} = (\frac{P-MC}{P}) = \frac{1}{e_0} \qquad (14\text{-}1)$$

여기서 MC는 한계비용을, MR은 한계수입을, 그리고 e_0는 OPEC국 수요의

9) 소수의 공급자가 가격을 주도하고 나머지는 리더가 정한 가격에 따른다.

10) 일반적으로 매장량이 적은 국가는 카르텔 배반으로 얻는 이익이 크기 때문에 카르텔을 위반하는 경향이 높다. 즉, 매장량 많은 국가는 미래 사용에, 적은 국가는 현재에서 희소성 지대(사용자 가치)를 실현하려고 노력할 것이기 때문이다.

가격탄력성을 각각 나타낸다. 그리고 OPEC의 석유수요(Q_o)는 세계석유수요(Q_w)에서 비OPEC국의 공급(Q_n)을 차감한 것이므로 다음과 같이 표현할 수 있다.

$$Q_o = Q_w - Q_n \qquad (14\text{-}2)$$

식(14-2)를 미분한 후 양변을 Q_o로 나누면 다음과 같이 표현할 수 있다.

$$\frac{dQ_o}{Q_o} = \frac{dQ_w}{Q_w - Q_n} - \frac{dQ_n}{Q_w - Q_n} = \frac{Q_w}{Q_w - Q_n}\left(\frac{dQ_w}{Q_w}\right) - \frac{Q_n}{Q_w - Q_n}\left(\frac{dQ_n}{Q_n}\right) \qquad (14\text{-}3)$$

식(14-3)을 $\frac{dp}{p}$로 나누면 다음과 같은 탄력성 개념으로 정리할 수 있다.

$$e_o = \frac{\beta}{s} + \frac{(1-s)\sigma}{s} \qquad (14\text{-}4)$$

여기서 e_o: OPEC국의 석유수요의 가격탄력성, β: 세계석유수요의 가격탄력성, σ: Non-OPEC 국가의 공급탄력성, s는 OPEC의 시장점유율($\frac{Q_o}{Q_w}$)을 나타낸다.

첫째항, $\frac{\beta}{s}$는 비록 세계석유수요가 비탄력적이라도 OPEC의 석유수요는 탄력적이라는 것을 보여주고 있다. 예를 들어 OPEC의 시장점유율이 25%라면 OPEC의 수요의 가격탄력성은 세계석유수요의 가격탄력성의 4배가 될 것이다. OPEC이 석유가격을 올리고자 원한다면 공급을 줄이어 가격을 높일 수 있다. 시장지배력이 높다면 더욱 쉽게 할 수 있다.

둘째항, $\frac{(1-s)\sigma}{s}$는 첫째항을 더욱 강화시킨다. OPEC의 시장 점유율이 낮고, 비OPEC국의 공급탄력성이 크다면 OPEC은 석유가격을 유지하려면 상당한 양의 생산을 줄여야 할 것이다.

석유가격을 높게 유지하려면 OPEC는 시장지배력을 높여야 하고 비OPEC국가의 공급탄력성은 상당히 낮게 유지하여야 한다.

식(14-4)에서 OPEC의 수요탄력성, $e_o = \frac{\beta}{s} + \frac{(1-s)\sigma}{s}$ 이고, 독점도는 $t^* = \frac{1}{e_o}$ 이므로 OPEC의 시장지배력(t^*)은 다음과 같이 표현할 수 있다.

$$t^* = \frac{s}{\beta + \sigma(1-s)} \text{ 이다.} \qquad (14\text{-}5)$$

여기서 s는 석유시장에서 OPEC의 지배력($s = Q_o / Q_w$)을 나타낸다. β는 항상 (-)의 값을 가지므로 절대값을 사용한다. OPEC의 독점력은 아래와 같은 원인에 의해 줄어든다는 것을 예상할 수 있다.

㉠ 세계석유수요의 가격탄력성(β)은 시간이 감에 따라 증가한다.

㉡ 비OPEC 국가의 원유생산 증가로 공급탄력성이 (σ)이 커진다.

㉢ OPEC 멤버의 시장 지배력(s) 감소되고 있다.

따라서 최근 비OPEC국의 원유 생산비중이 높아지면서 OPEC의 시장지배력이 과거 1970, 80년대에 비하여 많이 하락하였기 때문에 OPEC의 시장지배력은 상당히 약화되었다고 평가할 수 있다.

제 4 절 에너지 안보

경제적 관점에서 국가 안보 전략상 중요한 물자의 수입(import)은 시장에서는 반영되지 않는 추가비용을 발생시킨다. 즉, 에너지 안보 비용이다. 국가안보는 공공재이기 때문에 개별 무역회사는 수입을 결정할 때 국가적 안전이익을 반영하지 않는다. 그 결과 적정 이상 해외수입에 과도하게 의존하게 된다.

[그림 14-2] 국가안보 프리미엄

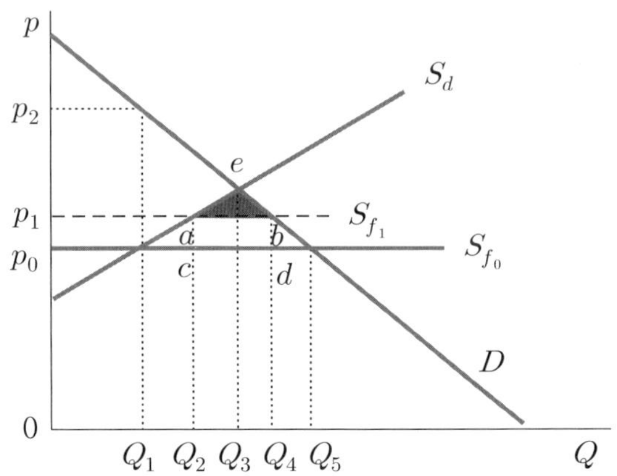

여기서는 이러한 에너지 안보개념을 반영하여 자급자족이 외국으로부터의 수입보다 나쁜 이유, 수출금지(embargo)의 경우 적정한 국내석유가격, 그리고 국가안보를 감안한 적정 석유가격 및 수입량에 대하여 설명하고자 한다.

[그림 14-2]를 면 세 개의 공급곡선이 있다. S_d는 국내공급곡선이다. 우상향의 공급곡선은 가격이 상승함에 따라 석유의 공급이 증가함을 나타낸다. 외국의 석유공급에 대해서는 두 개의 공급곡선이 있다. S_{f_0}는 국제가격을 반영한 것이고, S_{f_1}은 국제가격에 에너지 안보 프리미엄을 추가한 것이다. 이러한 에너지 안보 프리미엄은 원유수입에 의해 발생된 추가적인 에너지 안보 비용을 반영한다. 두 개의 곡선은 한국의 수입이 석유의 국제가격에 영향을 주지 않을 것이라는 가정(소규모 국가 가정)을 반영하여 수평으로 그려져 있다.

[그림 14-2]에서 시장은 일반적으로 석유 Q_5단위를 필요로 한다. 이 총수량 중에서 Q_1은 국내생산으로 충당되고, $Q_5 - Q_1$은 수입으로 충당된다. 그러나 에너지 안보 비용을 포함한 효율적인 배분에서는 Q_4단위가 소비된다. 따라서 Q_2는 국내에서 생산되고, ($Q_4 - Q_2$)가 수입된다.

에너지 안보가 이슈가 될 때, 일반적으로 시장은 더 많은 석유를 수요하려는 경향이 있고 국내생산은 너무 적다. 이러한 두 요인들은 효율적인 수준

$(Q_4 - Q_2)$ 이상의 석유를 수입하게 한다.

석유수출국의 수출금지(embargo)는 경제에 어떤 영향을 미치는가? 우선 우리가 국내생산에 전적으로 의존하는 Q_3를 소비한다고 생각할지 모른다. 그러나 단기에 국내생산이 수요에 즉각적으로 적응하지 못하므로[11] 공급곡선은 단기에는 Q_1에서 수직선이 된다. 따라서 소비량은 Q_1이고 가격은 p_2가 된다. 그 결과, 소비자 잉여 손실은 매우 크다.

만약 수입(import)이 전혀 없다면 에너지 안보상 취약성 문제는 해소될 것이다. 그렇다고 자급자족이 해결책은 아니다. 자급자족(소비가 Q_3, 수입이 0)으로부터 얻는 순이익은 에너지 안보를 감안한 효율적인 배분(Q_4)으로부터의 순이익보다 명백히 더 작다. 효율성 손실의 크기는 [그림 14-2]에서 어두운 부분($\triangle eab$)으로 나타낼 수 있다.

자급자족은 에너지 안보를 감안한 효율적 분배의 경우 보다 더 비효율적이다. 그 이유는 자급자족의 비효율성 비용이 더 크기 때문이다. 다음과 같은 세 가지의 이유로 설명가능하다.

① 수출국의 수출금지(embargo)는 확실한 사건이 아니다. 즉, 수출금지는 발생하지 않을 수 있다.[12] ② 석유수입(import)이 에너지 안보에 미치는 취약성을 줄이기 위한 석유비축제도와 같은 조치를 취할 수 있다.[13] ③ 그리고 국내생산의 증가는 미래 사용자에게 이용 가능한 석유량을 줄여 사용자 비용을 초래한다.[14]

---

11) 적어도 6년의 시간이 소요된다.

12) 수출금지로 인한 손실의 기대값은 수출금지의 가능성, 강도, 그리고 지속성에 의해 결정된다. 수출금지의 가능성이 낮고 우호 국가에서 수입을 할 수 있다면 안보 취약성 프리미엄은 더 낮아질 것이다.

13) 수출금지가 발생시킬 손해를 줄이기 위하여 각국은 석유 비축제도를 도입하였다. 국제에너지기구(IEA)는 전년도 소비량의 90일분을 비축하도록 권고하고 있다. 2003년 7월 현재 미국은 128일, 일본은 125일, 프랑스는 95일, 독일은 112일, 호주는 470일을 비축하고 있다. 2010년 한국은 158일의 비축시설을 가지고 있다.

14) 에너지안보 프리미엄을 지불하는 것이 자급자족보다 유리하다는 것을 이해하기 위해서 우리는 정태적인 구조보다는 동태인 구조에서 취약성을 고려하여야 한다. 석유는 고갈자원이기 때문에 효율적 사용에 사용자 비용이 고려된다. 자급자족 전략처럼, 현재를 위해 자원의 생산을 재조정하는 것은 미래의 순이익을 감소시킨다. 그러므로 자급자족 전략은 미래에 더 심각한 문제를 야기시켜 근시안적 정책이 된다. 에너지 안보 프리미엄을 지불하는 것이 현재의 해외수입과 국내생산 사이에서 뿐만 아니라 현재와 미래간 효율적인 균형을 달성한다.

우리는 에너지 수입(import)을 제한함으로써 에너지 안보 취약성을 낮출 수 있다. 그리고 시장은 가능한 한 에너지안보 프리미엄을 낮게 유지하려는 경향이 있다. 심지어 비축이 이루어진 이후에도 에너지 안보 프리미엄은 0이 아니다(S_{f_0}와 S_{f_1}은 일치되지 않을 것이다). 그러므로 정부는 효율적인 소비수준과 해외수입 비중을 효율적으로 달성하고 있는지에 관심을 가져야 한다.

에너지 안보의 취약성을 줄이기 위한 정책들을 열거하면 다음과 같다.

㉠ 에너지 절약을 위해 유류세와 같은 에너지 소비에 대한 조세를 부과하는 방법이다. [그림 14-2]를 보면, 조세부과 후에 수요곡선이 왼쪽 이동으로 표현된다. 이러한 세금은 소비를 감소시킨다. 그러나 국내생산량과 수입량의 효율적인 분배를 달성할 수 없다. 에너지 조세는 모든 에너지 소비에 동일하게 적용되기 때문이다.

㉡ 국내생산에 보조금을 지급하는 것이다. 이것은 국내공급곡선을 오른쪽으로 이동시킨다. 보조금 지급으로 전체 소비에서 차지하는 수입원유의 비중이 감소하지만 소비는 감소하지 않는다.

㉢ 마지막 방법은 S_{f_0}와 S_{f_1}사이의 수직적 거리와 동등하게 관세를 부과하거나 $(Q_4 - Q_1)$과 동등한 수입쿼타를 부여하는 것이다. 이러한 경우 소비자 가격을 p_1으로 올리고 전체소비는 Q_4로 줄어든다. 그리고 석유수입(import)은 $(Q_4 - Q_2)$가 된다. 즉, 관세 또는 수입쿼타가 에너지 안보 프리미엄을 내부화시킬 만큼 정확히 부과되면 석유의 효율적인 분배가 달성될 수 있다.

그러나 관세 또는 쿼타의 사용은 소득재분배의 결과를 가져온다. $(p_1 - p_0)$에 동등하게 수입에 관세가 부과된다고 가정하자. 면적 abcd는 정부에 의해 징수된 관세수입을 나타낸다. 만약 관세 대신에 쿼타제도가 사용되어 쿼타가 수입자에게 주어진다면, [그림 14-2]에서 면적 *abcd*는 수입업자가 얻는 쿼터의 가치를 나타낸다. 이것은 왜 수입자들이 관세보다 수입할당을 선호하는지를 설명하고 있다. 국내 석유생산자에게는 수입석유에 관세 또는 쿼타가 부과되는 것이 유리하다. 그리고 관세 및 쿼타는 국내생산을 더 많이 하도록 유도한다.

제 15 장
재활용 가능 자원

한번 사용된 에너지 자원은 열에너지로 소멸된다. 그러므로 이들은 재활용될 수 없다. 그러나 다른 자원은 사용 중 적정한 조건하에서 물리적 및 화학적 특성을 유지하기 때문에 재활용될 수 있다. 그러면 효율적인 재활용 수준은 얼마인가? 시장제도(market system)가 자동적으로 재활용의 최적수준을 달성하게 하는가? 재활용 가능 자원과 재활용 불가능 자원의 효율적인 분배는 어떻게 다른가? 의도적으로 기업들이 제품의 수명을 단축시키는 유인이 있는가? 시장에서 제품 내구성이 효율적인 수준을 달성하고 있는가? 본 장에서는 이러한 질문들을 검토하고 분석할 것이다.

제 1 절 재활용 가능 자원

1. 생산 및 폐기비용

생산초기에는 원료가격이 저렴하므로 신규원료인 고품위 광석이 채취된다. 생산이 증가하면서 낮은 품위의 광석과 고품위 수입(imported) 광석으로 대체된다. 기술진보가 있는 경우 품위가 낮은 광석의 비중이 높아져도 생산비용은 증가하지 않는다.

폐기비용은 인구가 증가함에 따라 상승하게 된다. 또한 소득의 증가는 폐기물량을 증가시킨다. 역사적으로 토지가 풍부하면 폐기물은 덜 위험하고 폐기물을 자연에 매장할 수 있었다. 그러나 토지가 희소해지면서 매립비용이 높아지고 더욱이 수질환경 및 토지가격에 대한 영향으로 폐기물 매립이 어렵게 되었다.

신규원료의 가격상승과 폐기비용의 증가로 재활용을 하게 된다. 자원을 회수하여 사용함으로서 폐기물 부담을 줄일 수 있다. 소비자는 재활용 제품이 저렴하다는 것을 인식하고 재활용 제품을 사용한다. 소비자에게 폐기물 처리비용을 부담시키면 소비자가 수집센타로 폐품을 가져갈 유인이 된다. 그러나 강제수거원칙에 의하여 재활용품의 수거가 너무 많아서 버리게 된다면 오히려 문제가 된다.

그리고 재활용품의 순도가 재활용에 중요한 영향을 미친다. 알루미늄이 수거율이 높고 플라스틱이 수거율이 낮은 이유다. 알루미늄캔은 동질적이다. 그러나 플라스틱은 비플라시틱 물질에 의해 많이 오염되어 있다. 또한 플라스틱은 제조가 쉽다. 금속의 오염물질은 고온에서 연소가 가능하나 플라스틱은 전부 파괴된다. 또한 소비자가 분리하고 회수하는 것이 더 비싼 경우 시의 대리기관(자원회수시설)이 재활용하는 것이 더 효율적이다.

2. 재 활 용

신규 원료의 가격과 폐기비용의 상승으로 재활용은 증가한다. 예를 들면, 1910년 구리의 재활용수준이 미국 구리 생산의 18%를 차지하였으나 1991년에는 45%에 이르고 있다. 아연, 강철, 구리, 알루미늄, 납, 주석 등과 같은 금속의 재활용률은 전세계적으로 25~70퍼센트이다. 영국의 경우 알루미늄의 재활용률이 52%에 이르고 있고, 우리나라의 경우 2002년 알루미늄캔의 재활용률은 70.6%에 이르고 있다.

특히 개발도상국가에서는 수거 시스템과 재활용 기반시설을 개선시켜 금속의 재활용률을 높이면 수백 혹은 수십억 톤의 온실가스 배출을 감축시킬 수 있으며 동시에 많은 친환경 일자리(green jobs)도 창출할 수 있다. 이는 재활용된 금속이 천연광석에서 얻은 제련된 금속보다 2~10배 에너지 효율적이기 때문이다.

대부분의 경우 운송 및 가공비용 때문에 재활용 비용이 매우 비싸다. 그 이유는 인구의 도시 집중으로 폐기물은 도시에 집중되는 반면 제조시설은 원료

가까이 있기 때문이다. 그러므로 재활용품은 희소성이 높더라도 100% 재활용되지 않는다.

재활용이 운송과 재가공비용과 밀접한 관계가 있기 때문에 제조과정에서의 여러 가지 변화가 일어난다. 기업이 재활용 원료를 많이 사용할 뿐만 아니라 재활용을 쉽게 하도록 제품을 디자인하고 있다. 항공기 및 스키 제조업자는 부품에 합금비율을 표시하고 있는 것이 좋은 예이다.

3. 재활용과 기초원료(virgin ore)

재활용 자원과 재활용 불가능 자원의 효율적인 분배의 차이는 대체 자원으로의 전환점(switching point)이 다르다는 점이다. 즉, 재활용 자원이 재활용 불가능 자원보다 다른 자원으로 대체되는 시점이 늦다. 기존자원이 새로운 대체자원보다 낮은 비용으로 재활용될 수 있는 한 시장은 재활용 원료에 더 의존한다.

$$\text{자원총량} = A + Aa + Aa^2 + Aa^3 + \cdots = \frac{A}{1-a}$$

여기서 A는 매장량(original stock)을, a는 회수율(recovery rate)을 각각 나타낸다. 위의 식에서 만약 재활용률이 100%($a=1$)이라면, 자원 총량은 무한대가 되어 자원고갈을 걱정하지 않고 영원히 공급할 수 있다.

효율적인 경제시스템은 폐기수준과 재활용수준, 해외수입과 국내생산을 균형있게 조절한다. 그러나 그렇지 않은 경우가 있다. 전략물자 등이 여기에 해당된다.

제 2 절 전략물자

전략물자라고 함은 일반적으로 "무기 또는 무기 제조·개발에 이용 가능한 민수용 물품으로서 위험한 국가 또는 단체에게 이전될 경우 국제평화와 안전에 위해를 가할 수 있어 자유로운 무역거래가 제한되는 물품"을 지칭한다. 전쟁수행에 필요한 중요 물자는 나라에 따라 다르나, 일반적으로 석유 · 식량 · 희소금속 등이다.

우리나라는 대외무역법이 전략물자 수출입통제의 준거법이 되고 있다. 대외무역법에서는 전략물자의 개념을 "다자간 전략물자수출통제체제에서 국제평화 및 안전유지를 위하여 '대외무역법' 제21조 및 '동법시행령' 제41조에 근거하여 수출통제가 필요하다고 인정되는 것을 고시한 물질, 시설과 장비(부품 포함) 및 기술"로 정의하고 있다. 현재 전략물자 수출입통제제도 운영의 주무부처는 지식경제부로서 국방부, 교육과학부 등 관련 부처와 협업체제를 갖추고 있다. 전략물자의 구체적 정의 및 열거 등은 통합고시의 형태로 공표되고 있다.

따라서 이들 전략물자를 확보하기 위해 국내 자원을 개발하고 해외 물자의 수입 및 비축, 대체자원 연구에 힘을 쏟는 한편, 적성(敵性)국가에 대한 수출제한 등도 이루어지고 있다.

최근에 특히 중요시되고 있는 것은 희소금속이다. 크롬·망간·티타늄 등은 항공기와 미사일의 합금 원료로, 코발트는 제트엔진 제조에 필요하다. 우리나라도 이러한 물자의 대부분을 해외에 의존하고 있으며 전략금속으로 비축하고 있다. 항공·우주·원자력·전자 등 첨단기술 산업에 필요한 희소금속자원은 가장 중요한 전략물자이다. 미국의 경우 전략물자비축법(1980)을 통하여 전략물자 42개를 규정하고 있다(<표 15-1> 참조).

전략물자는 공공재와 같다. 그러므로 사회적 비용(social cost)이 사적인 시장가격(private cost)보다 높다. 공공재의 비효율성을 시정하기 위하여 전략물자 수입에 관세를 부과한다. 관세수입으로 마련된 이 자금을 자원비축자금의 재원으로 사용하고 있다.

외국의존의 전략물자에 대한 위험성(vulnerability)은 전략물자 부족의 심각성과 이에 대처할 수 있는 능력(다른 자원으로 대체할 수 있는 능력, 생산 감축에 대한 대처능력 등)에 달려 있다.

〈표 15-1〉 미국, 프랑스의 광물자원 비축제도

구 분	미 국	프랑스
비축목적	전략비축, 국가비상사태에 대비	경제안전보장 비축, 특정지역으로부터의 공급두절에 대비
제도창설	1930년(1946년 전략물자비축법)	1975년
비축대상 품 목	니켈, 크롬, 중석, 코발트, 망간, 바나듐 등 87품목	동, 연, 아연, 코발트, 크롬, 몰리브덴 등 약 30광종
비축목표	대규모의 통상전쟁이 발생할 경우 최초 3년간 필요 물자를 공급 가능분	국내소비의 평균 2개월분
비축실적	1998년 9월 현재 약 41억 달러의 비축을 실시	1975년에 2.5억프랑을 구입 1981,1982년 20억프랑을 구입
비축실시 기 관	국가 국방조달본부(DLA)	국가 광산물 국가비축관리위원회 (재무부, 과학기술산업부 6명)
운영방법	비축정책의 기획·입안, 구입, 보관, 방출(잉여재고분)을 DLA가 실시(단, 방출, 특정국에서의 수입은 대통령 권한)	-자금의 1차 자원은 프랑스금 고(CFMP) -구입, 보관, 방출은 비철금속 수입조합(GIRM)이 실시 -정부는 CFMP에 이자부담
비 고	-1990년 10월에 연차계획(AMP)을 발표 -1992년 10월에 44품목 방출결정 근거법: 전략물자비축법	-1983년에 목표달성, 1985년 일부 방출 -비축정책은 국가기밀에 속하여 내용은 공표되지 않음

자료: 세계 각국의 비축제도(2000, 도서출판 청구)

제 3 절 폐기물 처리 및 오염손해

앞에서 본 바와 같이 전략물자시장의 불완전은 수입량과 국내생산량 등의 효율적인 배분에 나쁜 영향을 준다. 또한 시장은 전략물자수입으로 인한 사회적 비용을 고려하지 않기 때문에 비효율적이다. 그리고 폐기물 처리비용을 소비자 및 생산자에게로 완전히 전가시키지 못하기 때문에 재활용이 적정수준에 이르지 못하게 한다.

1. 폐기물 처리 비용과 효율성

예를 들어, 철강이 톤당 20만원의 재활용 비용이 소요되고 재활용품의 판매로 톤당 10만원의 수입이 있다고 보자. 이 경우 사업으로서는 적자지만 사회적으로는 이익이다. 왜냐하면 재활용으로 폐기물처리비용을 줄일 수 있기 때문이다. 이 회피된 폐기물 처리의 한계비용이 재활용으로부터의 한계이익(marginal benefits)과 같다. 만약 폐기물 처리비용이 톤당 30만원이라면 재활용으로부터 사회의 이익은 40만원이다(회피된 폐기물처리비용 30만원+재판매가격 10만원). 그러므로 재활용사업은 효율적인 사업이 된다. 이와 같이 폐기물 처리비용과 재활용품의 가격이 재활용수준에 영향을 미친다.

2. 폐기 결정

재활용 가능한 폐기물은 낡은 부산물(old scrap)와 신규 부산물(new srcap)으로 구분할 수 있다. 신규 부산물은 철강빔 제조과정에서 남은 부분과 같이 생산과정에서 남은 부산물을 말하고 낡은 부산물은 재활용물품으로부터 얻은 물품을 말한다. 일반적으로 new scrap은 old scrap보다 재활용하는데 어려움이 적다. 왜냐하면 생산과정에서 발생하는 쓰레기는 운송하지 않고 새로운 원료 제조과정에 다시 쓸 수 있기 때문이다.

재활용 제품 사용자는 폐기물 처리의 사회적 비용을 부담하지 않기 때문에 제품이 재활용될 유인이 적다. 그러나 새로운 부산물은 공장안에서 제조업자의 완전한 통제안에 있기 때문에 제품을 만들고 부산물을 처리하는 책임을 갖고 있는 제조업자는 부산물을 사용하기 위한 방법을 제조과정에 디자인할 유인이 있다.

예를 들어, 알루미늄 제품은 더 이상 필요가 없다고 하자. 이 경우 재활용센타로 운반하여 재활용하거나 쓰레기통에 넣을 것이다. 따라서 재활용을 위한 운송비용과 쓰레기 처리비용이 발생한다. 개별 소비자는 이들 비용을 비교하기가 어렵다. 왜냐하면 쓰레기 처리비용은 시정부에 의하여 보조를 받기 때문이다. 쓰레기를 투기하는 것이 대표적인 예이다. 쓰레기 투기의 사회적 비용은 미적손실, 타이어 손상비, 보행자에 대한 피해 등으로 구성된다. 그러나 캔을 버린 사람의 입장에서는 비용은 거의 없다. 그러므로 쓰레기 투기가 흔히 발생한다.

3. 폐기물 처리비용과 재활용시장

소비자가 폐기물 처리비용을 피할 수 없거나 처리비용을 부담할 경우에는 폐기물을 재활용센터로 운반하게 될 것이다. 이 결과, 자원의 공급증가로 인한 규모의 경제효과로 재활용물품 뿐만 아니라 기존공정에서도 평균비용의 감소를 가져올 것이다. 이것은 old scrap시장에 영향을 미치고 제품가격을 감소시켜 재활용원료의 소비가 늘어나고 신규원료의 사용은 감소된다.

[그림 15-1] 재활용 및 폐기비율

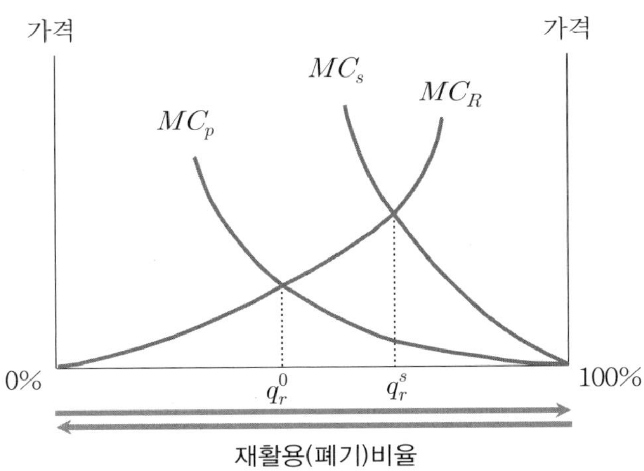

[그림 15-1]에서 왼쪽에서 오른쪽방향은 재활용비율을 나타내고 그 반대의 방향은 폐기비율을 나타낸다. 폐기물처리의 사적 한계비용(MC_p)가 사회적 비용(MC_s)보다 낮을 때 시장에서의 재활용수준은 q_r^0로 비효율적인 수준에 머무

르게 된다. 여기서 재활용의 한계비용(MC_R)은 폐기물 처리의 사적 한계비용(MC_p)과 같다. 모든 폐기물처리비용이 포함된다면 재활용수준은 효율적인 수준(q_r^s)에 이를 것이다.

4. 재활용 정책

현재 일반적으로 재활용이 낮은 이유는 부적절한 가격에 의한 부적절한 유인 때문이다. 이를 시정하기 위한 정책은 다음과 같다.

(1) 종량제(volume pricing)

진정한 폐기물 처리의 사회비용을 모두 부과하는 것이다. 종량제 실시로 가난한 사람은 전보다 적게 낸다. 추가적인 쓰레기 봉투를 살 필요가 없기 때문이다.

(2) 반환보증금제도(refundable deposit)

이 제도는 두 가지 목적이 있다. 첫째 폐기물 처리비용을 부과하고 바람직한 수요구성에 영향을 주는 것이다. 둘째는 원료를 절약하는 데 도움을 주기 위한 것이다. 알루미늄캔의 경우가 여기에 해당된다. 알루미늄은 생산과정에서 많은 에너지를 사용하는데 재활용하면 제조과정에서 사용되는 에너지 소비를 줄여 95%의 에너지를 절감할 수 있다. 알루미늄캔의 재활용으로 미국에서는 뉴욕시민의 6개월 전기량인 100억 KW의 전기를 절약(1987년)한다고 한다. 그리고 집없는 사람들의 재활용 캔 수집으로 길가의 쓰레기가 줄었다. 캐나다 학자의 연구에 의하면 재활용이 매립장 처리보다 6배의 일자리를 창출한 것으로 나타났다.[15)]

또한 보증금제도는 타이어나 배터리의 수거에 도움이 된다. 농약병에 대한 예치금제도는 수질오염방지 및 재활용에도 이익이 된다.

---

15) Tom Tietenberg, *Environmental and Natural Resource Economics*, 6th ed., Addison Wesley, New York, 2003, p.197.

(3) 조세제도

신규원료에 대해 세금을 부과하고 이들 조세수입(revenue)으로 재활용 산업에 보조금을 지급하는 것이다. 재활용 제품에 대한 보조금 지급방법으로 공기업이나 민간기업의 재활용 장비구입에 대한 보조금 지급(판매세 면세, 투자세금공제, 융자 등), 신문용지 재활용을 위한 투자에 세금혜택, take-back principle(생산자가 자기제품의 요람에서 무덤까지 책임을 짐. 그 결과 생산자 제품디자인 달리함) 등이 있다.

제 4 절 제품 내구성

1960년대의 미국의 작가 패커드(Vance Packard)는 1960년 “The Waste Makers”에서 기업의 고의적인 마케팅 전략으로 제품수명이 단축된다고 하였다. 그 이유는 제품의 수명을 단축시키면 많이 팔수 있어 이익을 증가시킬 수 있기 때문이라고 하여 세 가지 종류의 내구성(product durability) 단축의 예를 들었다.

1. 기능적인 단축(functional obsolescence)

새로운 기술개발에 의하여 기존제품의 기능이 떨어지는 경우이다. 예를 들면 진공관이 트랜지스터에 의하여 대체된 경우, 기능이 좋은 개인용 컴퓨터 개발, 복사기 기술의 개발 등이 여기 해당되는데 경제학적으로 문제가 되지 않는다.

2. 패션기능 단축(fashion obsolescence)

패션이 소비자에게 가치를 준다면 이것은 기능적인 단축의 특수한 예에 해당한다. 그러나 문제는 생산자에 의하여 패션이 창출되어 소비자에게로 강요된 경우이다. 그러나 전적으로 생산자가 패션을 창출하여 구패션을 가진 제품을 진부화시키는 것은 아니다.

3. 내구성 단축(durability obsolescence)

어느 수준이 효율적인 내구성 수준인가? 시장이 효율적인 내구성 수준을 달성할 수 있는가?

오랜 동안 쓸 수 있는 제품은 사회에 좀 더 많은 이익을 주는 동시에 비용도 든다. 그러므로 수명이 길다고 효율적인 것은 아니다. 그러면 효율적인 수명에 대해 시장기능을 믿을 수 있는가? 이 문제를 답하기 위해 수요와 공급 양측면에서 설명이 필요하다.

수요측면을 보면, 소비자는 상품으로부터 오는 편익과 비용을 비교하여 선택을 한다. 내구 소비재의 구입비용인 자본비용(capital cost)은 즉시 지불되는 반면, 내구 소비재의 서비스의 흐름으로부터 오는 편익 및 유지관리비용은 제품수명 기간에 걸쳐 발생된다. 따라서 소비자는 순이익이 최대가 되는 내구연한을 가진 상품을 구입할 것이다. 그러나 소비자는 제품에 관한 정보의 부족 및 불완전에 의해 내구연한이 과소평가되거나 과대평가된다.

소비자가 내구 소비재를 구입한 경우 내포된 할인율과 시장할인율을 비교할 수 있다. 만약 개인 소비자의 할인율이 시장 할인율보다 높다면 소비자는 내구연한이 짧은 소비재를 구입한 것이다. Hausman(1979)는 룸에어콘에 관한 연구에서 평균 구매자의 암묵 할인율을 구하였다.[16]

그의 연구에 의하면 소비자의 할인율이 시장할인율보다 높았다. 여기서 높은 할인율은 최초구입 비용에 대한 높은 민감도를 의미한다. 특히 저소득층이 고소득층보다 할인율이 더 높았다. 즉, 저소득층은 내구성이 덜하고 에너지 효율

---

16) 비용편익분석, ($\sum_{t=0}^{n} \frac{B_t - C_t}{(1+r)^t} = 0$)에서 내부수익률($r$)을 구하였음. 여기서 편익(Benefits)은 에어컨의 수명연장과 에너지 절약(고효율의 에너지 효율)의 혜택이고, 비용(Costs)은 구입가격과 유지관리 비용이 된다.
Jerry Hausman, "Individual Discount Rates and the Purchase and Utilization of Energy Using Durables", *Bell Joarnal of Economics*, vol.10(1), 33-54, Spring 1979.

성이 낮은 제품을 구입하였다.

그 이유가 소비자 정보의 불완전이라면 상품검사, 상표부착 의무화 등의 정책이 채택되어야 한다. 저소득층이 부실채권의 확률이 높아서 할인율이 높다면 저소득층에 대한 이자율 보조와 같은 자본시장에 대한 저소득층의 접근을 쉽게 하면 된다. 기타의 경우에는 세금보조, 에너지 효율성 기준 등 강제기준을 설정하면 된다.

공급측면을 보면, 가능하다면 생산자들은 내구성을 짧게 할 것이다. 왜냐하면 대량생산으로 단위비용절감과 판매를 늘릴 수 있어 이익을 증가시킬 수 있기 때문이다. 예를 들어 내구성을 10년으로 하면 1단위를 판매할 수 있으나 5년으로 하면 2단위를 팔아 2단위를 판매하는 것이 이익이 많다면 의도적으로 내구성을 단축시킬 것이다. 그러나 시장에서 기업이 내구성 단축을 할 수 있느냐는 것이다. 일반적으로 경쟁자 또는 잠재적인 경쟁자가 많아지면 기업으로 하여금 내구성을 단축시키는 것을 못하게 한다.

그러나 이러한 경쟁체제가 잘 작동이 안 될 수 있다. 그 이유는 다음과 같다. 첫째, 소비자가 제품의 내구성 및 품질에 대하여 정보가 없는 경우 올바른 의사결정을 못한다. 둘째, 기업이 초기 시장진입을 위하여 짧은 내구성을 가진 제품(낮은 가격)으로 진입하여 시장을 확보하는 경우이다. 셋째, 경쟁이 없어 기업이 내구성을 의도적으로 단축시켜 이익을 내는 경우이다. 이와 같이 경쟁체제가 작동이 어려운 경우는 소비자 보고서(consumer report) 발표, 경쟁도입, 그리고 외국인에게 개방하여 경쟁체제를 작동시킬 수 있다.

예를 들면, 미국 자동차의 내구성은 일본자동차와 경쟁으로 크게 증가하였다. 미국자동차의 내구성은 1976년 6.2년에서 1988년에는 7.6년으로 증가하였다.

제 16 장 수자원

물의 가치를 논하는 것은 새삼스러울 수 있다. 물은 말할 필요도 없이 인간을 포함한 모든 생명의 유지에 필수불가결한 요소이기 때문이다. 물은 생명유지 외에도 산업에 매우 폭넓게 사용된다. 물은 여가나 경제활동의 중요한 요소이다. 또한 에너지를 생산하기 위해 직접적으로 간접적으로 사용된다. 운송수단 및 폐기물의 정화처로도 사용된다. 문화나 경관을 제공한다. 농업용수의 경우 물은 중요한 생산요소가 된다.

이와 같이 물은 다양한 서비스를 제공해주는 복합자산(composite asset)이다. 특히 물은 인간에게 생명유지시스템을 제공해주는 특수자산이다. 그럼에도 물은 자산이다. 다른 자산과 마찬가지로 수자원의 과도한 가치 감소를 막거나 극대화시켜 계속적인 생명유지시스템을 제공 받도록 하는 것이 우리의 목표이다.

본 장에서는 수자원의 특징과 현황을 설명하고 수자원의 효율적 분배제도를 다루고 있다. 또한 지하수와 지표수의 효율적인 배분, 수자원이용의 갈등원인, 그리고 바람직한 제도개혁을 설명하였다.

제 1 절 수자원의 특징

경제성장과 인구증가에 의해 물수요가 증가하고 이는 물의 희소성을 증가시킨다. 수요와 공급조건이 변화함에 따라 효율적 자원분배도 변화한다. 수요와 공급의 변화를 반영하는 시장제도가 없기 때문에 수자원이 비효율적으로 사용되는 것이다. 따라서 물은 낭비되고 오염되어 그 가치가 감소되는 경향이 있다.

이러한 수자원의 가치감소를 막고 희소한 수자원의 효율적 분배를 위해서는 물의 한계가치(marginal value)를 아는 것이 중요하다. 효율적인 배분을 위해서는 물 사용의 한계가치가 동등하여야 하기 때문이다. 수자원의 특징을 열거하면 다음과 같다.

① 물은 수량(quantity), 수질(quality), 시간(timing), 위치(location) 등에 의해 물의 가치가 결정되는 특징을 가지고 있다.

수량(quantity)은 물의 가치추정에 고려되는 요소이다. 일정 시점에서 이용할 수 있는 수량이 많을수록 물의 한계가치는 작아진다. 수질(quality)은 대부분의 물 사용에 있어서 중요하다. 생활용수, 공업용수, 그리고 레크레이션 용수에 있어서 수질은 중요하다. 농업용수의 경우는 염도가 중요하다.

시간(timing)은 물의 가치에 중요한 영향을 미친다. 물이 피크타임 발전에 사용되면 그 가치가 크다. 관개용수도 작물성장기나 가뭄 때 그 가치가 크다. 물의 위치(location)에 따라 가치도 변화한다. 물의 가치를 비교할 때 유역으로부터 물 사용 지역까지의 운반비용을 고려하여 물의 가치가 결정된다.

물의 가치를 평가하기 위해 다양한 방법이 사용된다. 물의 한계가치가 효율적인 사용기준에 적합하지만 자료의 부족 때문에 농업용수나 레크레이션 용수의 경우 평균개념이 사용된다. 농업용수의 가치는 생산함수와 선형계획모형연구(crop-budget studies)에 의해 추정된다. 낚시나 래프팅과 같은 시장이 없는(nonmarket) 수자원의 가치는 가상적 가치평가법(CVM)에 의해 추정되어 평균가치로 볼 수 있다.

② 물의 공급과 수요는 시간에 따라 변화한다. 기후에 따라 수요와 공급이 변화한다. 따라서 물의 가치는 기후조건에 따라 평상시보다는 가뭄기에 더욱 높다. 그리고 수요는 공급보다 더 빨리 증가하기 때문에 물의 가치는 시간에 따라 증가하는 경향이 있다.

③ 물은 완전히 소비되는 것은 아니다(fully consumptive). 물의 어떤 목적으로부터의 사용은 다른 목적으로의 사용을 완전히 배제하는 것은 아니다. 그러나 한 용도의 사용은 다른 용도의 사용에서 수량, 수질, 시간, 위치에 나쁜 영향을 준다.

제 2 절 수자원 부존량

지구(Blue Planet)는 지표면의 70.9%가 물로 채워져 있지만 인간이 손쉽게 이용할 수 있는 물은 전체의 0.01%에 불과하다. 지구에 있는 물의 양은 13억 8천5백만㎦ 정도로 추정되고 있으며, 이 중 바닷물이 97%인 13억 5천만㎦이고 나머지 3%인 3천5백만㎦가 담수(freshwater)로 존재한다. 담수 중 69% 정도인 2천4백만㎦는 빙산, 빙하 형태이고 지하수는 29%인 1천만㎦ 정도이며 나머지 2%인 1백만㎦가 호수나 강, 하천, 늪, 등의 지표수와 대기층에 있다. 이 2%의 사용 가능한 물 가운데 21% 정도가 아시아 주에, 26% 정도가 미국, 캐나다 등의 북미주에, 28% 정도가 아프리카에 있으며 나머지 25%의 물은 이 3대주를 제외한 곳에 있다.

수자원 이용가능성은 인구의 지역적인 편재때문에 일부지역은 매우 위험에 노출되어 있다. 인구증가, 도시화, 산업화 등에 따라 물의 수량문제 뿐 아니라 수질문제도 심각하다. 특히 음용수(portable water)문제의 심각성은 크다.

인간이 사용할 수 있는 지구상의 물 공급량은 한 해 9천㎦이며 이 중 인간이 실제 쓰는 양은 4천 3백㎦에 불과하다. 따라서 절대량만으로 보면 아직 물은 여유가 있다. 그러나 문제는 인구증가에 따른 물 사용량의 급증과 필요한 곳에 충분한 물이 있지 못한 지역적 편재이다.

아프리카 북부와 동부의 경우 가장 큰 수원(水源)인 나일강의 유량 감소와 연간 3%가 넘는 인구증가율이 물 부족의 가장 큰 원인이다. 요르단강에 의존하고 있는 이스라엘, 요르단, 시리아도 사막개발에 따른 관개면적의 급속한 증가로 심한 물 부족을 겪고 있다. 이스라엘은 이미 사용 가능한 수자원의 95% 이상을 이용하고 있으며 금세기 안에 이 지역 국가 모두 물 수요가 공급을 초과할 전망이다.

미국과 같은 선진국도 예외는 아니어서 북미대륙의 전반적인 지하수 과다사용은 지반 침하로 이어지고 있다. 캘리포니아를 비롯하여, 애리조나, 네브래스카주 등은 이미 물 부족을 겪고 있다. 중앙아시아의 젖줄인 아랄해의 저수량도

1960년대에 비해 3분의 1로 줄어들었다.

[그림 16-1] 수자원 부존량

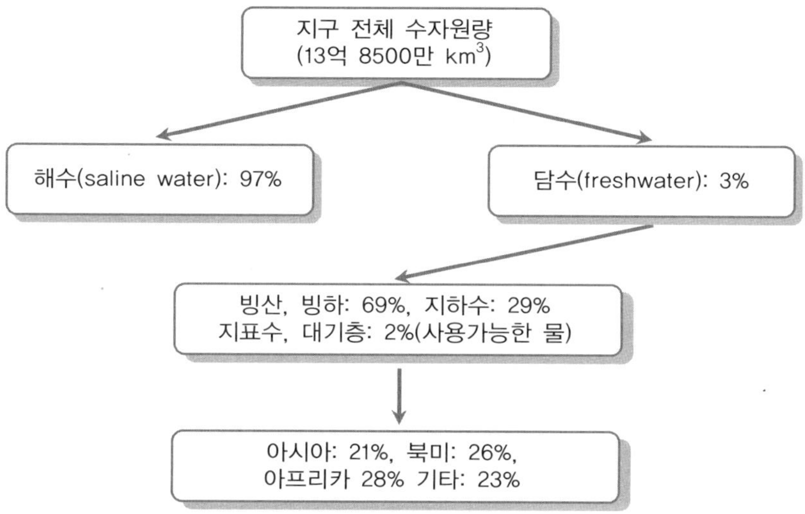

자료: 건설교통부/수자원공사, 물과 미래, 2004.

물 부족이 초래할 가장 큰 문제는 농업 피해이다. 세계 수자원의 69%는 농업용수로 사용되고 있으나 관개시설의 미비로 비, 눈 등 내리는 물의 46%는 그대로 낭비되고 있다. 관개시설이 부족하고 시설비용이 증가하면서 경작 가능한 농경지가 줄어들고 있으며, 아프리카・아시아에서는 생활용수 부족으로 물값이 크게 오르고 있다.

지구의 물의 공급은 물의 순환시스템에 의해 관리된다. 수많은 양의 물이 이 시스템을 통해 순환되고 그 중 미미한 일부분이 인간의 이용 가능하다. 이러한 수자원은 지표수(surface water)와 지하수(ground water)로 구분된다. 지표수는 강, 호수, 저수지 등 지표수의 흐름 및 물 수집처에 존재하는 수자원을 지하수는 대수층(aquifers)에 존재하는 물을 말한다. 지하수는 빗물이나 눈 녹은 물의 침투에 의하여 재보충되나 대부분의 경우 지리적인 시대(geological time) 동안 축적된 것이다. 그리고 지하수의 위치 때문에 일단 고갈되면 보충되기 어렵다. 따라서 지하수는 고갈성 자원이다.

우리나라의 연간 강수량은 세계평균보다 많으나 높은 인구 밀도로 인해 1인당 수자원 부존량은 매우 적다. 평균 강수량은 1,283mm로 세계평균 973mm의 1.3배이고 1인당 강수량은 2,705톤으로 세계평균인 22,096톤의 12%에 불과하다. 아래 [그림 16-2]에서 보듯이 전체 1,276억톤에서 증발산량, 바다로의 유출량을 제외하면 우리가 사용할 수 있는 수량은 330억톤에 불과하고 있다.

총이용량 330억톤은 농업용수 158억톤, 생활용수 73억톤, 유지용수 71억톤, 공업용수 29억톤으로 이용되고 있다.

[그림 16-2] 우리나라 수자원 이용현황

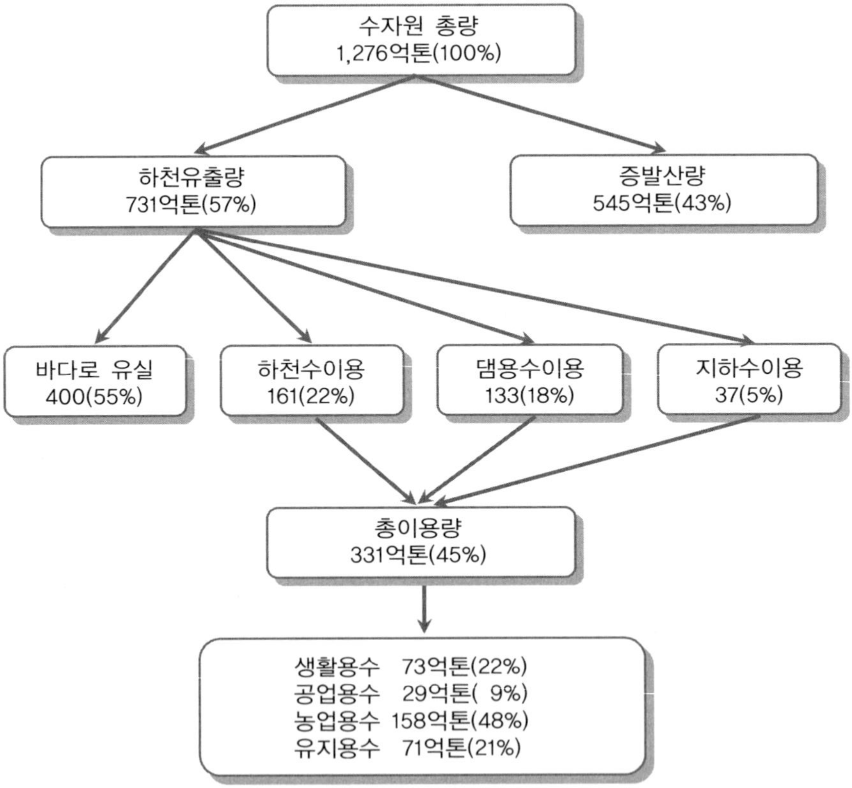

자료: 건설교통부, 수자원장기종합계획, 2001.7.

제 3 절 수자원의 효율적인 분배

물 사용의 효율성 문제는 지표수 및 지하수에 따라 다르다. 지표수 문제는 재생가능한 물을 사용자에게 배분하는 것이다. 세대간 효과도 현재의 사용습관보다는 미래세대에 대한 물공급이 미래의 강수량에 달려있기 때문에 그리 크지 않다. 그러나 지하수는 오늘의 사용은 내일의 사용에 영향을 주기 때문에 이 경우의 효율적인 분배문제는 매우 중요하다.

1. 지 표 수

지표수(surface water)의 효율적인 배분은 첫째, 경쟁적인 사용자 사이의 균형유지이다. 음용이나 농업 등의 소비목적을 위한 흐름밖 수요(offstream use)와 또는 수영이나 보트놀이 등의 흐름내 수요(instream use)사이의 여러 가지의 용도로의 분배문제에서는 지표수가 해마다 달마다 균일하지 않다는 데 있다. 이 문제에 대한 해결책은 물의 한계가치가 모든 사용자에게 같도록 분배되면 된다([그림 16-3] 참조). 즉 물의 사용가치를 극대화하도록 분배하면 된다.

둘째, 지표수의 연간흐름을 유지를 할 수단의 문제이다. 즉, 물공급의 변동문제이다. 만약 물공급이 제한된 수준인 S_1이라면 B는 아무런 물도 사용 못하고 A가 전부 사용하게 된다. 이와 같이 물이 사용이 급격히 차이가 나는 것은 물에 대한 두 수요곡선의 차이 때문이다. 물사용으로부터 나오는 A의 한계순이익이 B의 그것보다 크다. 즉 물 없음으로 발생한 기회이익의 손실이 A가 B보다 크다. 그러나 [그림 16-3]에서 보듯이 물이 풍부한 수준인 S_2수준이라면, 즉 물공급이 충분하다면 A는 oq_2, B는 oq_0로 배분하면 효율적인 분배를 달성하게 된다.

2. 지 하 수

고갈성 자원의 자원분배와 같다. 따라서 한계사용자비용이 고려된다. 지하수 사용량이 지하수의 재보충량을 초과한다면 지하수가 고갈된다.

수요가 일정한 경우 효율적인 채취의 흐름은 점차 감소하는 패턴을 가진다. 한계채취비용은 지하수면이 낮아짐에 따라 상승한다. 따라서 펌핑(채취)은 지하수가 고갈될 때나 한계채취비용이 한계이익보다 높거나 다른 자원으로부터 수자원 획득의 비용보다 클 때 중단된다. 지하수 근처의 풍부한 지표수는 대체재가 된다. 그러나 값싼 지표수는 그리 많지 않다. 효율적인 지하수 시장에서는 물값은 시간에 따라 증가한다.

[그림 16-3] 지표수의 배분

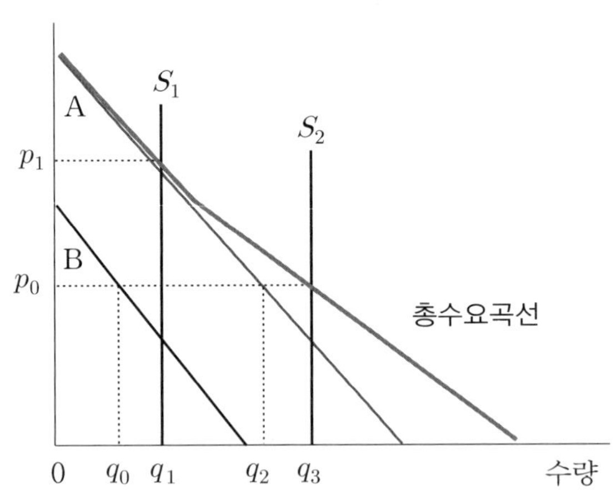

제 4 절 분배제도

1. 연안권(Riparian)과 선점권(Prior Appropriation Doctrine)

물이 풍부한 지역에서는 물에 가까운 토지 소유주에게 물사용권을 부여했으나 인구가 증가하고 토지에 대한 수요증가로 물이 부족하게 되자 기존의 물분배시스템이 제대로 운영되지 못하게 되었다. 특히 미국 서부지역에서는 골드러시로 물흐름을 바꾸는 경우가 발생하자 연안권 원칙이 유명 무실해졌다.[17] 이에 따라 물사용권의 이전을 가능하게 할 새로운 원칙이 필요하게 되어 선착순원칙(Prior Appropriation Doctrine)[18]이 채택되었다. 오늘날 대부분의 국가는 물에 대한 소유권은 국가나 주정부로 하고 사용권(usufructuary)만 주고 있다. 우리나라에서는 관행수리권(1,200mm), 허가수리권, 댐용수권 등으로 구분되어 있다. 그러나 그 구체성이 모호하여 이해당사자간의 상반된 주장을 정리할 기준을 세우기가 어렵고 수리권 적용의 이해상충에 대해 조정원칙이 미비하여 갈등이 발생하고 있다.

---

17) 슈테판 츠바이츠 지음, 안인회 역, 광기와 우연의 역사, 자작나무, 1996.
19세기 골드러시가 한창인 서부시대의 상황을 잘 묘사하고 있는 작품이다. 파산으로 도둑과 어음위조범으로 몰린 스위스인 이민자 아우구스 수터는 아내와 세 아이를 버리고 위조신분증으로 1834년 미국으로 이민을 한다. 미국에서 온갖 잡일로 돈 모은 그는 1837년 마차와 말과 물소 떼를 장만하여 서부로 진출, 밴쿠버 경유 샌프란시스코(당시는 프란치스코 수도회의 이름을 따서 불리는 조그만 어촌에 불과, 폭도들 난무, 주 수도도 없었다)에 도착한다.
새크라맨토 도착 후 주도인 몬테레이로 가서 주지사에게 마을건설계획을 설명하여, 십년간 특허권 부여받은 그는 숲에 불 질러 개간하여 농사에 대성공을 거둔다. 댐, 운하건설, 과일나무 식재, 포도 재배, 최고 부자된다. 그 후 미국은 멕시코와 전쟁에서 승리로 미국영토로 편입시킨다. 아내와 세아이 불러들이고 1848년 1월 목수 제임스 마샬이 사금을 발견하였다. 마샬의 여자친구가 비밀 누설하여 골드러시(인간메뚜기)가 시작되었다. 수터는 하루사이에 거지가 되었으나 인근지역에 새로운 농장을 시작하였다.
1848-51년에 걸쳐 모험가들이 대규모로 몰려들고, 아내는 여행의 피로로 죽고, 세 아들 무사. 1850년 캘리포니아 합중국에 편입, 무정부 통제, 수터 대규모 소송시작(1만 7221가구 살고 있었음). 큰아들 법공부, 4년간 송사 1855년 3월 15일 재판에서 승소함. 폭동 발생(맏아들 폭도에 몰려 자살, 둘째 아들 살해, 셋째 아들 도망치다 익사), 새농장 불타고 포도나무 망가짐. 그 후 25년간 워싱턴 법원 근처 맴돌다 1880년 6월 심장발작으로 사망한다.

18) 광산가들은 선착순으로 도착한 사람이 물에 대한 우선권을 가지는 관습을 만들었다.

2. 비효율성의 원인

첫째, 이전(transfer)에 대한 제한으로 자유로운 물사용권의 이전을 어렵게 한다. 물에 대한 재산권, 즉 수리권이 모호하게 되어 있어 용도간 이전이 어렵다. 우리나라의 경우 물사용의 48%에 이르는 농업용수의 상당부분이 낭비되고 있다. 그 이유는 물값이 무료이고 또한 타용도로의 이전이 어렵기 때문이다. 그러나 수리권을 농민 또는 농민단체에 부여하면 물의 사용가치를 높일 수 있는 유인이 있다.

둘째, 물가격에서 한계사용자비용을 고려하지 않기 때문에 적정이하의 낮은 가격을 책정하고 있다. 희소자원으로서 물을 고려하지 않기 때문에 물가격이 생산원가에도 미치지 못하고 있으며 그 결과 물의 낭비가 발생하고 있다.

제 5 절 수자원 이용의 갈등원인 및 해결방안

1. 갈등원인

1) 수리권 제도의 미비

효율적으로 사용되기 위해서는 모든 수자원 사용에 있어서 한계가치(marginal net benefits)가 동일하게 사용되어야 한다. 재산권(수리권)이 잘 정립되었다면 수리권의 이전을 통하여 효율적 배분으로 이어질 수 있다. 불행하게도 현행 수리권제도(관행수리권, 허가수리권, 댐사용권 등)가 모호해서 수리권의 이전이 자유롭지 못하다. 칠레의 경우 재산권을 강화한 수리권제도를 도입하여 물의 낭비적 사용을 줄이고 있다. 특히 물의 대부분을 사용하고 있는 농업용수 분야는 물가격이 부담되지 않고 있어 물을 절약할 유인이 없다.

2) 수자원 이용에 대한 비용분담 문제

수원지역의 수자원의 가용성을 높이기 위한 비용(댐에 의한 피해비용, 수질관리 등) 부담에 따른 비용분담 혹은 보상이 이루어지지 않아 갈등이 발생하고 있다.

3) 비효율적인 물 가격제도

비효율적인 물 가격제도도 물 낭비의 요소이다. 가격수준 및 요금체계가 비효율의 원인이다. 물이 필수재라는 인식 때문에 공공요금으로 분류되어 가격이 너무 낮고 요금체계가 소비자에 따라 차별적이어야 하는데 그렇지 못하다. 즉, 물가격산정에 평균비용개념이 사용되고 희소성 지대인 한계사용자비용(marginal user cost)이 반영이 안되고 있다. 물 가격에 희소성 지대를 반영하지 않는 정책은 물의 과다사용을 부추긴다.

2. 해결방안

최근의 물 문제는 물의 희소성과 갈등문제가 밀접하게 관련되어서 복합적으로 나타나고 있다. 물의 희소성 문제는 경제논리로 접근해야 할 것이다. 물을 국가소유로 인정하더라도 수자원에 대해서는 재산권을 강화시켜(물에 대한 권리주체를 분명히 하여) 물이 효율적으로 이용될 수 있도록 해야 한다. 따라서 기존의 관행수리권을 보다 강화한 재산권적인 의미의 수리권을 보장해주는 것이 좋을 것 같다.

그 이유는 첫째, 아무리 효율적이고 능력있는 정부라 할지라도 공공재의 특성이 강한 물의 특성상 물을 효율적으로 관리하기가 어렵다. 특히 우리나라는 물의 합리적인 이용에 대한 경제적 유인제도가 부족하다. 따라서 국가가 관리하는 것보다는 경제주체에 맡기는 것이 물 사용의 효율화에는 최선일 것이기 때문이다. 둘째, 사회적 약자인 농업부문에 물의 권한을 부여함으로써 사회적 형평성을 다룰 수 있고 동시에 물 절약을 유도하여 물 사용의 효율화를 기할 수 있기 때문이다.

현행 제도를 개선한 전면적인 국가관리 허가수리권으로 통일하자는 의견은 물 관리에 대한 공공성 개념이 너무 강조되어 물 이용의 효율성을 잃을 수 있다. 최근 추세는 물을 둘러싼 사회적, 정치적, 경제 및 환경적인 면을 포함한 수자원문제에 대한 통합체적이고 종합적인 접근방법을 요구하고 있기 때문에 허가 또는 기득 수리권에 대한 정확한 파악, 기준 설정, 평가 등을 마련해야 한다. 설사 기준 설정, 평가 등 제도가 완비되어 있더라도 물의 이용에 대한 경제적 유인제도와 경쟁체제가 마련되지 않으면 수리권재정비의 목표를 달성하기 어렵다. 오히려 행정이 비대해지고 비효율이 누적되어 본래의 취지인 물 사용의 효율성 제고가 어렵다.

최근 칠레에서는 물의 재산권적인 개념을 강화한 관행수리권제도를 도입함으로써 물의 절약 및 영농과학화로 물 사용의 효율성을 높이고 하류 대도시에 물을 판매하는 등 수자원관리의 성공적 사례로 평가되고 있다.

이론적으로는 수리권을 수혜자(UPP: User Pay Principle)나 피해자(VPP: Victim Pay Principle)에게 주든지 법제도만 완비되면 시장이 효율성을 달성하도록 되어 있다. 따라서 수혜자인 하류 대도시를 대변하여 국가가 수리권을 관리하는 것 보다는 사회의 약자이고 피해자인 농민에게 좀더 강화된 재산권적 개념의 수리권을 인정해주는 것이 현실적으로도 실현가능성이 높다. 물의 절약을 유도하기 위하여 경제적 약자인 농업부문에 용수 이용부담금을 부과하는 것은 현실성과 사회적 형평상 적정하지 않다. 오히려 도시민은 농민에게 물 절약 장비를 지원해주고 여기서 절약된 물을 이전받으면 농민들은 수리권을 보장받으면서 도시민은 저렴한 가격으로 물을 확보할 수 있다. 가뭄 등 비상시 물배분의 우선순위를 명확히 하는 수리권의 정비도 중요하다. 정부의 일방적인 기준보다는 물의 이용의 가치를 높이는 경제적 기준에 의하여 물배분의 우선순위가 정해져야 할 것이다.

제 17 장 농산물 자원

20세기 후반 식량문제는 낙관론자 'Kahn'과 '성장한계팀'(Limits to Growth Team)간의 열띤 논쟁의 주제였다. 성장한계팀은 인구증가로 식량수요가 공급을 훨씬 앞지를 것으로 보고 그 결과로 인한 기근을 사회붕괴의 한 요인으로 보았다. 반면에 Kahn과 Simon(1984)은 인구증가는 감소할 것이고 새로운 기술의 발전으로 가까운 시기에 엄청난 식량공급의 확대가 있을 것으로 보았다.

최근 세계은행은 약 5억의 지구촌 인구가 정상적인 영양분에는 부족한 기아상태로 살아가고 있다고 하였다. 이 수치에 이견을 달 사람들이 있을 수 있지만 세계인구의 상당비율이 현재 영양결핍 상태라는 인식은 세계적으로 보편적인 것 같다.

주요 식량공급원인 곡물은 재생산 가능한 개인소유자원(reproducible private property resources)이다. 효율적으로 관리된다면 우리가 태양에너지를 받는 한 곡물생산은 계속 유지될 수 있다. 또한 곡물시장은 공공재, 재산권 미비 등 시장실패의 원인이 존재하지 않는다.

시장제도에 큰 문제가 없다면 현재 농업생산은 지속가능하고 효율적인가? 본 장에서는 식량부족문제의 원인, 곡물생산현황, 희소성 분석, 식량분배문제 등을 설명하였다.

제 1 절 식량부족 문제

세계경제에 식량부족현상이 지배하고 있다는 징후가 처음으로 나타난 것은 1996년 4월 말이었다. 이때 시카고상품거래소(Chicago Board of Trade)에서 밀

가격이 1년 전의 두 배가 넘는 사상 최고가인 부셸당 7달러로 치솟았다. 옥수수가격도 부셸당 5달러로 기록을 갱신했다. 인간의 식량과 가축사료의 대부분을 제공하는 세 가지 주요 곡물(밀, 옥수수, 쌀) 중에서 세 번째로 중요한 곡물인 쌀의 가격도 상승국면에 있었다. 이렇게 가격이 치솟게 된 것은 세계 곡물비축량이 세계인구의 48일 소비량 수준으로 떨어졌기 때문이었다.[19)]

언론매체는 이러한 사태변화의 주된 원인이 미국의 대평원(Great Plains)의 겨울밀 지역을 엄습한 한발 때문이라고 설명하고 있다. 그러나 이것은 기후에 의한 일시적 가격파동이라기 보다는 악화일로를 걷고 있는 식량상황의 심각성을 깨우쳐 준 예고일 수 있다.

1990년대 초에 세계 식량전망에 대한 서로 다른 두 가지 견해가 있었다. 세계은행과 유엔식량농업기구(FAO)는 2010년까지의 식량수급 전망안에 기초하여 앞으로의 식량공급 과잉과 그에 따른 곡물가격 하락이 될 것이라고 예측하였다. 또한 Simon은 인구성장은 감소할 것이고 새로운 기술의 발전으로 가까운 시기에 엄청난 식량공급확대가 있을 것으로 예측하였다.

반면에 월드워치연구소에서는 식량생산 증가세의 둔화로 인한 식량부족과 이에 따른 식량가격 상승이 당면과제가 될 것이라고 전망하였다. 특히, '성장한계팀'(Limits to Growth Team)은 식량수요가 공급을 훨씬 앞지를 것으로 보고 그 결과로 인한 기근을 사회붕괴의 한 요인으로 제시하였다.

한편, 멜더스의 예언과는 달리 19세기 이후 세계의 식량생산은 인구증가보다 빠른 속도로 증가하였다. 예를 보면, 1950-90년 사이에 세계인구는 2배가 되었는데, 곡물생산량은 거의 3배가 되었다. 이로 인해 1인당 1일 평균 칼로리 공급량은 현저히 증가하였다. UN-FAO 자료에 의하면, 1962년과 1991년 사이에 1인당 1일평균 식량공급량이 15퍼센트 이상 증가한 것으로 나타났다. 물론 이러한 세계 평균에는 지역적 편차의 중요성이 은폐되고 있다.

1인당 식량공급량의 증대는 세계 식량문제의 완화에 어느 정도 기여하였으나, 지구상에는 여전히 수많은 사람들이 만성적인 영양결핍 상황에 처해 있다. 영양결핍에 관한 사항은 위에서 기술된 미래의 식량수급에 관한 대립된 의견에

19) 월드워치연구소는 곡물비축량이 최소 소비량의 70일분은 유지되어야 식량위기를 벗어날 수 있다고 보고 있다.

도 불구하고 현상태에 대한 어느 정도 일치된 인식이다.

제 2 절 곡물 수급현황

1. 세계 곡물 수급 및 가격추이

세계 곡물 생산량은 최근 3년간(2005-2007) 20억톤 수준에서 소폭 감소하는 모습[20]인 반면에 곡물 소비량은 꾸준한 증가세를 지속함에 따라 곡물재고율이 크게 낮아져 있는 실정이다. 곡물재고율 감소추세는 소비증가로 2008년에도 지속될 전망으로 적정재고 수준[21]을 계속 하회하고 있는 것으로 추정된다.

〈표 17-1〉 세계곡물 수급현황

(백만톤)

	2005 / 06	2006 / 07	2007 / 08
생 산	2,016.7	1,991.9	2,077.1
소 비	2,031.4	2,045.4	2,096.9
기말재고	388.4	335.0	315.2

자료: 미국 농무부(USDA)

세계 곡물가격은 1996년 하반기 이후 급락하여 장기간 낮은 수준을 지속하다가 2006년 하반기부터 장기평균을 상회하며 급등하는 모습이다. 2002년 하반기부터 2004년 상반기중에도 오름세를 나타내었으나 장기평균가격을 상회한 기간은 1년 정도에 불과하였다. 2002년 하반기 이후 곡물가격 상승은 유럽, 중국, 미국 등 주산지에서의 홍수 및 가뭄 등으로 작황이 부진하였던 데다 1999년 이후 곡물 초과수요 지속으로 재고가 큰 폭으로 감소한 데 기인하였다.

20) USDA는 세계 곡물생산량이 2004/05년 2,044.47백만톤에서 2006/07년 1,991.94백만톤으로 줄어든 것으로 추정하였으며 2007/08년에는 2,077.13백만톤으로 생산량이 늘어날 것으로 예상된다.

21) EPI(Earth Policy Institute)의 Lester Brown은 세계 곡물수급의 안정을 위해서는 최소 70일분(10주분)의 곡물재고가 필요하다고 주장하고 있다.

2. 최근 곡물가격 강세 요인

첫째, 호주·동유럽의 가뭄, 프랑스·독일 폭우 등 기상여건 악화로 작황이 부진하였고, 둘째, 2000년 이후 바이오 연료[22]시장이 고유가, 각국의 에너지 안보 강화 및 정책지원, 대량생산과 기술개발을 통한 생산원가 절감, 환경규제 강화 등으로 빠르게 성장함에 따라 곡물에 대한 수요기반이 확대되고 있다. 특히 바이오연료용 곡물수요가 크게 늘어나고 있으나 곡물의 생산성 증가율은 크게 높지 않아 수급차질 발생 가능성이 커지고 있다. 지난 20년간 주요 곡물의 생산 증가율이 연평균 1% 수준에 그친 점을 감안할 때 수요급증에 대처하기 위해서는 재배면적이 크게 늘어나야 한다. 그러나 도시화, 산업화, 사막화와 함께 농촌인구의 고령화 등이 애로요인으로 작용하고 있다. 세계곡물 재배면적은 1980년대초 이후 감소세를 지속하다가 2002년 6,537만ha를 저점으로 완만한 증가추세를 보이고 있으나 2007년 6,847만ha로 1981년(7,356만ha)의 93% 수준에 머물고 있는 실정이다.

셋째, 세계 1, 2위의 인구대국으로 곡물소비가 많은 중국과 인도 등 신흥시장국의 산업화, 도시화 등으로 2000년대 들어 생산량이 뚜렷한 증가를 보이지 못하고 있는 반면 소비는 증가세를 지속하고 있다. 이에 따라 중국·인도의 곡물재고가 하락하면서 세계 곡물재고가 급감하였다. 특히 고성장에 따른 육류소비 확대로 사료용 곡물 수요가 꾸준히 증가하였다. 중국의 돼지고기 소비량은 1975년 700만톤에서 2007년 5,530만톤으로 7.9배 증가하였으며 인도의 닭고기 소비량은 1990년 19만톤에서 2006년 200만톤으로 10.5배 급증하였다.

넷째, 이밖에도 헤지펀드 등 투기자금의 유입증대, 미달러화 약세, 운송비용 증가, 지구온난화에 따른 기상이변 등이 곡물가격 상승압력으로 작용하고 있다. 곡물거래 주 결제통화인 미 달러화가 여타 통화에 비해 약세를 지속하고 있는 것도 곡물가격의 상승요인이다. 중국 등 신흥시장국의 성장에 따른 세계 해상물동량 증가, 유가상승 등으로 해상운임(BDI지수)[23]이 크게 상승하면서 곡물의

22) 휘발유를 대체할 수 있는 바이오에탄올은 옥수수, 소맥, 사탕수수, 보리 등과 같은 녹말작물이 주원료가 되며 경유 대체재인 바이오디젤은 대두, 팜, 캐놀라, 해바라기, 유채 같은 유지작물에서 식물성 기름을 주로 추출한다.

평균 매입단가가 상승하였다. 지구온난화로 기상이변이 빈번히 발생하고 있는데다 해수면 상승으로 저지대 경작지가 감소와 침수피해가 우려되고 있으며 토양의 유기물 함량 감소로 생산력 저하를 초래할 가능성이 있다.

3. 주요 곡물의 중장기전망

OECD-FAO에서는 중국, 인도, 브라질, 러시아 등 BRICs 국가들의 소득증가와 농촌인구의 도시유입으로 농산물에 대한 수요가 증가할 것으로 전망하고 있다. 또한 곡물의 바이오연료 원료로의 사용증가 등으로 농산물 가격은 과거의 균형가격보다 높은 수준을 형성할 것으로 예상하고 있다. 곡물가격은 수요가 꾸준한 가운데 생산량이 꾸준히 증가하고 재고가 안정됨에 따라 2008~2009년을 고비로 대체로 하향 안정되는 모습이다.[24] 다만 가뭄, 폭우 등 기후적 요인, 바이오연료 정책의 변화, 생산기술의 향상, 석유가격 변동 등이 가격전망의 불확실한 요인이다.

소맥 생산량은 EU, 파키스탄, 호주, 인도, 터키, 러시아, 우크라이나 등의 생산증가에 힘입어 연평균 1% 수준의 증가가 예상된다. OECD 국가는 에탄올 생산 등 산업용이, OECD 이외 국가는 인구(2007~2016년 연평균 인구증가율: 세계 1%, OECD 국가 0.46%)와 소득 증가에 따른 식용이 소맥 소비를 견인하고 있다.

옥수수 등 조곡(Coarse grains) 생산량은 재배면적 증가 등으로 2016년에는 2007년의 2배 가까이 늘어날 전망이다. 미국의 에탄올 생산을 위한 수요와 중국의 사료용 수요가 소비를 견인할 것으로 예상된다.

대두 등 유지류는 아르헨티나, 브라질, EU 등의 재배면적 증가 등으로 생산량이 연평균 2% 증가할 것으로 전망된다. OECD국가의 바이오디젤에 대한 수요증가, 비OECD국가의 식물성 기름 수요 증가가 소비 증가 요인으로 작용하고 있다.

---

23) 벌크선운임지수(BDI: Baltic Dry Index)는 곡물 등 건화물(Dry Bulk)에 대한 해상운임을 지수화한 것으로 런던 발틱 거래소(Baltic Exchange)에서 제공하고 있다.

24) OECD-FAO Agricultural Outlook 2007-2016, USDA Agricultural Projections to 2016 참조.

한편 미 농무부(USDA)는 옥수수 기반 에탄올 생산의 강한 성장세가 향후 미국내 곡물 수요 및 수출 가격, 작물간 경작지 배분 등 광범위한 영역에 영향을 미칠 것으로 예상하고 있다. 에탄올 생산확대에 따른 옥수수 수요 증가로 미국의 옥수수 재배면적은 크게 확대되어 2010년에 9천만 에이커에 달하겠으며 이후 에탄올 생산증가세가 안정되면서 재고도 완만하게 증가할 것으로 예상된다. 소맥 재배면적은 2007년 가격급등 영향으로 다소 늘어나다 여타 작물과의 경쟁으로 5,800~5,900만 에이커 수준으로 감소할 전망이며 소맥수출이 꾸준할 것으로 예상됨에 따라 재고비율도 하락할 전망이다. 대두 재배면적은 옥수수로의 경작지 전환 등으로 6,900만 에이커 이하로 하락하겠으며 재고비율도 낮은 수준에서 안정될 것으로 예상된다.

〈표 17-2〉 곡물의 주요 생산국 및 소비국(2006/2007년 기준)

▸ 소맥

(백만톤, %)

	생산량	비 중		소비량	비 중
세 계	593.1	100.0	세 계	617.2	100.0
1. EU 27	124.8	21.0	1. EU 27	125.7	20.4
2. 중 국	104.0	17.5	2. 중 국	101.0	16.4
3. 인 도	69.4	11.7	3. 인 도	74.4	12.1
4. 미 국	49.3	8.3	4. 러시아	36.6	5.9
5. 러시아	44.9	7.6	5. 미 국	31.1	5.0

자료: 미국 농무부(USDA)

▸ 옥수수

(백만톤, %)

	생산량	비 중		소비량	비 중
세 계	703.3	100.0	세 계	725.2	100.0
1. 미 국	267.6	38.0	1. 미 국	235.0	32.4
2. 중 국	145.0	20.6	2. 중 국	143.0	19.7
3. EU 27	55.2	7.8	3. EU 27	59.6	8.2
4. 브라질	51.0	7.3	4. 브라질	41.5	5.7
5. 멕시코	22.0	3.1	5. 멕시코	30.3	4.2

자료: 미국 농무부(USDA)

▸ 대두

(백만톤, %)

	생산량	비 중		소비량	비 중
세 계	236.0	100.0	세 계	223.7	100.0
1. 미 국	86.8	36.8	1. 미 국	53.8	24.1
2. 브라질	59.0	25.0	2. 중 국	45.8	20.5
3. 아르헨티나	47.2	20.0	3. 아르헨티나	34.7	15.5
4. 중 국	16.2	6.9	4. 브라질	32.7	14.6
5. EU 25	1.2	0.5	5. EU 25	16.2	7.2

자료: 미국 농무부(USDA)

4. 우리나라의 곡물수급 현황

우리나라의 곡물수급은 쌀을 제외한 대부분의 곡물을 수입에 크게 의존하고 있어 자급도가 매우 낮은 상황이다. 2006년도 곡물자급도(사료 포함)는 28.0%로 낮은 수준이며 쌀을 제외할 경우 자급도는 4.6%에 불과하다. 식량자급도(사료 제외)는 53.6%로 상대적으로 양호한 편이나 쌀을 제외하면 12.5%로 여전히 낮은 수준이다.

〈표 17-3〉 우리나라 곡물수급현황(2006년)

(천톤)

	쌀	소 맥	옥수수	대 두	기타곡물	합 계
공 급	5,838	4,085	9,459	1,410	1,161	21,953
전년이월	832	500	766	73	336	2,507
생 산	4,768	6	73	183	404	5,434
수 입	238	3,579	8,620	1,154	96	14,012
- 식 용	238	2,170	1,889	305	421	4,927
- 사료용	-	1,409	6,731	849	325	9,085
수 요	5,001	3,623	8,832	1,344	822	19,622
식 량	3,806	1,226	70	101	176	5,379
가공용	373	804	1,931	337	202	1601
사 료	-	1,538	6809	888	76	9311
기 타	822	55	22	18	105	841

곡물자급도[1]	98.9	0.2	0.8	13.6	49.1	28.0
식량자급도[2]	98.9	0.3	3.6	40.2	54.2	53.6

주: 1) 사료 포함 2) 사료 제외
자료: 농림부, 농림업 주요통계 2007.

제 3 절 식량자원의 희소성

인류의 주요한 식량공급원인 곡물은 재생 가능한 개인소유자원이다. 만약 효율적으로 관리만 된다면 지구가 태양에너지를 받는 한 계속 유지될 수 있다. 그렇다면 문제는 현재 농업관행이 지속가능하고 또한 효율적인가 이다.

지구상의 여러 국가에 존재하는 영양결핍상태를 설명하기 위해 세 가지 가정이 타당한지를 확인해야 한다. 첫째는 식량의 희소성, 둘째 국가간 또는 국내에서의 식량의 비효율적인 분배, 셋째 기후와 다른 자연적 원인에 의한 일시적 부족현상이다.

이러한 가정들은 서로 배타적이지 않으며 이들 모두 문제의 한 원인일 수 있다. 이들 각각은 다른 정치적 접근을 의미하므로 이 원인들을 구별하고 그들의 상대적 중요성을 평가하는 것이 무엇보다 중요하다.

많은 연구들은 영양결핍을 하나의 절대적 희소성의 문제로 본다. William과 Paddock(1967)은 그들의 저서 'Famine-1975'에서 세계적 기근을 확실한 의견일치가 없지만 일반적인 것으로 보았다.

그들은 식량을 나누는 것이 오히려 기근을 초래할 수 있다고 하였다. 식량을 나누는 것은 인구증가를 부추기고 결국에 피할 수 없는 더 심각한 식량부족사태를 맞게 될 수도 있다는 것이다. 그러나 세계적 식량부족이 없는 상태에서는 세계기근은 자원을 분배함으로써 피할 수 있다. 대부분의 정부는 현재 적절한 양의 식량이 생산되고 있다는데 이견이 없는 것 같다. 미국 FDA의 연구는 전 세계에서 영양상 필요한 것보다 더 많은 식량공급이 가능하다고 보고 있다.

자본주의 국가에서는 경작지의 상당한 부분이 개인소유로 소유주는 배타적인 권리를 가지고 있다. 농장의 소유주는 자산가치를 극대화하기 위한 자원에 대한 충분한 통제력을 가지고 있으나 독점적 이익을 추구할 만큼 시장전체에 대해 충분한 통제력을 가지고 있지는 않다.

토지공급이 일정하고 곡물의 수요가 증가하고 있는 시장상황에서, 희소성은 곡물의 공급곡선에 달려있다.

[그림 17-1]에서 최초 시장에서 가격 P_0에서 수량 Q_0로 균형상태에 있다고 가정하고 수요증가에 따라 수요곡선이 우측으로 이동하는 것을 시간의 경과로 나타내고 있다. 예를 들어, 다섯 번째 기간에 일어나는 상황을 살펴보자. 만약 공급곡선이 S_a이라면, 가격은 P_{5a}로 생산량은 Q_{5a}로 증가할 것이다. 그러나 공급곡선이 S_b이라면 공급량은 Q_{5b}까지 증가할 것이고 가격은 P_{5b}까지 상승할 것이다.

[그림 17-1] 농산물시장과 가격

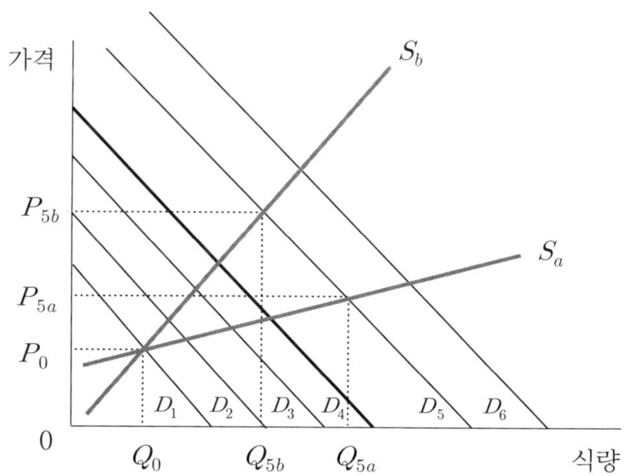

위의 설명으로부터 식량의 희소성에 대해 정의할 수 있다. 희소성은 식량의 부족을 의미하는 것이 아니라 상대적으로 불리한 공급상황을 말한다. 공급곡선 S_b의 경우와 같이 수요증가에 따른 공급조건이 상대적으로 불리한 상황임에도 공급량은 수요량과 같다. 가격이 상승하면서 잠재적 수요는 줄고 공급이 늘어나는 것을 나타낸다. [그림 17-1]에서 공급곡선, S_b는 식량공급에 따른 비용증가가 상대적으로 크다는 것을 나타낸다. 반대로 공급곡선이 S_a인 경우는 식량 공급에 따른 비용증가가 크지 않다는 것을 나타낸다. 그러므로 식량가격의 상승에 따라 공급이 크게 증가하는 경우 식량의 희소성은 낮다고 정의할 수 있다. 반대로 식량가격의 상승에도 공급이 크게 증가하지 않는 경우는 식량의 희소성이 증가한 것으로 설명할 수 있다.

1. 희소성 가설

앞에서 설명한 희소성의 정의에 따라 식량의 희소성을 두 가지 형태로 나누어 설명할 수 있다.

1) 강형가설(strong form hypothesis)

식량 희소성의 강형가설은 1인당 식량 생산량이 감소하고 있다는 것이다. [그림 17-1]에서 강형가설은 공급곡선의 기울기가 가파르고 식량생산이 수요증가와 보조를 맞추지 못하는 것을 나타낸다. 그 결과, 식량의 희소성은 시간에 따라 1인당 식량생산량이 감소하는 것을 나타낸다.

2) 약형가설(weak form hypothesis)

식량 희소성의 약형가설의 요지는 식량의 상대가격이 상승한다는 것이다. 일인당 식량생산이 시간에 따라 증가하더라도 성립될 수 있다. 공급곡선이 가파른 기울기를 가진다는 것은 일반적으로 다른 가격보다 좀 더 빠르게 증가하고 있다는 것, 즉 식량의 상대가격이 시간이 경과하면서 상승한다는 것을 말한다. 만약 약형가설형태가 타당한 것이라면 설사 생산성이 증가하더라도 1인당 후생은 감소하게 된다.

1인당 후생은 식량의 이용 가능성보다는 식량가격과 더 관련이 있다. 그러므로 생산성 증가로 1인당 식량공급은 증가하지만 식량구입비가 다른 재화비용에 비해 더 증가하는 경우 식량의 희소성은 높아진 것으로 본다.

2. 희소성가설 검증

지금까지 식량생산은 선진국과 개도국 모두에서 인구보다 빠르게 증가하여 적어도 최근까지는 1인당 식량생산량이 감소하고 있다는 식량 희소성의 강형 가설은 채택되지 않는 것으로 볼 수 있다. Barnett(1976)은 두 기간(1950-62, 1961-72)으로 나누어 각국의 일반도매물가지수에 대한 농업가격지수의 비율을 측정하였다. 첫 번째 기간인 1950-62년 사이에는 총 53개 국가 중 23개 국가에서 농산물가격이 일반도매물가보다 통계수치상 상당히 높게 증가했음을 발견했다. 그리고 두 번째 기간인 1961-72년 동안에는 약 31개국 중 15개국이 도매물가 상승을 초과하는 농산물 물가상승을 경험한 것으로 나타났다. 이는 농산품의 공급곡선이 약 반수의 국가에서 일반생산품의 공급곡선보다 기울기가 더 급하다는 것을 보여준다. 따라서 이들 국가에서는 식량의 희소성에 대한 약형가설이 채택되는 것으로 나타나고 있다. 따라서 농산물 공급이 인구증가보다는 빠르게, 그러나 상대 비용도 함께 증가하였다는 것을 보여준다.

3. 식량생산의 전망

식량생산의 생산성에 영향을 미치는 요소들을 살펴보자. 역사적으로 농산물 생산은 기계사용, 상업비료의 이용 증가, 육종기술의 발전, 관개시설의 확충 등으로 급격히 증가하였다. 이에 따라 1910-1990년 사이에 단위 생산량이 두배 증가되었다. 앞으로도 이러한 생산량 증가추세가 지속될 것인가는 기술진보에 달려있다.

기술 진보는 생산성 증가의 중요한 요인이다. 특히 세 가지 기술이 현저히 나타나고 있다. ⓐ 유전자 재조합 DNA, ⓑ 세포배양, ⓒ 세포융합 등이다. 이런 유전공학 기술의 응용은 병충해에 더 강한 농작물 생산, 한계지에서도 생존할 수 있는 강한 새 작물을 만들었다.

그러나 식량생산의 전망이 농업용 토지 감소, 에너지 비용 증가, 환경비용 증가 그리고 농업정책에 있어서 가격 왜곡 등으로 밝지만은 않다. 또한 이들

이유로 현재 농업방식은 비효율적이고 지속가능하지 않다고 할 수 있다.

제 4 절 농업보조금의 비효율

정부정책은 가격 시스템의 정상적인 기능을 왜곡하였다. 전형적인 농업정책은 기계장비, 비료 혹은 농약 같은 농업투입품에 대한 보조금 지원, 생산품에 대한 가격 보장, 그리고 국내농업 보호를 위한 무역장벽 등이다.

농업보조금 규모가 그 국가의 비료사용과 얼마나 연관이 있는지를 측정한 연구(Anderson and Blackhurst, 1992)는 가장 많은 보조금을 준 나라들은 보조금이 거의 없거나 아예 없는 나라보다 더 많은 비료를 사용하였음을 보여주고 있다. 즉 보조금은 비효율적이고 지속 불가능한 수준의 비료를 사용하도록 왜곡하고 있다. 보조금은 없애기 어려운 이유는 보조금이 가장 중요한 농업소득이기 때문이다. 미국과 유럽연합의 농업보조금은 농가수입의 1/2 내지 1/3에 해당한다. 일본에서는 농가는 보조금으로부터 나오는 수입이 농업생산품으로 나오는 수익의 두 배이고, 스웨덴에서는 그 수치가 농업소득의 네 배이다.

선진국의 농업생산성은 증가할 것으로 예상된다. 그러나 과거보다는 증가속도가 떨어질 것이다. 과거의 농업생산성 증가의 상당부분은 정부보조금에 의한 제초제 및 비료의 과다 사용 등 비효율적이고 환경파괴적인 지속 불가능한 농업방식에 기초한 것이기 때문이다.

보조금이 중지되면 농부는 에너지 및 환경비용을 부담하게 될 것이다. 이런 부분은 기술진보에 의해 상쇄될 것이다. 미래 농업은 생산성의 변화와 더불어 유기농업과 같은 경작방식으로의 변화가 예상된다. 유기농업은 농가소득을 증가시킬 것이나 소비자는 높은 식료품비를 지불해야 할 것이다.

제 5 절 식량분배

세계인구의 많은 부분이 영양부족상태에 있는 이유를 세계적인 식량자원의 희소성 때문이라기보다는 식량분배에서 찾고 있다. 이 관점에 따르면 영양부족 상태의 근본적인 문제는 빈곤이다. 사회의 빈곤층이 가장 빈약한 영양공급을 받고 있고 또한 가난한 나라들이 인구 중 많은 비율이 영양부족 상태에 있다. 따라서 빈곤을 경감시키고 식량을 구입할 능력을 높이는 것이 식량문제를 해결하는 방법이다.

1. 식량의 자급자족

많은 개도국들이 자국내 생산품의 소비를 증가시킴으로써 이익을 증가시킬 수 있다는 믿음이 있다. 가장 중요한 이유 중 하나는 식량수입이 외화를 탕진한다는 사실이다. 대부분의 개도국은 그들 통화로는 수입대가를 지불할 수 없다. 따라서 이들 국가들은 수출을 통해 벌어들인 국제적으로 인증된 통화 즉, 미국달러로 지불해야한다. 외화가 농산물 수입에 사용되면 생산성(또한 소득)을 높일 수 있는 자본재 수입을 할 수 없게 된다.

외화부족은 1970년대 두 차례의 오일쇼크로 인한 석유가격이 급등하였다. 많은 개도국이 에너지 수입에 많은 외화를 지출해야 했다. 이러한 외환에 대한 압력은 식량의 자급자족의 필요성이 제시되지만, 모든 국가들이 식량들을 자급자족해야 한다는 것은 아니다. 자급자족이 항상 효과적이지 않은 이유는 비교우위원리에 의해 설명된다.

비교우위를 가진 생산물에 특화함으로써 일국은 더 많은 부를 얻을 수 있다. 예를 들어 비교우위가 밀이 아닌 직물에 있다면 그 국가는 직물을 생산하여 수출하고 식량을 수입하면 더 잘살게 된다.

개도국(LDC)과 선진국(DC)의 직물과 밀의 기회비용(단위 생산당 투입된 노동시간)이 <표 17-4>와 같다고 하자. 각국에서 하루 8시간이 이용가능하고 각국 노동자는 각각의 활동에 매일 4시간을 투입한다면 매일 양국은 직물 8단위와

(LDC가 4단위, DC가 4단위) 그리고 밀 $5\frac{1}{3}$단위(LDC가 $1\frac{1}{3}$단위, DC가 4단위)를 생산할 것이다.

이 경우에 LDC가 직물에 특화하고 DC가 밀에 특화한다고 가정하자. 그때 세계총생산이 직물 8단위, 밀 8단위가 되는 것을 쉽게 확인할 수 있다. 모든 나라가 비교우위가 있는 생산물에 특화하면 그 국가들은 비교우위를 갖게 되고 총생산은 증가할 수 있다.

위 예에서 LDC에서 직물 제조의 기회비용(포기한 밀의 개념으로)이 DC에서보다 더 낮다. 반면에 DC에서 밀 재배의 기회비용은 (포기한 직물 개념으로) LDC에서의 기회비용보다 더 낮다. LDC는 밀생산으로부터 직물제조로 노동력을 이동시켜 LDC는 직물제조에 특화하여 이익을 얻을 수 있다.

모든 나라들이 식량을 자급자족하는 것은 적합하지 않다. 미국처럼 기온, 토양종류, 경작 가능한 토지 등에 기인한 농업에 비교우위를 가진 국가들이 당연히 순수출국이 되고 반면 한국이나 일본처럼 다른 제조업에 비교우위를 가진 국가들은 당연히 식량 수입국으로 남아야 한다.

〈표 17-4〉 비교우위원리

	직물 1단위 생산을 위한 노동시간	밀 1단위 생산을 위한 노동시간
후진국	1	3
선진국	1	1

2. 거미집 모형

현재 세계식량 문제의 관심은 이상기후와 작목결정에 의한 식량생산의 주기적 변화이다. 비록 평균적인 식량생산 수준이 적절하더라도 보통은 해마다 과잉생산과 과소생산을 되풀이 한다. 따라서 전체 사회가 생산량 변동을 줄임으로써 이익을 얻을 수 있다.

식량생산량의 변화보다 가격변동이 더 큰 것이 농업부문의 특성이다. 농부의 생산결정은 실제로 가격변동을 악화시키기 때문이다. 이런 농업의 특징은 거미집 모형(cobweb model)에 의해 설명된다.

[그림 17-2] 거미집모형

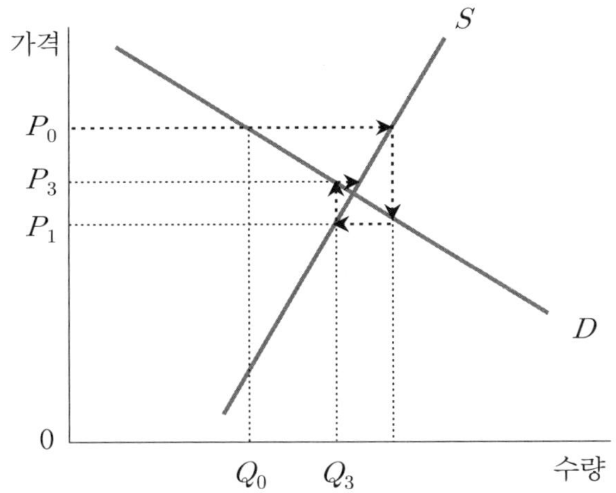

가령 [그림 17-2]에서 이상 기후에 의해 공급이 Q_0에 있다면 농부는 올해의 작물가격(P_0)에 기초하여 내년의 작물생산을 결정할 것이다. 가격인 P_0인 수준에서는 Q_1만큼을 생산하기 위해 작물을 재배할 것이다. 가격 P_0에서 시장은 초과공급으로(수요부족) 가격은 P_1까지 하락한다. 만약 농부들이 다음해의 농작물 재배를 위해 P_1가격을 예상한다면 그들은 Q_3를 생산할 것이고 이 경우 초과수요로 가격을 P_3까지 상승할 것이다. 더 이상의 공급충격이 없으면 가격과 수량변동은 시간이 지나면서 균형가격과 수량으로 수렴된다.

식량수요는 가격에 대해 비탄력적이다. 특히 선진국에서 더 그렇다. 수요곡선이 비탄력적일수록 기후 이상으로 인한 공급부족이 발생했을 때 가격은 더 크게 상승한다.

[그림 17-3]은 수요곡선(D_0)과 공급곡선(S_0)이 만나는 A점에서 최초 균형상황을 나타낸다. 공급 감소는 공급곡선이 S_0에서 S_1으로 이동하는 것으로 표시된다. 표시된 두 수요곡선 중 D_0이 더 탄력적이다. D_1처럼 수요곡선이 비탄력적일수록 공급변동에 따라 가격은 더 크게 상승한다. 기후 이상으로 공급부

족이 발생할 경우 비탄력적인 수요곡선의 경우 가격은 p_2로 급상승하고 탄력적인 수요곡선의 경우에는 p_1으로 가격상승이 높지 않다.

[그림 17-3] 수요의 탄력성과 농가수입

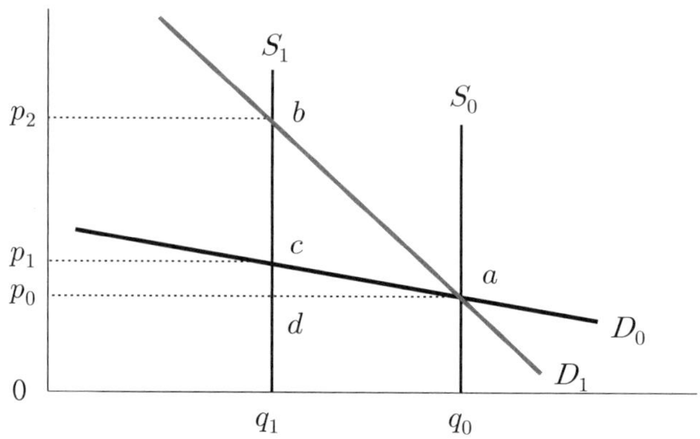

[그림 17-3]은 또한 가격변동에 의한 농가의 수입(收入)에 대한 효과를 보여주고 있다. 공급변동이 농가의 수입에 어떤 식으로 영향을 끼치는 가에 관해서는 그 결과는 모호하다. 왜냐하면 식량 생산이 줄어든 해에는 더 높은 가격을 받을 수 있으나 많이 팔지는 못하기 때문이다. 즉, 생산자 수입은 가격×수량($p\times q$)이므로 사각형 면적으로 표시된다. 사각형의 크기는 공급곡선에 따라 다르다. 공급곡선이 이동하기 전에 얻는 수입은 □$0p_0aq_0$으로 표시된다. 공급곡선이 이동 후에 탄력적인 수요곡선(D_0)의 경우 수입은 □$0p_1cq_1$이고, 비탄력적인 수요곡선(D_0)의 경우는 □$0p_2bq_1$이 된다.

공급곡선의 S_0에서 S_1으로의 이동으로 농가의 수입이 증가하였는지는 수요곡선이 탄력적인지 비탄력적인가에 따라 다르다. 수요곡선이 탄력적인(D_0) 경우 공급감소로 수입은 □$0q_0ap_0$에서 □$0p_1cq_1$으로 변화하여 수입이 증가하는지는 불확실하다. 그러나 수요곡선이 비탄력적인(D_1) 경우 생산량 감소로 수입은 □$0q_1cp_1$에서 □$0p_2bq_1$으로 변하여 수입이 □p_1cbp_2만큼 증가한다. 그러므로 수요곡선이 비탄력적 일수록 농가는 생산량 감소로부터 더 많은 이익을 얻어 농가가 유리해진다는 것을 알 수 있다. [그림 17-3]의 경우 D_1의 수요곡선을 갖는 경우 농가의 수입이 상대적으로 증가하여 유리할 것이다.

선진국의 농업생산성은 앞으로도 상승할 것으로 예상되나 그 증가율은 낮을 것이다. 역사상 농업생산성의 증가는 농업보조금에 의해 지속 불가능하고, 비효율적이며 환경파괴적인 농업관행에 의존해왔다. 만약 보조금이 폐지된다면 농가는 보조금 폐지분 만큼 에너지와 환경비용을 추가부담하게 되나 이부분은 기술진보로 인한 생산성증가로 상당부분이 상쇄될 것이다.

장래 농업생산성 변화에 덧붙여서 농업관행의 변화도 예상할 수 있다. 유기농법으로 전환된다면 농가의 소득을 증가시키나 소비자 식료품비를 증가시킬 것이다.

한편 세계 기아문제는 우리들의 문제이며 바로 현실이다. 세계 많은 나라의 국민이 심각한 영양결핍은 겪고 있으며 이 만성적인 문제의 근본적 원인은 빈곤이다. 빈곤에 의한 이런 해악은 식량공급의 변화에 의해 더욱 심화된다. 개도국들이 인구증가율을 훨씬 초과하여 연간 약 4%의 식량생산을 증가시킬 수 있을 것으로 예상된다. 그러나 식량생산 증가는 선진국이 농업기술을 공유하고 개도국들에게 그들의 시장을 개방할 때만이 가능할 것이다.

세계 기아문제의 중요 부분을 빈곤이 차지하고 있기 때문에 단순히 더 많은 식량을 생산하는 것만으로는 충분하지 않다. 빈곤층이 식량을 구매할 수 있는 능력이 증진되어야 한다. 빈곤을 줄이는 일은 농민의 수입을 증가시키고 비농업 부문에서의 고용기회를 지원함으로써 달성될 수 있다.

제 18 장
산림자원

숲은 목재, 연료, 펄프, 공기정화기능, 야생동물 서식처, 수자원을 공급하는 집수지 보정 등 다양한 재화와 편익을 제공한다. OECD(1991년)의 통계에 의하면 전세계의 35.6%가 산림으로 덮여있으며 우리나라는 국토의 70% 이상이 산림으로 구성되어 있다.

나무의 성장은 다른 1년생 곡물류에 비해 매우 느리기 때문에 관리가 매우 어렵다. 그리고 산림자원은 재생자원(renewable resources)이면서 저축가능한(storable) 자원이고 단기적으로는 비재생자원의 특성을 가지고 있다. 그러므로 자원의 이용량이 증가함에 따라 희소성이 증가하는 경제적 특징을 갖고 있다.

산림관리자는 생산량을 극대화할 수 있는 벌채와 재배시기를 결정해야 한다. 또한 산림의 다양한 가치들 사이의 적절한 균형을 찾아야 하기 때문에 효과적인 판단기준이 필요하다.

최근 세계적으로 산림은 벌목, 농경지 조성, 그 밖의 개발 등으로 황폐화되고 있다. 산림의 파괴는 지구온난화 심화, 생태계 파괴, 농작물 생산성 감소, 토양유출 및 황폐화 가속, 그리고 전통적인 문화를 퇴화시킨다. 1989년 국제열대목재기구(ITTO: International Tropical Timber Organization)의 보고에 의하면 열대림 벌채의 0.1% 이하만이 지속가능하게(sustainably) 이루어지는 것으로 나타났다.[25] 최근의 산림업 활동은 지속가능성(sustainability)와 효율성(efficiency)의 두 기준을 모두 거스른다.

산림자원의 효율적인 관리를 위해서는 산림생태학과 경제학의 적절한 조화가 필요하다. 왜냐하면 나무 성장의 생물학적 모형에 경제학적 개념을 도입하여 효율적인 벌목시기를 결정하고, 산림자원의 복합적 가치가 벌목 결정에 어떻게 영

25) sustainability: 성장에 의해 보충되는 것보다 많지 않은 나무를 벌채하는 것

향을 미치는 지를 입증해야 하기 때문이다.

본 장에서는 산림자원의 효율적인 관리, 산림자원의 공공 또는 민간관리의 결과로 예상되는 비효율성, 그리고 효율성을 회복하기 위한 전략에 대해서 알아보고자 한다.

제 1 절 벌목의 경제학

1. 목재자원의 속성

목재는 생산재, 자본재 모두의 특성을 보유하고 있다. 벌채된 나무는 판매가능한 재화이고, 살아있는 나무는 자본재로서 다음해에 성장만큼의 가치를 제공해준다. 산림의 투자(재배)로부터 회수(벌목)까지의 기간이 수종에 따라 다르지만 대략 25년으로 상당히 길다. 그리고 산림이나 벌채는 다양한 외부경제효과를 발생시킨다. 따라서 이러한 외부경제효과는 산림자원의 효율적인 배분을 어렵게 할 뿐만 아니라 관리기관의 관리능력을 감소시킨다.

2. 목재의 성장함수

나무의 성장 측정은 특정부분의 체적에 기초하여 측정(cubic feet단위 사용)하는데 통상 그루터기의 4인치 윗부분의 줄기를 취해 측정된다. 나무가 클 경우에는 그루터기는 지면으로부터 24인치가 되는 부분이다.

나무의 성장은 재배초기에는 높이는 상당히 자라지만 체적에 있어서는 느린 성장을 보인다. 중기에는 체적의 증가와 함께 급속히 성장하고 말기에는 완전히 성숙한 나무로서 성장이 멎을 때까지의 느린 성장단계이다. 보통 나무는 식재후 4~5년까지는 상업적 가치가 없다.

산림에서 사용되는 용어인 MAI(mean annual increment)는 생물학적 방법에 기초한 개념으로 경제학의 평균생산을 의미한다. 나무의 한계생산이 평균생산보다 클 경우에는 시간이 지날수록 평균생산이 증가하기 때문에 나무를 베지 않는 것이 유리하다. 한계생산 곡선과 평균생산 곡선이 교차할 경우에 평균생산이 최대이기 때문이다. 그러나 생물학적 설명에 따르면 미송(더글라스 퍼)의 경우 MAI가 극대화되는 나이(135살)에서 벌채되어야 한다.

미송의 성장함수는 3차방정식으로 표현할 수 있다.

$$Q(t) = at + bt^2 - dt^3 \tag{18-1}$$

이를 그래프로 표현하면 [그림 18-1]으로 그릴 수 있다. 여기서 $a = 100$, $b = 2$, $d = 0.02$이다. 또 상업적으로 가치있는 목재의 양을 추정하는데 자주 사용되는 함수형태는 식(18-2)로 표현되는 지수함수형태이다.

$$Q(t) = e^{a - b/t} \tag{18-2}$$

여기서 $b > a > 0$, $t \to \infty$, $Q(t) \to e^a$

[그림 18-1] 미송의 성장함수($Q(t) = at + bt^2 - dt^3$)

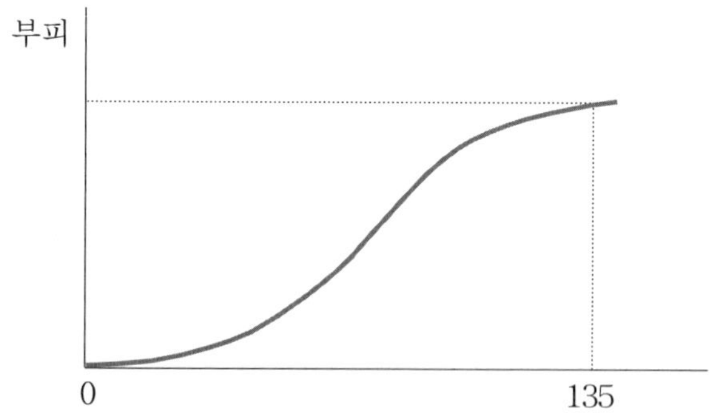

목재업자는 식재된 나무를 벌목하고 다시 식목할 적절한 시간을 알고 싶어한다. 이 간격을 벌목주기(rotation length)라고 한다. 목재업자들은 넓은 숲으로부터 매년 벌목량을 일정하게 하는 것이 바람직하다는 것을 안다. 왜냐하면 이는 벌목꾼과 제재소 노동자들을 매년 일정하게 고용할수 있게 하기 때문이다.

또한 숲을 0(방금 식목한 숲)에서 T(벌목할 숲)으로 연령대별로 나누어 관리할 수 있다.

만약 벌목주기가 T인 숲에서 연간 벌목량을 극대화하기를 원한다고 가정하자. 이것은 매년 일부 숲을 벌목하여 연평균벌목량,$Q(T)/T$를 얻는 것을 의미한다. 그리고 이 때 연평균 벌목량, $Q(T)/T$를 연평균성장(MAI: mean annual increment)이라고 한다. 이 연평균성장, ($Q(T)/T$)를 T에 관하여 1차 미분하여 0으로 놓으면, $Q(T)/T=Q'(T)$를 얻는다. 이는 연평균성장(MAI)을 극대화하는 벌목주기는 평균성장량($Q(T)/T$)과 한계생산량$Q'(T)$이 같게 될 때를 나타낸다.

[그림 18-1]에서 연평균성장을 극대화하는 벌목주기(T)는 $T=b/(2d)$가 된다. 지수함수의 성장함수에서는 벌목주기는 $T=b$이다.[26] [그림 18-2]는 지수함수인 형태인 성장모형에서 $a=10$, $b=70$인 경우를 그린 것이다. 이러한 경우 원점에서 곡선에 접하는 선을 그리어 연평균성장을 극대화하는 벌목시기, 즉 $T=70$을 얻는 것을 나타내고 있다.

[그림 18-2] 목재 성장함수($Q(t)=e^{a-\frac{b}{t}}$)

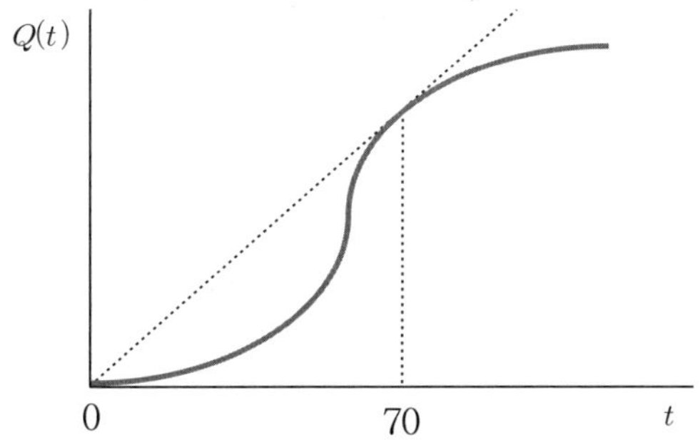

26) $Q(t)=at+bt^2-dt^3$과 $Q(t)=e^{a-\frac{b}{t}}$의 각각의 함수를 이용하여 $Q(T)/T=Q'(T)$을 만족하는 t를 구하면 얻을 수 있다. 여기서 지수함수는 미분은 $(e^{f(x)})'=f(x)e^{f(x)}$과 같다.

3. 단일 최적 벌목주기(Optimal single rotation)

숲에 최근 나무가 식재되었고 이 나무의 순현재가치를 극대화한다고 가정하자. 나무가 벌목된 후에 토지는 금전적 이해관계가 없는 다른 용도로 사용될 것이다. 이 숲이 벌목되기까지 얼마나 기다려야 하는가?

이와 같이 벌목후 재식재가 없는 단순 벌목주기(T)의 경우 나무의 순현재가치는 $\pi_s = p \cdot Q(T)e^{-\delta T}$로 주어진다. 목재가격에 벌목수량을 곱한 값을 현재가치화한 값, 즉 벌목수입의 현재가치이다.

$$\pi_s = pQ(T)e^{-\delta T} \tag{18-3}$$

여기서 p는 목재 1단위의 가격을, $e^{-\delta T}$는 할인인자를 각각 나타낸다. 최적 단순 벌목주기, T는 π_s를 T로 미분하여 0으로 놓으면 얻을 수 있다.

$$d\pi_s/dT = pQ(T)e^{-\delta T}(-\delta) + pQ'(T)e^{-\delta T} = 0$$

$$pQ'(T) = \delta pQ(T) \tag{18-4}$$

식(18-4)는 중요한 경제학적 의미를 갖고 있다. 왼쪽항, $pQ'(T)$는 해당 토지에 있는 숲을 한 주기(dT) 더 성장하도록 허용하는 경우, 즉 벌목을 지연하는 경우의 숲의 한계수입을 나타낸다. 오른쪽 항, $\delta pQ(T)$는 토지를 한주기 더 성장하도록 허용하는 경우의 한계비용이다. 즉 벌채를 1주기 지연하는 경우 추가되는 비용을 말한다. 오늘 벌목하지 않음으로서 잃어버린 이자수입을 나타낸다. 그러므로 최적 벌목주기는 벌목지연의 한계가치와 한계비용을 같게 할 것이다.

식(18-4)에서 P를 소거하면, 1차 조건을 $Q'(T)/Q(T) = \delta$로 표현할 수 있다. 이는 최적 벌목주기는 목재성장률, $(Q'(T)/Q(T))$을 할인율(δ)과 같게 한다. 성장함수가 지수함수인 식(18-2)의 경우 최적 벌목주기는 $T=\sqrt{b/\delta}$ 이다. 일반적으로 최적 벌목주기는 목재성장률을 최대화하는 벌목주기($T=b$)보다 짧다.

4. 파우스트만 벌목주기(Faustmann Rotation)[27]

토지의 일부분이 벌목후 다시 식재되는 등 토지가 영원히 주기적으로 벌목되는 숲으로 사용되는 경우의 최적 벌목주기를 파우스트만 벌목주기라고 한다.

c는 재식재하는 비용이고, p, c, δ, 그리고 $Q(t)$는 미래 벌목주기 동안 일정하다고 가정하자. 이러한 현실성이 떨어지는 정상상태의 환경에서는 최적 벌목주기는 일정하고 벌목과 식재의 패턴은 목재 성장함수($Q(t)$)가 [그림 18-3]과 같은 톱니 모양과 같은 시간궤적을 따르게 한다. [그림 18-3]은 $a=10$, $b=70$, 임의로 50년의 로테이션을 가정한 지수함수 형태의 목재성장함수이다.

[그림 18-3] 매년 50년 마다 벌목과 식재를 하는 경우 체적

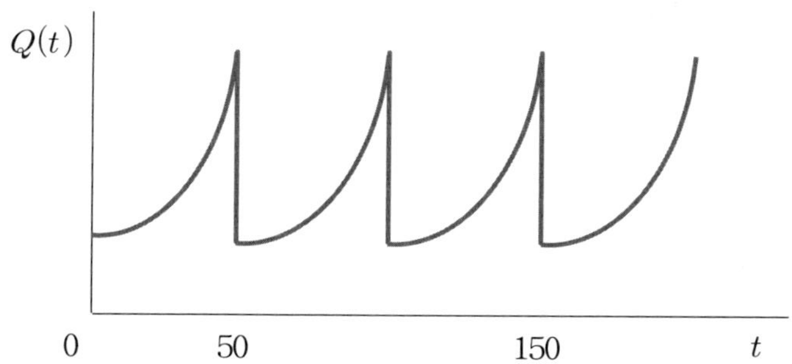

토지는 다시 식재되고 식재비용은 매몰비용이라고 가정하자. 매 회전주기의 마지막에 동일한 순수입($pQ(T)-c$)을 얻는다. 이 수입은 T, $2T$, $3T$, ... 등 무한대로 매기마다 동일한 순수입을 얻는다. 이러한 무한대 급수의 현재가치는 다음과 같다.

---

27) Conrad(1999), pp.63-71.

$$\pi = (pQ(T) - c)e^{-\delta T}(1 + e^{-\delta T} + e^{-2\delta T} + e^{-3\delta T} + ...)$$

$$= \frac{(pQ(T) - c)e^{-\delta T}}{1 - e^{-\delta T}}$$

$$\pi = \frac{(pQ(T) - c)}{e^{\delta T} - 1} \qquad (18\text{-}5)$$

위식에서 무한급수 $(1 + e^{-\delta T} + e^{-2\delta T} + e^{-3\delta T} + ...)$는 $0 < e^{-\delta T} < 1$인 경우 $1/(1 - e^{-\delta T})$로 수렴한다. 식(18-5)는 앞식의 분모분자에 $e^{\delta T}$를 곱해주면 얻을 수 있다. 파우스트만 벌목주기는 이윤(순수입), π를 극대화하는 T의 값이다. 1차미분, $d\pi / dT = 0$에서 최적벌목주기(T)를 구할 수 있다.

$$d\pi / dT = (pQ(T) - c)(-)(e^{\delta T} - 1)^{-2} e^{\delta T}\delta + (e^{\delta T} - 1)^{-1} pQ'(T) = 0.$$

이것은 다시 작성하면,

$$pQ'(T) = \frac{\delta(pQ(T) - c)e^{\delta T}}{e^{\delta T} - 1} = \frac{\delta(pQ(T) - c)}{1 - e^{-\delta T}}$$

양쪽에 $(1 - e^{-\delta T})$을 곱해주고 정리하면,

$pQ'(T) = \delta(pQ(T) - c) + pQ'(T)e^{-\delta T}$을 얻는다.

그리고 위식 오른쪽의 두 번째 항은 $\delta\pi$와 같다. 그 이유는 $pQ'(T) = \dfrac{\delta(pQ(T) - c)e^{\delta T}}{e^{\delta T} - 1}$이므로 양변에 $e^{-\delta T}$를 곱하면,

$$pQ'(T)e^{-\delta T} = \frac{\delta(pQ(T)-c)e^{\delta T}e^{-\delta T}}{e^{\delta T}-1} = \frac{\delta(pQ(T)-c)}{e^{\delta T}-1} = \pi\delta$$ 이기 때문이다.

그러므로 아래의 식(18-6)을 추가할 수 있다.

$$pQ'(T) = \delta(pQ(T)-c) + \delta\pi \tag{18-6}$$

식(18-6)의 왼쪽은 벌목을 지연함으로서 발생하는 수입의 증가를 나타낸다. 즉, 현재 숲의 벌목을 한 주기 늦춤(dT)으로서 발생하는 수입의 증가분을 나타낸다. 식(18-6)의 오른쪽에서 $\delta(pQ(T)-c)$은 만약 현재 숲이 벌목주기 T에 벌목되지 않으면 잃어버릴 이자수입을 나타낸다. 이것이 현재 숲의 벌목을 지연시킴으로서 나타나는 유일한 기회비용은 아니다. $\delta\pi$는 모든 미래 숲의 벌목을 순차적으로 지연시킴으로서 발생하는 비용이다. 즉, 숲이 벌목된 후에 다시 식재된다면 $\delta\pi$는 토지소유자가 숲임대업자에게 부과할수 있는 (잃어버린) 임대수입액이다. 이들 두항의 합이 벌목을 지연함으로서 발생하는 한계비용이다.

식(18-6)을 만족하는 파우스트만 벌목주기는 최적 단일 벌목주기와 어떻게 다른가? 직관적으로 보아도 무한대 벌목주기의 문제에서 벌목 지연은 추가적인 비용($\delta\pi$)을 발생시킨다. 그러므로 파우스트만 벌목주기는 단일 최적 벌목 주기보다 짧아질 것이다. 높은 할인율이 적용된다면 이윤(π)이 더 많이 할인되기 때문에 $\delta\pi$는 작아지므로 파우스트만 벌목주기는 최적 단일 벌목주기보다 짧다.

또 다른 흥미로운 개념은 $[\pi(T^*)-c]$이다. 여기서 T^*는 파우스트만 벌목주기이고 π는 현재 숲의 식목비용이 이미 지불된(sunk)것으로 볼 때 모든 미래 벌목주기의 수입의 현재가치의 합을 나타낸다. 여기서 T^*는 π를 극대화한다.

$[\pi(T^*)-c]$는 토지의 기대값 또는 지대값(site value)이라고 한다. 이값은 빈 토지가 전적으로 숲으로 이용될 때의 가치이다. 현재 숲이 벌목된 후, 다시 나무를 식재하는 것이 가치가 있기 위서는 $[\pi(T^*)-c]$이 플러스의 값이 되어야 한다. 다시 말하면, 새로이 식목된 묘목을 가진 토지의 기대 가치, $\pi(T^*)$는 다시 묘목을 식재하는 비용(c)을 초과해야 한다. 만약 $[\pi(T^*)-c]<0$이면, 토지소유자는 토지를 산림용으로부터 사용가치가 더 높은 다른 용도로 용도를 변경할 것이다.

5. 목재공급

목재가격(p), 식목비용(c), 할인율(δ) 등의 변화에 대한 목재회사의 공급변화를 분석하기 위하여 파우스트만 모형을 사용할수 있다. 단기 공급변화는 벌목주기(T)의 변화로 인한 벌목량에서의 변화이다. 그리고 장기공급은 a) 연평균성장($Q(T)/T$)의 변화와 b) 목재생산에 사용된 토지의 양의 변화로 나타날 것이다. 장기공급은 두 요소에 의해 영향을 받기 때문에 가격이나 비용변화의 순효과는 분명하지 않다.

목재공급이 단기나 장기에 감소하거나 증가할 것인지를 분석하기 위하여 가격(p), 식목비용(c), 그리고 할인율(δ)의 변화에 의한 벌목주기(T), 토지임대료($\pi\delta$)의 변화의 비교정태분석을 이해할 필요가 있다. 식(18-6)을 유도하는 과정에서,

$$pQ'(T) = \frac{\delta(pQ(T) - c)}{1 - e^{-\delta T}}$$

양변을 p로 나누면 다음과 같은 식(18-7)이 된다.

$$Q'(T) = \frac{\delta(Q(T) - c/p)}{1 - e^{-\delta T}} \qquad (18\text{-}7)$$

비교정태분석에서 $Q'(T) > 0$, $Q''(T) < 0$이고, 그리고 p, c, δ의 변화의 전후 모든 파우스트만 벌목주기는 연평균성장을 극대화하는 벌목주기보다 짧다고 가정하였다. 마지막 가정은 장기공급을 결정하는데 중요하다.

식(18-7)은 파우스트만 벌목주기에 의해 만족되어야만 한다. 가격(p)이 증가한다고 가정할 때, 식(18-7)의 등식을 유지하기 위해서는 파우스트만 벌목주기는 어떻게 되는가?

가격(p)의 증가는 오른쪽항을 증가시키다. 등식을 유지하기 위해서는 $Q'(T)$를 증가시켜야 한다. 이것은 앞의 가정에 의하여 파우스트만 벌목주기를 짧게

함으로서 $Q'(T)$를 증가시키는 것이 가능하다. 그러므로 목재가격이 p_1에서 p_2로 상승한다면 파우스트만 벌목주기는 T_1에서 $T_2(T_2 < T_1)$로 짧아질 것이다. 즉, 가격증가로 파우스트만 벌목주기는 감소하기 때문에 $dT/dp < 0$로 표현할 수 있다.

식목비용(c)의 증가는 벌목주기에 반대의 효과를 갖고 있다. 가격(p)의 증가는 비용/가격비율(c/p)을 감소시키고 비용(c)의 증가는 (c/p)를 증가시킨다. 같은 논리로 만약 c가 증가한다면 식(18-7)의 오른쪽 항은 감소한다. 이러한 경우 식(18-7)이 등식이 되려면 $Q'(T)$가 감소되어야 한다. $Q'(T)$를 감소시키기 위해서는 벌목주기를 길게 가야 한다. 그러므로 $dT/dc > 0$으로 표현할 수 있다.

마지막으로 식(18-7)의 오른쪽 항에 있는 할인율(δ)의 증가를 고려하자. 할인율이 증가하면 오른쪽 항의 분모는 1로 점진적으로 증가하고 분자는 할인율과 선형관계에 있기 때문에 오른쪽 항의 값은 증가한다. 식(18-7)의 등식관계를 회복하려면, 벌목주기를 짧게 가져감으로써 가능한 왼쪽 항의 $Q'(T)$를 증가해야 한다. 따라서 $dT/d\delta < 0$이다.

목재회사의 단기공급은 이들 비교 정태분석 결과로부터 유추할 수 있다. 특히 p, c, δ의 변화로 벌목주기가 단축된다면 목재공급이 증가할 것이다. p 또는 δ의 증가는 목재의 단기 공급을 늘릴 것이나 반면에 식재비용(c)의 증가는 목재의 단기공급을 줄일 것이다. 왜냐하면, 식목비용의 증가는 벌목주기를 길게하여 산림의 벌목을 지연시키기 때문이다.

장기에서 목재공급은 단위 면적당 연평균성장, $Q(T)/T$과 숲의 면적(크기)에 달려있다. 숲의 크기는 산림용 토지의 임대가치인, $\pi\delta$에 달려있다. 이론상 δ를 변화시키는 p, c, 또는 δ의 변화는 더 많은 토지가 산림으로 이용되도록 할 것이다. 그러므로 식(18-5)로부터 $\pi\delta = \delta(pQ(T) - c)/(e^{\delta T} - 1)$로 표현할 수 있다.

앞의 $\delta\pi$식으로부터, 목재가격(p)의 증가는 $\delta\pi$를 증가시키고 반면 식목비용(c)의 증가는 $\delta\pi$를 감소시킨다는 것을 알수 있다. 따라서 p의 증가는 더 많은 토지가 산림으로 이용되도록 만들고 c의 증가는 기존의 산림으로 사용되는 토지의 수익성을 낮추어 일부 토지는 다른 용도로 전환하게 할 것이다.

할인율(δ)의 증가는 $\delta\pi$를 감소시킬 것이다. π가 δ에 달려있기 때문이다. 할인율의 증가는 지수함수적으로 순수입(π)을 감소시키기 때문이다. 결과적으로 할인율의 증가는 토지임대료($\delta\pi$)를 낮추고 숲으로 사용된 토지의 가치를 낮추될 것이다.

p, c, 또는 δ의 변화는 장기공급에 어떠한 의미인가? 가격증가는 벌목주기를 단축시키고 연평균성장($Q(T)/T$)을 낮게 하여 장기공급을 감소시킨다. 또한 가격증가는 토지임대료($\delta\pi$)를 증가시켜 산림용 토지를 금전적으로 더 매력적으로 만든다. 순효과는 이들 두효과의 상대적 크기에 의해 달려있다. 이론적으로 가격 증가의 장기공급효과는 불분명하다.

식목비용(c)의 장기공급효과 또한 분명하지 않다. c의 증가는 기업으로 하여금 벌목주기를 늦추도록 하여 $Q(T)/T$을 증가시키어 장기공급을 증가시킬 것이다. 그러나 c의 증가는 $\delta\pi$를 감소시켜 산림용 토지의 가치를 떨어트려 산림용 토지의 면적을 줄일 것이다. 연평균성장효과와 산림용 토지의 가치효과가 서로 상반되게 작용하여 비교정태분석에 의한 순효과는 불분명하다.

할인율(δ)의 증가는 장기공급효과가 분명하다. 할인율의 증가는 목재회사의 벌목주기를 단축시키고 연평균성장, $Q(T)/T$를 감소시킬 것이다. 또한 할인율의 증가는 $\delta\pi$를 낮추어 산림용 토지의 가치를 하락시켜 산림용 토지로 사용하는 것이 수익성이 떨어진다. 이러한 두효과는 모두 장기공급을 감소시킨다. <표 18-1>은 위에서 설명한 이러한 변수의 목재 공급효과를 정리한 것이다.

〈표 18-1〉 주요변수의 벌목주기, 연평균성장, 장단기 공급효과

	p	c	δ
T	−	+	−
단기공급	+	−	+
$Q(T)/T$	−	+	−
$\delta\pi$(임대수입)	+	−	−
장기공급	?	?	−

제 2 절 비효율성의 원인

최근 브라질의 아마존유역이나 인도네시아의 열대우림이 벌목이나 개간으로 파괴가 지속되고 있다. 왜 열대우림의 벌목이 효율성과 지속가능성을 위반하면서 일어나는가? 이는 산림의 외부경제효과를 내부화시키지 못하기 때문이다.

1. 지구전체의 비효율성

첫번째 요인은 산림은 국경을 넘어서는 외부효과를 발생시키기 때문이다. 외부효과가 국경을 초월하여 발생하기 때문에 국가정책으로 산림의 남벌문제를 해결하기는 어렵다. 어떤 형태의 국제적인 협력이 필요하다.

2. 생물다양성

열대우림의 벌목은 종의 소멸을 가속화한다. 특히 열대우림의 파괴는 생물의 활동이 가장 왕성한 서식지를 파괴하기 때문에 종이 소멸되는 주요 원인이다. 이러한 종의 소멸은 인류가 생물의 다양성이 의미하는 유전자집단(gene pool)을 가장 잘 이용할 수 있는 시대에 일어나고 있다.

현대 기술은 한 종으로부터 다른 종으로의 바람직한 유전자를 이식하여 질병 및 해충에 강한 새로운 종을 만들 수 있다. 그러므로 유전자(donnor gene)의 원천으로서의 역할을 하기 위해선 유전자집단이 다양해야 한다. 열대림은 커피, 카카오와 같은 환금작물(cash crop)의 질병에 강한 유전 물질을 제공하였고, 몇몇은 완전히 새로운 식량의 원천이 되었다. 또한, 모든 처방약의 1/4이 열대림에서 발견된 물질에서 추출되고 있다. 그러나 열대우림의 파괴로 미래의 새로운 유전자의 발견이 위협을 받을 것이다.

3. 지구온난화

산림벌목(deforestation)은 지구온난화의 원인이다. 숲은 지구온난화의 주범인 이산화탄소를 흡수하고 산소를 배출한다. 따라서 벌목은 이산화탄소 배출의 증가를 막을 수 있는 가장 강력한 수단을 줄인다. 농경지 조성을 위한 화전은 대기 중 이산화탄소를 증가시킨다. 산림의 중요성에도 불구하고 산림남벌이 증가하는 이유는 산림을 보유한 국가의 지구온난화 및 생물다양성(biodiversity)의 혜택이 산림보유국뿐만 아니라 다른 국가에도 발생하는 외부효과를 가지고 있기 때문이다. 반면 산림보전비용은 산림보유국내에서만 발생하기 때문이다. 결국 벌목에 의한 생물다양성의 파괴와 지구온난화로 인한 피해는 선진국(벌목한 국가 밖의 영역)에서 더 절실히 느껴지고 있다.

벌목의 중단은 산림을 제거해 사용 가능한 토지로 만들어 그곳에서 발생하는 고용과 소득을 포기함을 의미한다. 지구적 외부효과(global externality)는 시장실패에 대한 분명한 이론적 근거를 제공해준다. 또한 열대우림을 소유한 국가는 산림의 파괴에 서 얻을 수 있는 재정적 이익을 포기해야 한다. 따라서 재정적 어려움을 겪는 정부가 자체적으로 열대우림 파괴 문제를 해결할 수 없는 이유이다.

4. 빈곤과 부채

농민들은 화전(벌목)을 통하여 주인이 없는 산림지의 토지 소유자가 될 수 있는 기회라고 생각한다. 국가 역시 부자에서 강탈하는 것보다 국유지나 주인이 없는 땅을 소작인들에게 주는 것이 정치적으로 가능한 방법으로 간주한다. 만일 토지가 없다면 농민들은 도시지역으로 몰려들 것이기 때문이다. 정치적으로 어려운 상황다수인 농민의 반발을 우려해 정부가 산림지를 농민들에게 개방해주는 조치를 강구하게 하였다. 과거 브리질이 여기에 해당된다. 그리고 아프리카 동부와 남부에서의 빈곤과 벌목은 상호간에 피드백되며 악순환이 되고 있다.

대부분의 국유 산림지는 목재와 연료, 농경지 조성의 목적으로 벌채되었다. 시골빈민들은 연료용 목재가 없어짐에 따라 동물의 분뇨를 취사용 연료로 사용하여 비료의 원천인 분뇨의 고갈에 따른 토양의 황폐화를 가속시킨다. 토양의 황폐화는 연료용 나무와 동물의 분뇨를 구하는 것을 더욱 불가능하게 만들기 때문에 영양부족으로 이어진다. 또한 영양부실은 기력을 약화시키고 질병에 대한 저항력을 약화시킨다.

국가는 부채를 감당하기위해 외환소득의 대부분을 고갈시킨다. 많은 개도국들에 의해 차입된 부채는 국가가 필요한 외환을 마련하기 위해 그들의 산림자원을 지나치게 개발하는 행위(원목수출)을 부추기고 있다. 통계에 의하면 "제3세계 외채의 반은 그리고 전세계 남벌의 2/3는 동일한 14개 개도국에서 발생한다"고 한다.

5. 왜곡된 인센티브

경제적 유인이 잘못되었을 경우 이윤극대화는 효율적인 결과를 가져오지 못한다. 잘못된 인센티브는 매우 비효율적(inefficient)이고 지속 불가능한(unsustainable) 결과를 가져온다. 한국의 경우 전체 산림면적의 51%가 사유지이다. 이윤극대화는 효율적인 산림경영과 거리가 멀 수 있다. 사회할인율과 민간의 사적할인율이 서로 동일한 한 이윤을 극대화하는 벌목주기 또한 순이익을 극대화한다.

효율적인 주기보다 짧은 벌목주기와 긴 벌목주기 모두 낮은 이윤을 얻을 것이다. 따라서 효율적인 벌목은 민간 산림업자가 처해 있는 환경에 달려 있다. 제2차 세계대전 이후 과학기술이 산림산업에 영향을 미치기 시작하여 산림업의 상당한 발전이 이루어졌다. 속성수, 질병에 대한 저항력이 강한 새로운 유전질의 나무들이 개발되었다. 또한 식재(restocking), 해충관리(pest-control), 그리고 전반적인 관리기술 등이 개선되었다. 그럼에도 불구하고 산림경영이 비효율적으로 운영되고 있는 이유는 다음과 같다.

첫째, 규모(scale)는 효율적인 산림경영을 이루는데 중요한 요소이다. 소규모 산림 소유자들에게는 산림경영에 관한 지식을 넓히기 위한 시간과 자금의 투자가 이루어지고 있지 않다. 즉 소규모 숲은 규모의 경제 때문에 효율적인 운영이 어렵다. 소규모 숲 경영자에게는 지식의 획득에 사용되는 비용과 사업활동에 투자되는 비용은 잠재적인 이익을 상쇄하기에는 너무 클 수도 있다.

둘째, 외부비용는 민간산림업자가 극복해야 할 또 다른 문제이다. 산림지에 이루어진 막대한 투자가 소유자의 통제능력으로부터 벗어난 요인들에 의해 무용지물이 될 수 있을 때 투자 동기는 위축된다. 산림은 목재채취는 이외에도 다른 가치들(집수원 보정, 토양유출방지 등)이 존재하며 이러한 가치들이 또 다른 비용을 부과한다. 그러나 이러한 가치들은 벌목 결정에 있어 적절하게 고려되지 않을 수도 있다.

셋째, 정부에 의한 잘못된 제도이다. 브라질에서의 급속한 남벌은 브라질 정부의 잘못된 인센티브에 의해서도 많은 영향을 받았다. 산림업에 목축이나 곡물경작 보다 높은 세율을 부과하여 산림지가 목축지나 농경지로의 전환이 가속되었다. 결국 브라질 납세자는 산림벌목에 보조하고 있는 셈이다. 또한 벌목 후 토지에 대한 재산권을 인정하여(1850년대부터) 농민들이 공유지에 무단 정주함으로써 토지를 획득하였다. 결국 산림벌목은 토지가 없는 농민들이 토지를 획득하는 수단이었다.

넷째, 잘못된 인센티브의 또 다른 형태가 비효율적인 벌목의 주요 원인이다. 벌목업자들의 비효율적 산림경영의 원인은 국유림의 육림계약에서 볼 수 있다. 정부는 벌채권 불하할 때 다양한 정책수단을 가지고 있다. 그러나 많은 경우 영향력 있는 권력자에게 정상가격보다 훨씬 낮은 가격으로 불하된다. 결과적으로 벌목비용은 인위적으로 감소되고 벌목업자는 효율적인 수준보다 훨씬 더 많은 산림지를 벌목하게 한다. 이러한 정부의 실패는 산림이 보유한 부의 가치를 정부가 회수해서 빈곤이나 다른 가치 있는 사회적 목적을 위해 사용되지 않고 몇몇 개인이나 기업에게로 가게 하는 결과를 낳는다. 이러한 벌채권을 소유한 업자들은 나무를 다시 재배하고 벌목과정에 있어 주의를 기울이고, 어린 나무들이 효율적인 벌목 수령에 이를 때까지 보호할 인센티브가 전혀 없다.

제 3 절 효율적인 관리

1. 부채-자연 교환(Debt-Nature Swap)

개도국이 차입한 외채에 의해 발생되는 산림에 대한 벌목압력을 줄이는 전략이다. 부채-자연 교환은 국제적인 부채조정에 있어 공통이해(common ground)를 반영하는 혁신적인 정책으로 정책수단이 독특하다. 정책을 수행함에 있어 비정부조직(NGO)의 직접적인 개입이다. 일반적으로 NGO에 의해 개도국의 부채가 매입된다. 새로운 채권자인 NGO는 채무국에 대해 산림지 보전과 같은 환경적으로 관련된 조치에 대한 보상으로 부채를 상쇄해주는 것을 제안한다.

한 예로 1987년 7월 미국환경단체가 $650,000에 달하는 볼리비아 정부의 외채를 $100,000의 할인된 가격으로 민간은행으로부터 매입하였다. 환경단체는 볼리비아 정부에게 부채를 탕감해주는 대신 산림보호를 위한 조치를 하기로 합의하였다. 채무국의 입장에서 이러한 합의의 가장 큰 이점은 막대한 외채를 자국 통화로 갚을 수 있다는 점이다. Debt-Nature Swaps은 외환에 대한 압력을 환경보전의 압력으로 전환할 수 있는 가능성을 제공한다.

2. 채취보전지역

채취보전지역(extractive reserves)의 설립은 남벌을 막을 뿐만 아니라 산림속의 토착민을 보호하기 위해 계획된 정책이다. 그리하여 과도하게 산림이 파괴되는 것을 방지할 수 있다. 1988년 7월 브라질 정부는 토착민의 권리를 침해하는 개발로부터 토착민인 고무 채취자들을 보호하는 체취보전지역으로 브라질 북부에 위치하고 있는 아끄레(Acre)지역의 4곳이 설립되었다.

3. 보존지역권

보전지역권(conservation easements)이란 토지소유자가 토지소유권은 자신이 갖고 개발권만 지방정부나 주정부의 토지재단(Land Trust)에 파는 것을 말한다. 개발권을 판 이후에도 토지소유자는 토지를 숲이나 농지, 또는 목초지로 계속 이용할수 있지만 다른 용도로 개발하는 것은 영구적으로 할 수 없다.

보전지역권은 목적에 따라 경관지역권, 농업지역권, 오픈스페이스지역권, 역사보존지역권 등으로 구분된다. 보존지역권의 양도를 통해 토지소유자들은 일반적으로 보존지역권에 해당하는 세금공제의 혜택을 받고, 지역권을 소유한 기관들은 개발을 억제할수 있는 권리를 갖는다.

생태계 보호를 목적으로 모금된 기금은 생태적으로 가치 있는 지역에 대해 보존지역권을 획득하기 위해 기금을 사용하며 토지에 대한 이용을 제한한다. 열대림 지역의 경우 보전지역권은 토착민의 전통적인 산림에 대한 사용은 인정하지만 개발을 위한 벌목 행위는 금지한다.

해리티지재단은 전세계적으로 뛰어난 가치를 지닌 환경을 보호하기 위해 지역보존권을 이용하고 있다. 해리티지재단은 전세계 82개국에 358군데의 보존지역권을 소유권을 보유하고 있다. 우리나라는 내셔널트러스트운동이 여기에 해당된다.

제 19 장
어자원

어자원은 생물학적 특성상 다른 천연자원과는 달리 자율적으로 성장이 가능하여 스스로 번식하고, 성장할수 있기 때문에 적절히 관리한다면 지속적인 이용이 가능하다. 그러나 어자원은 사유화가 어려운 공유재의 성격을 가지고 있기 때문에 소수 특정인 혹은 어업인 스스로가 어자원을 보존하고 관리하는 것이 불가능하다. 또한 어자원에 대한 소유권이 없기 때문에 어자원의 선점을 위한 조업활동이 경쟁적으로 발생한다. 그 결과 어획노력의 과다투입에 따른 어자원의 남획현상이 발생하고, 어자원이 멸종에 이르게 된다. 이에 따라 어자원의 남획을 방지하고, 어자원에 이용에 대한 사회경제적 편익을 극대화시키기 위해 정부가 개입하여 어업활동을 관리하게 된다.

본 장에서는 어자원의 효율적 분배는 어떤 것인가, 그리고 시장이 어떻게 이 공유자원을 분배하는가, 그리고 효율적이고 지속가능한 어획량을 결정하는 공공정책을 알아 보았다.

제 1 절 효율적 분배

1. 어자원의 성장함수

t 시점에서의 어자원량을 X_t로 표시하고 t 시점에서의 어자원의 성장은 $F(X_t)$로 정의하였다. 그리고 어자원량은 환경적인 수용능력(K)에 의해 제한된다. 환경적인 수용능력이란 제한된 어장에 너무 많은 어류가 존재하여 더 이상 성장할 수 없는 상태의 어자원량을 말한다. 그러므로 X_t의 범위는

$0 \leq X_t \leq K$로 제한된다. 성장함수, $F(X_t)$는 다양한 형태로 나타낼 수 있지만 통상 사용하는 로지스틱 함수인, $F(X_t) = rX_t(\frac{X_t}{K_0} - 1)(1 - \frac{X_t}{K})$를 사용하하였다. 여기서 r은 내재적인 자연 성장률을, K는 최대 자원량(carrying capacity)으로 환경적인 수용능력을 나타낸다. $F(X_t) = 0$는 어자원량의 성장이 없는 상태를 나타내는, 즉 채취되지 않은 원시상태에서의 균형인 정상상태를 의미한다. $F(X_t) > 0$는 어자원량의 성장을, $F(X_t) < 0$는 자연사망률이 어자원의 출생율보다 큰 마이너스 성장을 나타낸다.

[그림 19-1]은 어자원의 성장($F(X_t)$)과 어자원량(X_t)과의 관계를 나타내고 있다. 어자원량은 가로축에 어자원의 성장은 세로축에 나타내고 있다. 그림에서 $X_1 = K_0$은 불안정한 균형상태를 나타낸다. 만약 어자원량이 X_1보다 작은 왼쪽에 있을 경우 어자원의 성장은 마이너스가 되고 결국에는 멸종에 이르게 된다. 그러나 어자원 스톡이 X_1보다 크다면 어자원의 성장은 플러스가 되고 어자원량은 $K(= X_4)$ 에 이르게 될 것이다. 즉, X_1에서 X_2까지는 어자원의 증가에 따라 어자원의 성장도 증가한다. 그러나 $X_2 \sim X_4$사이는 어자원량은 증가하지만 성장은 감소하게 된다.

X_1, X_4는 함수가 가로축과 교차하기 때문에 어자원의 증가는 영(Zero)이 된다. X_4는 자연균형점(natural equilibrium)이고 외부의 영향이 없으면 어자원수가 지속된다. 만약의 어자원수가 환경적 수용능력인 $K(= X_4)$를 넘어서면 성장이 마이너스가 되기 때문에 어자원량은 결국 X_4로 복원되어 되돌아간다. X_4는 자연의 수용능력(carrying capacity)라고 불리는 생존의 한계가 되는 점이다. 또 X_1에서 X_4사이에서는 어자원 성장이 플러스이기 때문에 외부에서 영향을 받지 않는 경우 어자원량은 증가하여 결국 X_4에 도달하게 된다.

X_1는 최소 존속 가능한 자원량(minimum viable population)이고 어자원의 순성장이 0이 되는 점이다. X_1보다 오른쪽으로는 어자원수가 증가하며 X_4에 이르고 X_1보다 왼쪽에서는 어자원수가 줄어들고 결국 멸종하게 된다. 어획량(catch level)은 어자원의 성장과 같은 양에서 어획하면 연속적인 수확이 가능하다. 이와 같이 어자원의 증가율과 같은 어획량을 지속가능 산출량(sustainable yield)이라고 한다. 아래 [그림 19-1]에서 X_2는 최대 지속가능 산출량(maximum sustainable yield)이라고 한다. X_2에서는 어자원의 순성장이 최대가 되기 때문이다.

[그림 19-1] 어자원량과 성장

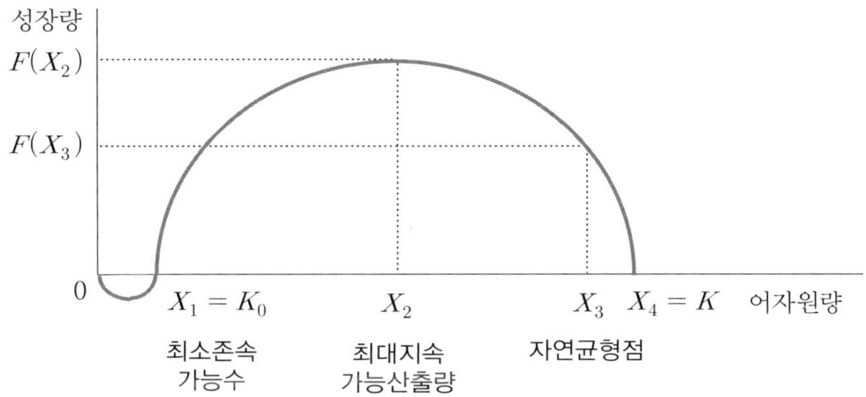

어떤 어자원이 X_3때 지속가능 산출량은 구하려면 X_3의 경우 어자원의 성장을 구하면 된다. X_3가 성장 함수와 교차하는 점의 성장은 $F(X_3)$가 된다. 이 수준에서 어획하면 어자원이 지속 가능하기 때문에 $F(X_3)$를 어획량으로 결정할 수 있다.

2. 어획생산함수

어획생산함수(fishery production function)는 어자원량(X_t)과 어획노력량(E_t)과의 관계를 나타낸다. 어획량(Y_t)은 산출물로, 어자원량(X_t)과 어획활동량(E_t)은 투입요소로 하여 어획생산함수는 다음과 같이 표현된다.

$$Y_t = H(X_t, E_t) \tag{19-1}$$

통상적으로 어획생산함수는 생산함수의 특수형태인 콥-더글러스 생산함수가 사용된다. 식(19-1a)에서 q는 어획능률계수(catchability coefficient)라고 한다. 단위 노력당 생산(Y_t/E_t)은 어획가능한 자원량(qX_t)에 비례한다는 가정에 의한 결과이므로 단위 노력당 어획생산함수라고 한다.

$$Y_t = qX_tE_t = qX_t^{\alpha}E_t^{\beta} \qquad (19\text{-}1a)$$

단, 여기서 $\alpha = \beta = 1$을 가정

t 시점에서 어획된 어자원량은 식(19-1)과 같은 일반적인 생산함수로 주어졌다고 하자.

$$Y_t = H(X_t, E_t) \qquad (19\text{-}1)$$

그리고 어획으로 인해 어자원량은 다음과 같이 변한다.

$$X_{t+1} - X_t = F(X_t) - Y_t \qquad (19\text{-}2)$$

어자원량이 변하지 않는 정상상태($X_{t+1} = X_t = X$)에서, 어획생산함수 식(19-1)를 식(19-2)에 대입하면 아래의 방정식을 얻는다.

$$F(X) = H(X, E) \qquad (19\text{-}3)$$

위 식은 정상상태에서 어획량은 성장량과 같아야 한다는 것을 나타낸다. 만약 식(19-3)에서 X를 E의 함수로 표현하면, $X = G(E)$와 같다고 하자. 이것을 식(19-1)에 대입하면 $Y = H(G(E), E) = Y(E)$를 얻는다. 여기서 $Y(E)$는 산출-어획노력함수라고 한다. 이는 정상상태에서 어획량과 어획활동과의 관계를 나타낸다. 이 함수는 장기적인 어자원 관리에 유용하다. 그리고 어획활동과 어획량에 관한 적절한 시계열 자료로 추정할 수 있다.

만약 어자원의 성장함수로 로지스틱 함수($F(X) = rX(1 - X/K)$)를 사용하

고 단위 노력당 어획량 생산함수를 $Y = H(X, E) = qXE$로 하면, 어획량이 성장량과 같은 정상상태($H(X,E) = F(X)$)에서 어자원량(X)은 $X = K[1-(q/r)E]$이고 어획량(Y)은 $Y = qKE[1-(q/r)E]$이 된다. 로지스틱 성장함수과 어획생산함수는 [그림 19-2]와 같다. 성장함수는 X와 Y, 그리고 어획생산함수는 E와 Y의 정상상태에서의 관계를 나타낸다.

[그림 19-2] 성장함수와 산출-어획노력함수

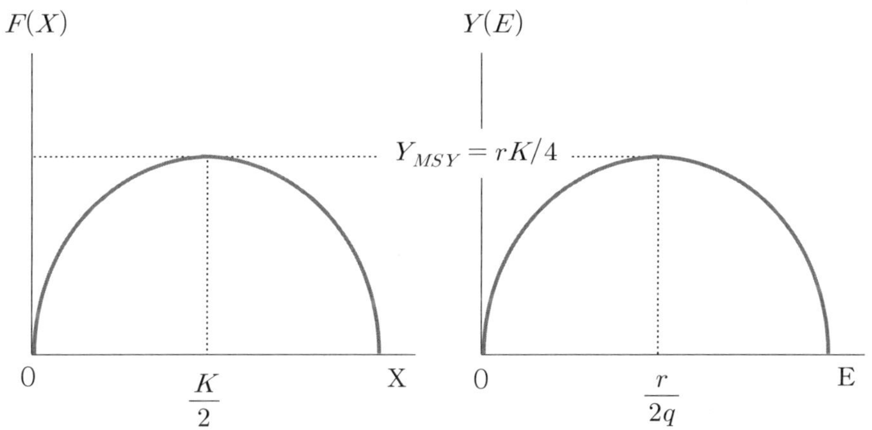

$F(X) = rX(1 - X/K)$
(성장함수)

$Y(E) = qKE[1-(q/r)E]$
(어획생산함수)

[그림 19-2]는 어자원 성장함수와 어획생산함수로 정상상태에서 어자원량은 $X_{msy} = \frac{K}{2}$으로, 이 때 최대 지속가능 어획량은, $Y_{msy} = \frac{rK}{4}$임을 나타내고 있다.

어획활동(E_t)을 측정하는 것은 매우 어렵다. 동일한 규모의 배가 동일한 그물을 사용하는 어업이라면 그물을 올리는 시간을 총어획 시간으로 어획활동을 측정할 수 있다. 저인망이나 연승어업(참치잡이)에서는 어선의 총 어획시간을 어획활동으로 측정할 수 있다. 가재, 게 등과 같은 자망어업에서는 설치된 자망의 수를 어획활동으로 측정할 수 있다. 일반적으로 어부들은 어획노력의 정도, 시간, 위치 등에 관한 정보를 공개하기를 꺼리기 때문에 어획활동에 관한 시계열 자료를 얻는 것은 어렵다.

3. 정태모형: 공유자원

최대지속가능산출량은 효율적이라고 할 수 없다. 효율적이라는 것은 순이익(net benefit)이 최대가 되는 것이므로 산출량이 최대가 되어도 비용이 많이 들면 효율적이라고 말할 수 없다. 정태모형에서는 할인율(discount rate)을 고려하지 않다는 점에서 동태모형과 다르다.

어획생산함수, $Y = Y(E)$으로 어자원의 장기균형을 분석할 수 있다. 어자원의 가격이 p이라고 가정하면, 정상상태의 어획수입(R)은 $R = pY(E)$이다. 그러므로 어획수입함수는 어획생산함수의 형태와 같다. 어획비용은 어획노력의 단순 선형함수, $C = cE$라고 하면, 어획수입함수와 비용함수는 [그림 19-3]으로 그릴 수 있다. 여기서 c는 어획노력의 단위 비용이다.

[그림 19-3] 공유자원과 지대극대화

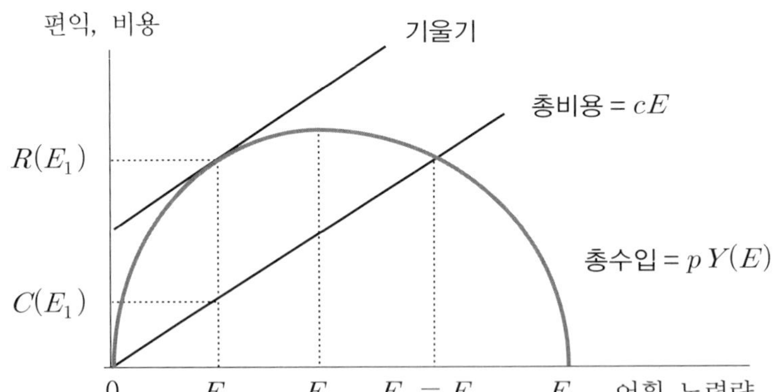

[그림 19-3]에서 총비용과 수입함수는 $E_3(= E_\infty)$일 때 교차한다. 여기서 ∞는 무제한 진입이 가능한 공유자원의 경우를 나타낸다. 그러므로 E_∞는 무한 진입이 가능한 공유자원인 어자원 경우 균형에서의 어획노력수준을 나타낸다. E_∞에서 총수입과 총비용이 같아지고 순수입 또는 이익은 없다($\pi = R - C = 0$).

이론상 무이윤 조건은 사회적으로 바람직한 경쟁적인 힘의 작용에 의한 결과로 여겨지지만 무제한 진입이 가능한 공유자원에서는 아니다.

어획노력이, E_∞ 에서 선주 및 선원에 대한 보상을 포함한 어로비용은 커버되지만 중요한 요소인 어자원량(스톡)에 대한 지불이 없다. 즉 미래세대에 대한 지불, 사용자비용이 없다. 어자원에 대한 접근이 자유롭기 때문에 어자원의 가치가 없을 때 까지 어획활동이 이루어진다. 공유자원의 균형점(X_∞, Y_∞, E_∞)은 너무 적은 물고기를 어획하기위해 너무 많은 배가 출어하는 경우이다. 사회전체의 입장에서 너무 많은 어획활동이 있고 낮은 수준의 어획량을 생산하게 된다. 이러한 어획노력 수준은 다른 경쟁적인 산업의 경우와 달리 사회적으로 바람직한 결과가 아니다. E_3에서 총비용은 선장과 선원에 대한 보상을 포함하지만 어자원 스톡에 대한 것, 소위 '사용자비용'은 없기 때문이다. 그러므로 공유자원의 균형점은 최적이 아니다.

[그림 19-3]은 어자원의 어획량과 편익, 그리고 비용과의 관계를 나타내고 있다. 수입(편익)함수(benefits function)는 앞에서 언급하였듯이 어자원의 가격이 불변이기 때문에 어자원의 성장에 따라 변한다. [그림 19-1]의 X_1점의 오른쪽 함수와 같은 곡선이 총수입(=편익)함수가 된다. 지속가능한 어획량은 E_2에서 최고가 된다. 이것은 [그림 19-1]에서 같이 최대 지속가능 산출량과 일치한다.

한편 이익은 [그림 19-3]에서 총수입과 총비용의 수직거리로 표시된다. 가장 순이익이 많아지는 효율적인 수확량은 E_1에서다. 왜냐하면 E_1에서 이윤극대화 조건($MR = MC$)이 만족되기 때문이다.

4. 동태모형: 공유자원

동태모형에서 할인율이 높아지면 어획량이 증가하고, 할인율이 무한대($\delta \rightarrow \infty$)이라면 순이익은 최종적으로 0이 된다. 즉, [그림 19-3]에서 $E_3(=E_\infty)$ 점이 된다.

공유자원의 동태모형은 두 개의 다른 방정식으로 구성된다. 하나는 채취될 때 자원의 변화를 기술하는 식이고 다른 하나는 채취노력의 변화를 나타내는

식이다. 어획생산함수, $Y_t = H(X_t, E_t)$을 식(19-2)에 대입하면,

$X_{t+1} - X_t = F(X_t) - H(X_t, E_t)$를 얻을 수 있다. 그리고 어획노력의 역학관계를 나타내는 두 번째 식은 어업인의 경제 행위를 설명하기 때문에 더 복잡하다. 가장 단순한 모형은 어업인의 어획노력은 지난해의 수익성에 따라 조정된다는 가정이다. 만약 가격$(p > 0)$과 어획노력의 단위비용$(c > 0)$이 0보다 크다면, t 시점에서 이익은 $\pi_t = pH(X_t, E_t) - cE_t$으로 쓸 수 있다. 만약 t 시점에서 이익이 존재한다면, t+1기의 어획노력은 확대된다고 가정할 수 있다. 그리고 그 반응이 이익과 선형관계라면, $E_{t+1} - E_t = \eta[pH(X_t, E_t) - cE_t]$로 표현될 수 있다. 여기서 η은 조정파라미터라고 한다. 이러한 두 차이 방정식은 동태모형으로 다음과 같이 표현할 수 있다.

$$X_{t+1} = X_t + F(X_t) - H(X_t, E_t) \qquad (19\text{-}4)$$

$$E_{t+1} = E_t + \eta[pH(X_t, E_t) - cE_t]$$

위 식으로부터 우리는 X_t와 E_t의 역학관계를 알 수 있다. 공유자원의 경우 동태모형으로 로지스틱 성장함수와 어획생산함수를 사용하면 식(19-4)는 다음과 같이 나타낼 수 있다.

$$X_{t+1} = [1 + r(1 - X_t/K) - qE_t]X_t \qquad (19\text{-}5)$$

$$E_{t+1} = [1 + \eta(pqX_t - c)]E_t$$

r, K, q, η, p, c의 값, 그리고 초기값 X_0, E_0으로 X_t와 E_t의 변화를 관찰할 수 있다. 식(19-5)로부터 공유자원에서의 균형의 경제적인 의미를 설명할 수 있다.

정상상태에서는 $X_\infty = c/(pq) > 0$이다. 그리고 어획생산함수를 이용하여 정상상태에서는 총수입과 총비용이 같으므로 어획노력수준, $E_\infty = r(pqK - c)/(pq^2K)$

이다.[28] 만약, $pqK > c$이라면 $E_\infty > 0$이다.

5. 정태모형: 독점의 경우

공유자원의 경제적 비효율은 1950년대에 국제적인 문제로 이슈화되었다. 그 당시 정책처방은 자원의 단독 소유제(민영화)나 소유자의 어획활동수준을 제한하는 것이었다. 이익극대화를 위한 어획노력은 [그림 19-3]에서 E_1이다. 여기서 수입함수, $R = pY(E)$을, 비용함수는, $C = cE$을 사용하였다.

어자원을 독점적으로 채취할 수 있는 소유자는 지대($\pi = pY(E) - cE$)를 극대화하기 위해 어선을 구입하거나 임대할 것이다. 이러한 경우 지대극대화 1차 조건, $d\pi/dE = 0$은 $pY'(E) = c$로 나타난다. 여기서 $Y'(E)$는 어획생산함수의 1차 미분이고 $pY'(E)$는 한계수입이다. 그러므로 지대를 극대화하는 어획활동은 한계수입은 한계비용과 같을 때이다. [그림 19-3]에서 지대를 극대화하는 어획활동은 c의 기울기를 갖는 수입곡선과 한계비용곡선의 기울기, c가 같은 E_1이다. 이 때 수입곡선과 비용곡선의 수직거리가 최대이다.

최고의 경매가격을 제시한 어업인에게 어자원에 대한 독점권을 매각하는 것은 공유자원 문제의 해결방법으로서 정치적으로 수용 가능한 해결책은 아니다. 일부 논란이 있지만 실현가능한 정책은 어자원에 대한 진입(입어)제한이다. 만약 정부가 초과 어선을 줄이어 어획활동이 [그림 19-3]에서 E_∞에서 E_1으로 감소된다면 이익을 극대화할 수 있다. 그리고 정부가 어자원에 대한 어업권을 경매할 수 있다면, 경매를 통하여 지대의 일부분 또는 전부를 차지할 수 있다. 이러한 경매수입은 어업정책의 집행, 관리, 연구 또는 생태개선에 사용될 수 있다.

문제는 어떻게 적절한 수의 어선이 어장을 떠나도록 할 것인가와 어떻게 남아있는 어선들이 어업능력(노력)을 증가시키는 어선개선을 위한 투자를 못하게 할 것인가이다. 우리나라를 포함하여 일부국가들은 어선을 구매하여 퇴출시키는 정책을 실시하였다. 국가 또는 지방 기금으로 과다한 어선을 구입하였다. 구입

28) 성장함수, $F(X) = rX(1 - X/K)$, 어획생산함수, $Y = qXE$이면, 정상상태(어획량이 어자원 성장과 같은)에서의 $X = K[1 - (q/r)E]$이고 $Y = qKE[1 - (q/r)E]$이다. 이식을 $\pi = pqXE - cE = 0$에 대입하면, $E_\infty = r(pqK - c)/(pq^2K)$을 구할 수 있다.

한 어선은 고물로 처리하거나 어업에 다시 사용하지 않는 조건으로 재판매할 수 있다.

남아있는 어선은 면허가 주어지고 면허된 어선만 어자원에 접근하도록 허용되었다. 그리고 면허소유자가 어업에서 은퇴하는 경우에는 면허를 파는 것이 허용되었다. 만약 어선 퇴출 정책이 성공적이고 남아있는 어선이 이익을 내고 있다면, 면허의 시장가격은 기대된 이익의 현재가치를 반영할 것이다. 진입제한의 경우 캐나다 브리티시 컬럼비아와 알래스카의 연어어업에서 면허가격은 20만 달러 이상으로 거래되었다.

어획활동을 E_1으로 제한하는 문제는 쉬운 일이 아니다. 심지어 어선 수가 고정된 경우에도 어선이 성능이 좋은 엔진을 장착하거나 어군탐지기, 위성항해장치 등을 추가한다면 효과적인 수준의 어획활동은 증가할 것이다. 이러한 종류의 자본보충에 의한 어선 개량은 진입이 제한되어 어선수가 고정되어도 어자원이 고갈에 이르게할 수 있다. 이는 어업정책결정자들로 하여금 선체길이, 저장능력, 엔진성능, 그물 크기 등에 대한 투입을 제한하게 한다. 이러한 어구제한은 그들 스스로 비효율을 발생시킨다. 이익을 추구하는 어부들이 총어획량에서 그들의 몫을 늘리기 위해 그들 어선의 효율성을 증가시키는 새로운 방법을 찾는 게임을 시작할 가능성이 있다. 진입제한은 그 자체의 문제점 때문에 장기에 최적관리를 달성하지 못한다.

6. 현재가치 극대화[29)]

$\pi_t = \pi(X_t, Y_t)$에서 이익(π_t)은 t시점에서의 어자원량(X_t)과 어획량(Y_t)에 의해 결정되는 것을 나타낸다. 그리고 채취된 어자원은 $X_{t+1} - X_t = F(X_t) - Y_t$에 따라 변한다. 최초의 자원량은 X_0로 주어졌다고 가정하자. 무한 계획 모형에서 이익의 현재가치 극대화는 다음과 같이 수식으로 표현된다.

29) Jon M. Conrad, *Resource Economics*, Cambridge University Press, 1999, pp.44-46을 참조함.

$$Maximize\ \pi = \sum_{t=0}^{\infty} \rho^t \pi(X_t, Y_t)$$
$$= \pi(X_t, Y_t) + \rho\pi(X_{t+1}, Y_{t+1}) + \rho^2\pi(X_{t+2}, Y_{t+2}) + \cdots$$

제약조건 $X_{t+1} - X_t = F(X_t) - Y_t$, 초기 자원량 $=X_0$.

$$L = \sum_{t=0}^{\infty} \rho^t \{\pi(X_t, Y_t) + \rho\lambda_{t+1}[X_t + F(X_t) - Y_t - X_{t+1}]\} \qquad (19\text{-}6)$$

라그랑지안 승수는 자원의 추가 한단위의 가치를 측정하는 암묵가치로 해석되므로 음함수로 표시된 차이방정식은 $t+1$시점에서 이용할 수 있는 X_{t+1}의 수준으로 정의할 수 있다. $t+1$시점에서 X_{t+1}의 추가 한단위의 가치는 λ_{t+1}이다. 이 가치는 t시점에서 순이익과 같은 현재가치로 통일하기 위해 ρ(1시점)로 할인되었다. 그러므로 $\{\bullet\}$의 표현은 t시점에서 이익과 $t+1$시점에서의 자원스톡 가치의 합이다. 이 값은 모든 기간을 통하여 ρ^t로 현재로 소급하여 할인된다.

X_t, Y_t, λ_t의 최적수준을 얻기 위한 라그랑지안함수의 1차 필요조건은 다음과 같다.

$$\frac{\partial L}{\partial Y_t} = \rho^t\{\partial\pi(\bullet)/\partial Y_t - \rho\lambda_{t+1}\} = 0 \qquad (19\text{-}7)$$

$$\frac{\partial L}{\partial X_t} = \rho^t\{\partial\pi(\bullet)/\partial X_t + \rho\lambda_{t+1}[1 + F'(\bullet)]\} - \rho^t\lambda_t = 0 \qquad (19\text{-}8)$$

$$\frac{\partial L}{\partial[\rho\lambda_{t+1}]} = \rho^t\{X_t + F(X_t) - Y_t - X_{t+1}\} = 0 \qquad (19\text{-}9)$$

라그랑지안 함수를 X_t로 미분할 때 X_t는 이익함수에서, 그 자체, 그리고 성장함수에서 변수로 세 번 보인다. 라그랑지안 식에서 t시점에서 $t-1$시점으로 이동하면 모든 것은 $t-1$의 시점이나 하나의 항만 t시점으로 $\rho^t\lambda_t X_t$이 된다.

이를 미분하면 식(19-8)의 마지막 항을 얻는다.

이해를 쉽게하기 위하여 1차 필수조건식, (19-7), (19-8), (19-9)를 다시 작성하면,

$$\partial\pi(\cdot)/\partial Y_t = \rho\lambda_{t+1} \tag{19-10}$$

$$\lambda_t = \partial\pi(\cdot)/\partial X_t + \rho\lambda_{t+1}[1+F'(\cdot)] \tag{19-11}$$

$$X_{t+1} = X_t + F(X_t) - Y_t \tag{19-12}$$

식(19-10)의 왼쪽 항은 t시점에서 채취된 자원 한단위의 한계편익이다. 최적 생산이 되기 위해서는 한계편익이 기회비용(사용자비용)과 같아야 한다. 사용자 비용, $\rho\lambda_{t+1}$은 $t+1$시점에서 추가적인 자원 한단위의 할인된 가치와 동일하다. 그러므로 식(19-10)는 두 종류의 비용으로 설명된다. 현재 시점에서 어획의 한계비용, $\partial\pi(\cdot)/\partial Y_t$과 오늘 자원 한단위 추가 채취에 의해 발생한 미래비용, $\rho\lambda_{t+1}$이다.

식(19-11)의 왼쪽 항, λ_t는 t시점에서 자원의 추가적인 한단위의 가치이다. 자원이 최적으로 관리되려면 t시점에서 자원의 한계가치가 현재시점의 한계편익, $\partial\pi(\cdot)/\partial X_t$과 채취되지 않은 자원이 미래에 가져올 한계편익, $\rho\lambda_{t+1}[1+F'(\cdot)]$의 합과 같아야 한다. 마지막 항, $\rho\lambda_{t+1}[1+F'(\cdot)]$은 추가된 자원의 가치와 할인된 한계성장의 가치이다.

$T\rightarrow\infty$인 무한대의 경우인 정상상태에서는 $X_{t+1} = X_t = X^*$, $Y_{t+1} = Y_t = Y^*$, $\lambda_{t+1} = \lambda_t = \lambda^*$이므로 식 (19-10), (19-11), (19-12)는 다음과 같이 쓸 수 있다.

$$\partial\pi(\cdot)/\partial Y = \rho\lambda \qquad (19\text{-}13)^{30)}$$

30) $p = \frac{1}{1+\delta}$를 대입하였다.

$$\rho\lambda[1+F'(X)-(1+\delta)]=-\frac{\partial\pi}{\partial X} \tag{19-14}$$

$$Y=F(X) \tag{19-15}$$

식(19-14)를 다시 정리하면,

$$-\rho\lambda[\delta-F'(X)]=-\partial\pi(\bullet)/\partial X \tag{19-16}$$

위 식 양변에 -1을 곱하고 식(19-13)을 식(19-16)에 대입하면 아래식을 얻는다.

$$F'(X)+\frac{\partial\pi(\bullet)/\partial X}{\partial\pi(\bullet)/\partial Y}=\delta \tag{19-17}$$

위식은 재생가능자원의 기초방정식으로 불린다. 식(19-17)의 왼쪽, $F'(X)$은 한계성장량이다. 두 번째 항은 자원채취의 한계가치로 측정된 자원스톡의 한계스톡효과(marginal stock effect)이다. 왼쪽은 자원의 내부수익률이라고 할 수 있다. 그러므로 최적 정상상태에서 X, Y의 값은 자원의 내부수익률이 할인율과 같도록 한다. 자본이론 관점에서 재생가능자원은 자산으로 간주된다.

성장함수가 $F(X_t)=rX_t(1-X_t/K)$이고, 어획생산함수는 $Y_t=H(X_t,E_t)=qX_tE_t$, 그리고 비용함수는 $C_t=cE_t$인 경우, 어획생산함수로부터 $E_t=Y_t/(qX_t)$이고 이를 비용함수에 대입하면 $C_t=cY_t/(qX_t)$을 얻는다.

그러므로 이익함수는 $\pi_t=pY_t-cY_t/(qX_t)=[p-c/(qX_t)]Y_t$로 표현된다. 그리고 이익함수의 편미분은 $\partial\pi(\bullet)/\partial X_t=c/qX_t^2$, $\partial\pi(\bullet)/\partial Y_t=(p-c/qX_t)$이고, 성장함수의 미분은 $F'(X)=r(1-2X_t/K)$이다. 이들 정상상태에서의 편미분을 식(19-17)에 대입하면 아래와 같다.

$$r(1-2X/K)+\frac{cY}{X(pqX-c)}=\delta \tag{19-18}$$

위 식(19-18)을 Y에 대하여 풀면, 정상상태에서의 최적의 채취량을 얻을 수 있다.

$$Y=\psi(X)=\frac{X(pqX-c)[\delta-r(1-2X/K)]}{c} \tag{19-20}$$

여기서 최적의 채취, $\psi(X)$는 생물경제적인 파라미터, c, δ, K, p, q, r에 의해 달려있다. 이들 파라미터의 변화는 최적채취량, $\psi(X)$곡선의 이동을 발생시킨다.

식(19-15)로부터 $Y=F(X)=rX(1-X/K)$를 식(19-20)에 대입하면 X에 관한 함수를 얻는다.

$$X^*=\frac{K}{4}\left[\left(\frac{c}{pqK}+1-\frac{\delta}{r}\right)+\sqrt{\left(\frac{c}{pqK}+1-\frac{\delta}{r}\right)^2+\frac{8c\delta}{pqKr}}\,\right] \tag{19-21}$$

여기서 최적 자원량, X^*는 여섯 개의 파라미터값에 달려있다. 만약 X^*가 구해지면 나머지 Y^*, E^*, λ^*를 구할 수 있다. 식(19-21)의 편미분으로부터, $dX^*/dr>0$, $dX^*/dK>0$, $dX^*/dp<0$, $dX^*/dq<0$, $dX^*/d\delta<0$임을 알 수 있다. 다시 말하면 r, K, c가 증가한다면 최적 자원량은 증가한다. 그리고 p, q, δ가 증가한다면 최적 자원량은 감소한다.

제 2 절 외부효과

만약 어업경영에 경쟁자가 없고 한 경영자가 어자원을 전부 관리한다면 어자원은 효율적으로 이용될 것이다. [그림 19-4]에서 어획활동이 E_1일 때 이익이 최대가 되고 총수입은 $R(E_1)$이 된다.

그러나 원양어업에서는 경쟁자가 존재한다. 원양어업에서 어자원은 공유자원이므로 아무도 어획활동을 규제할 수 없다. 원양어업에서의 진입자유(free access)는 두 종류의 외부효과로 시장실패를 발생시켜 어자원이 과다 채취되어 고갈되게 된다.

외부효과의 하나는 현세대에 있어서 일어나는 외부효과(contemporaneous externality)이다. 현세대에서 너무 많은 어선, 너무 많은 어부, 너무 많은 채취로 어부들은 실질적으로 많은 이익을 얻지 못한다. 다른 하나는 세대 사이에서 일어나는 외부효과(intergenerational externality)로 어자원의 스톡이 감소되면 미래 세대의 이익이 줄어든다.

어자원의 경우 진입이 자유로운 상태에서 효율적 분배는 실현되지 않는다. 효율적 산출량을 실현하는 어획활동수준(E_1)을 지켜도 누구나 자유롭게 진입할 수 있는 공유자원의 경우에는 이익이 발생하는 경우에는 새로 경쟁자가 나타난다. 새로운 경쟁자는 기존의 효율적 분배 수준을 초과하는 자원채취로 시장에 참가한다. 공유자원의 경우 결국 이익이 0이 되는 어획활동수준 E_3에서 균형이 된다. 그리고 산출량은 $R(E_3)$이 된다.

[그림 19-4] 어자원의 효율적 분배

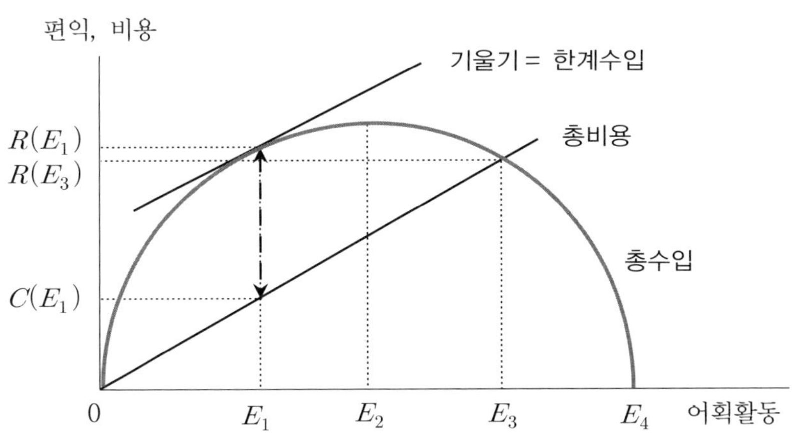

Huppert(1990) 연구[31]에 따르면 베링해(Bering Sea)에서는 효율적인 어선의 수가 9척임에도 불구하고 실제로는 140척의 어선이 어업활동을 하였다. 이로 인해 1억 2,400만 달러의 순이익을 잃은 것으로 평가되었다.

제 3 절 어자원 정책

어자원은 사유화가 어려운 공유재적 성격을 가지고 있기 때문에 소수 특정인 혹은 어업인 스스로가 어자원을 보존하고 관리하는 것이 불가능하다. 또한 어자원에 대한 소유권이 없기 때문에 어자원의 선점을 위한 조업활동이 경쟁적으로 발생한다. 그 결과 어선의 과다투입에 따른 어자원의 남획현상이 발생하고 어자원이 고갈되게 된다. 이에 따라 어자원의 남획을 방지하고 어자원에 이용에 대한 사회경제적 편익을 극대화시키기 위해 정부가 개입하여 어업활동을 관리하게 된다.

진입이 자유로운 공유자원인 어자원의 경우 자원스톡의 감소를 피하기 위한 전통적인 정책에는 1) 금어기 도입, 2) 어획도구 제한, 3) 총허용어획량제(TAC: Total Allowable Catch), 4) 어선의 입어제한 정책 등이 있다. 이들 정책은 개별적으로 또는 함께 사용되고 있다.

금어기 도입은 일정기간을 정하여 조업을 금지하는 것이다. 특정어류의 산란기나 종의 보존을 위해 어획활동을 제한하는 것이다. 예를 들어 연어의 경우 연어가 산란하는 장소에 이르기까지 상업적 채취를 금지하는 것이다. 굴과 같은 조개류의 경우 산란기인 봄철에 어획을 제한하는 것이다.

어구제한방법은 생태계를 지지하는 데 악영향을 주는 것을 방지하거나 어업활동의 효율성을 낮추기 위해 고의적으로 부과하는 것이다. 저인망 어선의 경우 그물크기를 제한하여 치어들을 보호하는 것이다. 어구제한 방법은 어획활동의 단위비용을 높이는 것이다.

총허용어획량제는 생물학자나 경제학자들의 자문을 통하여 얻은 총허용 어

31) Huppert, Daniel D. "Managing Alaska's Groundfish Fisheries: History and Prospects," University of Washington, Institute for Marine Resources Working Paper, May, 1990.

획량을 정하여 어획량을 제한하는 것이다. 어획시즌이 시작되면 어업관리자는 어획량을 조사하여 총허용어획량에 도달할 경우 더 이상 어획을 금지시키는 것이다.

1. 어로활동의 비용 통제

그물크기를 제한하여 치어를 보호하는 것은 어획 활동의 실질비용을 올려서 어획량을 줄이는 정책이다. 연어(salmon)는 강에서 태어나고 어린 연어는 바다로 향한다. 성어가 되면 알을 낳으려고 다시 태어난 강으로 되돌아온다. 이와 같은 연어의 회귀특성 때문에 올가미나 그물에 걸리기 쉽고 멸종하기 쉽다. 이를 막기 위해 미국은 어로 활동의 비용을 올렸다. 먼저 강에 장애물과 올가미 설치를 금지했다. 하지만 기대한 효과를 얻지 못했다. 저인망어업(Trolling) 등 이동 가능한 기술이 바리케이드와 올가미를 대신을 했기 때문이다. 즉, 어획활동의 비용을 올리는 방법은 새로운 기술을 도입하면 해결할 수 있었기 때문에 효과를 얻을 수 없었다.

또 어획금지기간을 정하여 어로활동의 시간을 제한함으로서 어획량을 줄이는 정책도 시도했다. 그러나 이러한 노력에 의한 자원의 보호효과는 불확실하다. 왜냐하면, 이윤극대화를 추구하는 어업인들은 어획활동의 재분배를 통하여, 즉 어선의 거대화, 어선 수 증가 등으로 어획활동이 제한이 없는 기간의 어획활동을 늘리는 방법으로 연간 어획활동을 줄이지 않을 것이기 때문이다.

다음 [그림 19-5]는 어로 활동의 비용을 올림으로서 효율적 지속가능산출량을 달성하는 것을 설명하고 있다. TC_1는 공유자원인 어자원의 총어획활동비용을 나타내고 TC_2는 정책을 실행함으로서 어획활동비용이 증가하는 경우를 나타낸다. 하지만 실제 사회에서는 앞에서 말한 바와 같이 비용부담정책은 기술혁신으로 충분한 규제효과를 얻을 수 없고 어획기간제한을 통한 정책도 역시 같은 이유로 효과를 얻을 수 없다. 기술혁신을 통해서 결국 비용을 줄이어 TC_1곡선으로 회복되기 때문이다.

[그림 19-5] 어획활동과 어업정책

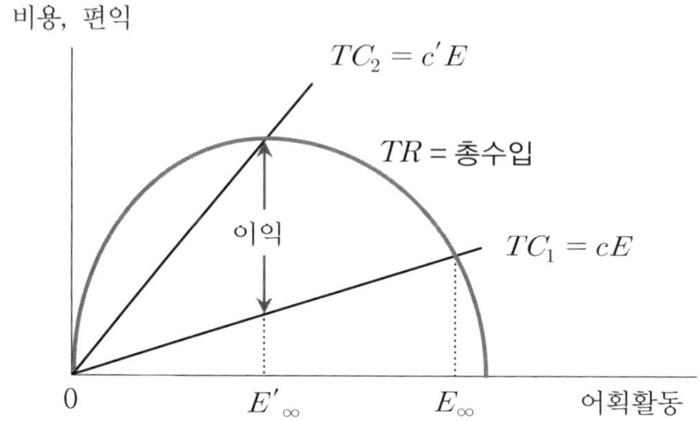

2. 이전 가능한 어획량 할당제(ITQs)

총어획할당량(TAC)은 정부가 연간 적정어획량을 정하여 어획량을 정하는 것이다. 적정 어획량은 생태학자, 경제학자, 업계대표들의 자문을 받아 정하게 된다. 할당량이 정해지면 할당량이 채워질 때까지 어획량을 감독하게 된다. 할당된 어획량이 채취되면 어획활동을 금지하게 된다. 이방법은 경쟁적인 조업을 조장하게 된다.

총허용어획량제(TAC)는 다음 세가지 결점을 가지고 있다. 첫째, 어업인들이 TAC의 많은 몫을 얻기 위하여 어구에 과도한 투자를 유인하게 된다. 둘째, 어획시즌이 단축되어 단기간에 많은 어획량이 출하되어 어가가 급격히 하락되고, 선어가 냉동되거나 가공되고 선어가 출하되는 경우보다 낮은 가격에 판매된다. 셋째, 어획시즌 단축은 자주 어선을 놀리게 된다. 또는 어구 변경 후에 다른 어종의 어선과잉에도 기여하게 된다.

예를 들어, TAC를 실시한 1991년 알래스카 대구어업에서 어획시즌은 단지 2일에 불과하였다. 마리당 400파운드의 대구를 파운드당 2달러에 받을 수 있는 대구를 잡기위하여 4,000명의 어업인들이 25,000마일의 낚시줄을 사용하여 어획에 참여하였다. 운이 좋은 어선은 하루에 10만 달러 이상을 어획할 수 있었다. 그러나 피로, 과적, 북태평양의 예측할 수 없는 혹독한 기후, 전복사고 등이 흔히 발생하였다. TAC실시 10년전에는 어획시즌이 160일로 여유가 있었고 소비자들은 연중 거의 6개월 동안 신선한 대구를 구할 수 있었다. 1995년 개별 이전 가능한 할당량제도(ITQs)의 도입으로 광적인 대구어획 경쟁이 사라졌다. 이 새로운 정책으로 대구어획활동과 대구가격 그리고 신선한 대구 소비에 변화를 가져왔다.

ITQs(Individual Transferable Quotas)는 매년 정부의 어자원 조사에 따라 적절하게 정하게 된 기준에 따라 어획 가능량을 결정하고 이를 개별어업인에게 할당하는 방법이다. 이관리 정책은 다음과 같은 3가지의 특징을 갖고 있다.

(1) 특정한 종류의 어자원을 특정량 어획할 수 있는 자격을 인정한다.
(2) 쿼타기준으로 인해 모든 어민이 할당받은 어자원 양의 합은 어업의 효율적 어획량과 같다.
(3) 쿼타는 어민들사이에서 자유롭게 매매 가능하다.

(1)의 목적은 어자원의 종류와 수량을 결정하는 것이다. 만약 수량이 아니라 어선의 수나 사용을 규제한다면 어선을 크게 하거나 성능을 향상시키거나 어로 시간을 연장하면 자원을 효율적으로 이용하려는 목적을 달성할 수 없기 때문이다.

(2), (3)의 목적은 효율성을 유지하면서 시장원리를 도입하고 할당량(quotas)을 매매하여 보다 높은 효율성을 확보하는 것이다. 비용이 많이 드는 어업인(기업)은 비용이 낮은 어업인(기업)에게 할당량을 매각하게 된다. 또는 비용만이 아니라 새로운 기술을 개발하고 보다 효율적으로 할당량을 어획할 수 있는 기업은 살아갈 수 있고 기술 개발을 못한 기업은 사라지게 된다.

ITQs를 기준으로 하면 어자원 보존의 효과가 있지만 매년 정부의 예상에 따라 어획가능최대량이 결정되기 때문에 어민은 재정적으로 어려움을 겪을 수 있다. 또 한 소위 부산물(by-catch)인 어획이 제한된 어종이 우연히 그물에 걸리는 문제가 있다. 이 때 어자원을 잡았음에도 불구하고 제한된 어종을 잡았기 때문에 벌금을 내야 된다. 그러므로 어민은 어자원을 방류하지만 그 어자원은 어업과정 중 상처로 살 수 없고 쓸데없이 죽이게 된다.

고등급화(high-grading)도 문제다. 할당량을 어자원의 크기가 아니라 어획중량으로 평가할 경우 경제적으로 가치가 낮은 어자원(특히 작은 어자원)은 버리게 된다. 버리게 된 어자원은 죽을 가능성이 높고 결국 이중의 손실을 얻게 된다.

ITQs를 도입하는 경우, 정부는 어업을 포기한 어업인을 공업부문에 재배치할 노력을 해야 한다. 재배치시키는 방법은 어민이 스스로 공업부문으로 이동할 동기(incentive)를 만들어 줘야 된다. 먼저 어업에 대한 재정상의 지원을 중지하는 등 자발적으로 어업의 노동력을 공업부문에 이동시킬 필요가 있다.

3. 배타적 경제수역(EEZ: Exclusive Economic Zone)

어업문제에 있어서 최종 정책결정단위는 국제기관이다. 현재는 대부분 공해는 어느 정부에도 어느 개인에도 속하지 않는다. 따라서 공해는 어느 개인도 어느 단체도 통제할 수 없는 공유자원이기 때문에 효율적으로 이용되기가 어렵다. 이 문제를 국제조약으로 해결을 시도하고 있다. 바다에 접해있는 나라들은 자기 영토에서 200해리의 어업관할권을 선언했다. 이 지역 내에서는 배타적 재판관할권(exclusive jurisdiction)을 가지고 효율적 어자원 관리 정책을 실시하는 것이다.

배타적 경제수역(EEZ: exclusive Econoic Zone)은 육지로부터 200해리(약 370km)까지의 바다 영역으로 이 해역에서는 연안국이 천연자원의 탐사·개발 및 보존에 관해 주권적 권리를 갖는다. 또한 이 영역 안에 인공시설의 설치 및 사용, 해양환경의 보존과 과학적 조사 활동 역시 연안국이 주권을 갖는다.

배타적 경제수역에 관한 내용은 1994년 발효된 유엔해양법 협약에 규정되어 있다. 이 협약에 따르면, 영해가 기존의 3해리(약 5km)에서 12해리(약 22km)로 늘어났으며 200해리 배타적 경제수역까지 인정하여 한 국가가 관리할 수 있는 바다의 영역이 옛날에 비해 훨씬 넓어졌다. 이로써 전체 바다 면적의 1/3 이상이 배타적 경제수역에 포함되었으며 북해, 지중해, 멕시코만, 카리브해 등은 주변국가에 의해 완전히 분할·점거 되었다. 특히 미국은 국토 면적의 1.7배에 해당하는 넓은 바다를 차지하게 되었다. 그리고 한반도 주위의 동해, 남해, 서해뿐아니라 동지나해의 대부분이 우리나라, 일본, 중국, 러시아의 200해리 배타적

경제수역으로 분할되었다

상업적으로 가치가 있는 종의 제한없는 어획(unrestricted access)은 일반적으로 과다채취를 발생시킨다. 이 과다채취는 어업활동에서의 과다 자본화(over capitalization)를 가져오고 어민의 수입을 줄이고 어자원의 양을 줄인다. 특히 어획비용이 아주 싼 경우(연어의 경우) 멸종의 위험이 있다. 반면에 어획비용이 비싼 경우 무제한 수확에도 불구하고 멸종의 위험은 낮다.

공공 부문에서 과거에 야생동물 자원량의 관리에서 실패를 개선하려고 노력하고 있다. 어자원의 경우 사유 재산의 권리를 인정하는 것으로 일본 등 여러 나라는 양식업을 발전시켰다. 캐나다와 미국 정부는 연어의 과다 채취를 금지했다. 고래잡이의 장소를 제한하는 국제적인 합의도 생겼다. 그러나 그러한 정책은 완전히 효율적인 기준인지는 확실하지 않는다. 또는 지속 가능한 수확을 달성할 수 있는지도 의심스럽다.

과다 채취에서 발생하는 멸종위험에서 생물종을 지키기 위한 효율적인 분배, 지속가능한 채취를 달성하는 적극적 전략은 중요하다. ITQs기준은 개인의 현재 수입을 줄이지 않고 어자원의 스톡을 지키는 것을 가능하게 한 방법이다.

그리고 정책은 모두가 스스로 지키는 범위에서 효과가 있지만 어느 정책에서는 강제이행이 완벽하지 않고 비용면에 있어서도 비현실적이어서 기능을 제대로 수행하지 못하고 있다. 특히 어업에 대한 정책은 강제이행이 아주 어렵다. 해안선은 길고 복잡하기 때문에 불법어업을 하는 것이 어렵지 않기 때문이다. 이것을 고려하여 정책결정은 실행가능성을 고려해야 한다. 효율적인 정책은 이행이 되어야 효과를 갖는다는 조건을 염두에 두고 정책을 세워야 된다.

참고문헌

곽승준 · 전영섭, 환경의 경제적 가치, 학현사, 1995.

강동진 · 송동윤, "이슈: 사회적 할인율의 조정," 도로정책 Brief, 2007.11.6.

권오상, 환경경제학, 박영사, 1999.

김승우 외 6인, 환경경제학, 박영사, 2000.

김인환 · 이덕길, 신환경정책론, 1998.

동아일보, 문화면, 2006.1.7.

박명광, 경제학원론, 무역경영사, 1996.

박형서, 국토연구 제37권: 47-63, 2003.

신의순, 자원경제학, 박영사, 1990.

성경, 창세기 1장 28절

이선 · 옥동석, 공공투자의 적정할인율 분석, KDI 정책연구자료 87-12, 1987.8.

이정전, 녹색경제학, 한길사, 1994.

Allen, J., et al. "Using Coupon Incentives in Recycling Aluminum: A Market Approach to Energy Conservation Policy," *Journal of Consumer Affairs,* 27(1993): 300-18.

Anderson L M., Cordell H K. "Influence of trees on residential property values in Athens, Georgia, USA: a survey based on actual sales prices," *Landscape and Urban Planning* 15, pp.153-164, 1988.

Anderson, K., Blackhurst, R. "Trade, Environment and Public Policy," *The Greening of World Trade issues,* Harvester Wheatsheaf, pp.3-22, 1992.

Anderson, Lee G. *The Economics of Fisheries Management,* Baltimore, Johns Hopkins University Press, 1977.

Anderson, Robert C. "Evaluation of Economic Benefits of Resource Conservation," *U.S. Environmental Protection Agency Report,* EPA-6015-78-015 (September, 1978): 23.

Anderson, Terry L. ed. Water Rights: *Scarce Resource Allocation, Bureaucracy, and the Environment* (Cambridge, MA: Ballinger, 1983).

Arnason, R. "The Icelandic Individual Transferable Quota System: A Descriptive Account," *Marine Resource Economics* 8(1993): 201-18.

Arrow, Kenneth J., and Robert C. Lind. "Uncertainity and the Evaluation of Public Investment Decisions," *American Economic* Review Vol.60, No.3(June, 1970): 364-378.

Barnett, Harold J. "Scarcity and Growth Revisitied," in *Scarcity and Growth*

Reconsidered, V. Kerry Smith, ed. (Baltimore: Johns Hopkins University Press for Resources for the Future, 1979): 163-217.

Barnett, Harrold and Chandler Morse. *Scarcity and Growth: The Economics of Natural Resource Availability*, Baltimore: John Hopkins University Press for Resources for the Future, 1963.

Bell, Fredrick W. *Food from the Sea: The Economics and Politics of Ocean Fisheries* (Boulder, CO: Westview Press, 1978)

Binswagner, H. "Brazilian Policies That Encourage Deforestation in the Amazon," *World Development* 19(1991): 821-29.

Bohm, Peter. *Deposit-Refund System: Theory and Application to Environmental, Conservation, and Consumer Policy* (Baltimore: Johns Hopkins University Press for Resources for the Future, 1981).

Bowles, Michael D. and John V, Krutilla. "Multiple Use Management of Public Forestlands," in *Handbook of Natural Resource and Energy Economics*, Vol. 11, Allen V. Kneese and James L. Sweeney, eds. (Amsterdam: North-Holland, 1985).

Brander, James A. and M. Scott Taylor. "The Simple Economics of easter Island: A Ricardo-Malthus Model of Renewable Resource Use," *American Economic Review* 88, No.1(1998): 119-138.

Brookshire, David S., Mark A Taylor, John Tschirhart and William D. Schlze. "A Test of Expected Utility Model: Evidence from Earthquake Risks," *Journal of Political Economy* 93: 369-89, 1985.

Brown W. G., Sorhus C, Chou-Yang, B and J. Richards. "Using individual observations to estimate recreation demand functions: a caution," *American Journal of Agricultural Economics*, 65, 1983, pp.154-157.

Brown, Gardner, Jr., and Wes Henry. "The Economic Value of Elephants," *London Environmental Economics Centre Working Paper* #89-12 (November 1989).

Brown, Lester. *In the Human Interest,* New York: W. W. Norton, 1974.

Carson, R. T., et al. *A Bibliography of Contingent Valuation Studies*, La Jolla, CA: Natural Resource Damage Assessment, Inc., 1994.

Ciriacy-Wantrup, S. V. "Capital Returns from Soil-Conservation Practices," *Journal of Farm Economics* 29: 1181-1196, 1947.

Clark, Colin W. *Mathmatical Bioeconomics:* The Optimal management of Renewable Resources, New York: Wiley-Interscience, 1976, pp.18-21, 42-44.

Clawson, M. "Methods of Measuring the demand for and value of Outdoor Recreation," RFF Reprint No.10, Washington, D.C., *Resources for the Future,* 1959.

Clawson, Marion. "Decision-Making in Timber Production, Harvest, and Marketing." Research Paper R-4, Washington, DC, *Resources for the Future,* 1977.

_______ "Private Forests," in Current Issues in Natural Resource Policy, Paul R. Portney, ed., Washington, DC, *Resources for the Future,* 1982, pp.283-92.

_______ *Forests For Whom and For What?* Washington, DC, Resources for the Future, 1975.

Collinge, Robert A. "Revenue-Neutral Water Conservation: Marginal Cost Pricing with Discount Coupons," *Water Resources Research* 28 (March, 1992): 617-22.

Conrad, John M. *Resource Economics*, Cambridge University Press, 1999.

Crosson, Pierre R., and Sterling Brubaker. *Resource and Environmental Effects of U.S. Agriculture* (Baltimore: Johns Hopkins University Press for Resources for the Future, 1982).

Cumming, Ronald G., Glen W. Harrison. "The Measurement and Decomposition of Nonuse Values: A Critical Review," *Environmental and Resource Economics* Vol.5, No.3(1995):225-247.

Custodio, E., and A. Gurgui. eds. "Groundwater Economics," Selected paper from a *United Nations Symposium* held in Barcelona, Spain (New York: Elsevier, 1989).

d'Arge, Ralph C. "The Energy Squeeze and Agricultural Growth," in *Economics, Ethics, Ecology: Roots of Productive Conservation*, Walter E. Jeske, ed.(Ankeny, IA: Soil Conservation Society of America, 1981): 99-105.

Dasgupta, A.K. and D. W. Pearce. "A Survey of the Theory of Public Expenditure Criteria," in J.M. Buchanan, ed., *Public Finance; Needs, Sources and Utilization*, Princeton University Press, 1961.

Dasgupta, A. K. and D.W. Pearce. *Cost-Benefit Analysis: Theory and Practice*, Macmillan Press LTD., 1974.

Deacon, R. T. "The Simple Analytics of Forest Economics in Forest lands: Public and Private," R. T. Deacon and M. B. Johnson, eds.(San Fransisco: *Pacific Institute for Public Policy Research,* 1985).

Dinar, Ariel, and David Zilberman, eds. *The Economics and Management of Water and Drainage in Agriculture* (Norwell, MA: Kluwer Academic

Publishers, 1991).

Duffield, J. W., and Patterson, D. "Field Testing Existence Values: Comparison of Hypothetical and Cash Transaction Values," paper presented at *the USDAW-133 Annual Meeting*, South Lake Tahoe, Nevada, February, 1992.

Easter, K. William, et. al. *Markets for Water: Potential & Performance* (Dordrecht: Kluwer Academic Publishers, 1998).

Edward Gibbon. *The History of the Decline and Fall of the Roman Empire,* 1976-88.

FAO. *The State of Food and Agriculture:* 1992, Rome: Food and Agriculture Organization of the United Nations, 1992.

Feldstein, M.S. "The Social Time Preference Discount Rate in Cost-Benefit Analysis," *The Economic Journal*, June 1964.

Fisher, Anthony C. *Resource and Environmental Economics*, (Cambridge survey of economics literature), pp.23-34, Cambridge University Press, 1981.

Fisher, I. *The Theory of Interest*, MacMillan Company, 1930.

Folkerts-Lindau, E. "The Social Cost of Imported Oil," Energy Journal 5(July 1984): 41-58.

Frank A. Ward and Diana Beal. *Valuing Nature with Travel Cost Models,* Edward Elgar, MA, USA, 2000, p.50, 69-76.

Frederick, Kenneth D,. and Allen V. Kneese. "Competition for Water," in *Water Scarcity*, Ernest A. Engelbert with Ann Foley Scheuring, eds. (Berkeley: University of California Press, 1984).

Fullerton, D., and T.C. Kinnaman. "Household Responses to Pricing Garbage by the Bag," *American Economic Review* Vol. 86, No. 4 (1996): 971-84.

Gardner, B. L. "The Political Economy of Agricultural Pricing," *World Economy* 16(1993): 611-19.

Garrod, G. D. and Willis, K. G. "Using the hedonic pricing model to value landscape features," *Landscape Research,* Vol. 19, Issues 1, pp.26-28, Spring 1994.

Garrod, G. D. and Willis, K. G. "An Individual Travel-Cost Method of Evaluating Forest Recreation," *Journal of Agricultural Economics,* 41, 33-42, 1991.

Gibbons, Diana. *The Economic Value of Water* (Washington, DC: Resources for the Future, 1986).

Gregory, G. Robbinson. *Resource Economics for Foresters,* New York: Willey, 1987.

Griffin, Ronald C. and Shin-Hsun Hsu. "The Potential for Water Market Efficiency When Instream Flows Have Value," *American Journal of Agricultural Economics* 75 (May, 1993): 292-303.

Gro Harlem Brundtland (WCED), *Our Common Future*, The Brundtland Commission, 1987, Oxford University Press.

Hanemann, W. M. "Willingness to Pay and Willingness to Accept: How Much Can They Differ?" *American Economic Review* 81: 635-647, 1991.

Hanley, Nick, and Clive L. Spash. *Cost-Benefit Analysis and the Environment* (Brookfield, VT: Edward Elgar Publishing Company, 1994).

Hanneman, W. M.(1994). "Valuing the environment through Contingent Valuation," *Journal of Economic Perspective* 8:19-43.

Hardin, Garret T. "Living on a Lifeboat," *Bioscience* 24, pp.561-68, October 1974.

Hargrove, C., "Weak Anthropocentric Intrinsic Value," in Max Oelschlaeger, ed, *After Earth Day* (Denton: University of North Texas Press, pp.140-69, 1992.

Harrington, Paul. *Pricing of Water Services*, OECD, 1987.

Hartman, R. "The Harvesting Decision When a Standing Forest Has Value," *Economic Inquiry* 14(1976): 52-58

Hausman, Jerry. "Individual Discount Rates and the Purchase and Utilization of Energy-Using Durables," *Bell Journal of Economics* 10 (Spring 1979): 33-54.

Howe, Charles W. "Project Benefits and Costs from National and Regional Viewpoints: Methodological Issues and Case Study of the Colorado-Big Thompson Project," *Natural Resources Journal* 26 (Winter 1986).

Huppert, Daniel D. *Managing Alaska's Groundfish Fisheries: History and Prospects*, University of Washington Institute for Marine Resources Working Paper(May 1990).

International Energy Agency. *Taxing Energy: why and How?* (Paris: OECD, 1993). Examines energy taxation in five OECD countries.

International Fund for Agricultural Development. *The State of Rural World Poverty*, New York University Press, 1992.

Jenkins, Robin R. *The Economics of Solid Waste Reduction: The Impact of User Fees*, Cheltenham, UK: Edward Elgar, 1993.

John, Rawls. *A Theory of Justice*, Cambridge, Massachusetts, Harvard University Press, 1971.

Joskow, Paul L., and Donald B. Marron. "What Does Utility-Subsidized Energy

Efficiency Really Cost?" *Science* 260(16 April 1993) 281, 370.

Kahn, Herman and Jullian L, Simon(eds). *The Resourceful Earth: A Response to Global 2000*, London: Blackwell, 1984.

Kelman, Steven. "Cost-Benefit Anlysis-An Ethical Critique," *Regulation* (January/February 1981), 33-40.

Kerry. V. Smith, William. H. Desvousges and M. P. McGivney, "The Opportunity Cost of Travel Time in Recreational Demand Models," *Land Economics*, 59. 1983. pp.170~189.

Kirschner D., and Moore D. "The Effect of San Francisco Bay Water Quality on adjacent property values," *Journal of Environment Management*, Vol. 29, pp.263-274, 1989.

Krutilla, John. "Conservation Reconsidered," *The American Economic* Review 57, September, pp.777-86, 1968.

Lovins, A., L. H. Lovins and P. Hawken. "A Road Map for Natural Capitalism," *Havard Business Review*, 1999, pp.145-158.

Marshall I. Goldman, "Economics of Environmental and Renewable Resources in Socialist System," in Allen V. Kneese and James L. Sweeney, eds. *Handbook of Natural Resource and Energy Economics*, Vol. II, Amsterdam: North-Holland, pp. 725-45, 1985.

Meadow, Donella H., et al. *Beyond the Limits: Confronting Global Collapse, Envisioning a Sustainable Future* (Post Hills, VT: Chelsea Green Publishing Company, 1992).

Mitchell, Robert C. and Richard T. Carson. "Using Surveys to Value Public Goods: The Contingent Valuation Method," *Resources for the Future,* p. 25, 1989.

Pigou, A. C. *The Economics of Walfare*, 4th ed., London, 1932.

Pimentel, David. "Natural Resources and the Optimum Human Population," paper presented at the annual meetings of *the American Association for the Advancement of Science*, San Francisco, February 21, 1994.

Postel, Sandra. *Saving Water for Agriculture in State of the World*: 1990, Lester Brown, et al. (New York: W. W. Norton, 1990).

Price, Colin. *The Theory and Application of Forest Economics*, Oxford, Brasil Blackwell, 1989.

Randall, A., Ives, B. and Eastman, C. "Bidding Games for Valuation of Aesthetic Environmental Improvement," *Journal of Environmental Economics and Management*, 1: 132-49, 1974.

Randall. A. and J. R. Stall. "Consumer's Surplus in Commodity Space," *American Economic Review* 70: 449-455, 1980.

Robert C. Mitchell and Richard T. Carson. "Using Survey to Value Public Goods: The Contingent Valuation Method," *Resource for the Future,* p.23, 1989.

Saliba, Bonnie. "Do Water Markets Work? Market Transfers and Trade-Offs in the South-western States," *Water Resources Research 23* (July 1987).

Samuelson, Paul A. "Economics of Forestry in an Evolving Society," *Economic Inquiry* 14(1976): 466-92.

Simmons, Randy T., and Urs P. Keuter. "Herd Mentality: Banning Ivory Sales Is No Way to Save the Elephant," *Policy Review* No. 50(Fall 1989): 46-49.

Simon, Julian L. and Herman Kahn. *The Resourceful Earth: A Response to Global 2000*, New York: Blackwell, 1984.

Simon, Julian L. *Population and Development in Poor Countries: Selected Essays*, Princeton, NJ: Princeton University Press, 1992.

Smith, D. M. *Human Geograph: A Welfare Approach,* New York: St. Martin Press, pp.116-118, 1977.

Spulber, Nicholas, and Asghar Sabbaghi. Economics of Water Resources: *From Regulation to Privatization*, Hingham, MA: Kluwer Academic Publishers, 1993.

Steinbeck, John. *The Grapes of Wrath*, New York: Viking Press, 1939.

Sutinen, Jon G. and Peder Anderson. "The Economics of Fisheries Law Enforcement," *Land Economics* 61(November 1985): 387-97.

Swanson, Timothy M. "International Regulation of the Ivory Trade," *London Environmental Economics Centre Working Paper* #89-04(May 1989).

Thomas R. Malthus. *An Essays on the Principle of Population*, 1798.

Tillion, C. V. "Fisheries Management in Alaska," in FAO, paper presented at the Expert Consultation on the Reduction of Fishing Effort(Fishing Mortality), (Rome: *FAO Fisheries Report* 298, Supplement 3, 1985): 291-97.

Tilton, John E., ed. *Material Substitution: Lessons from Tin-Using Industries* (Washington, DC: Resources for the Future, 1985).

Wabe J Stuart. "A Study of House Prices as a means of Establishing the value of Journy Time, the Rate of Time Preference and the Valuation of some Aspects of Environment in the London metropolitan Region," *Applied Economics*, Vol.3, Issue 4, pp.247-55, 1971.

William Paddock. *Famine, 1975!: America's decision: Who will survive?* 1st ed, Little Brown, 1967.

Willig, R. D.(1976). "Consumer's Surplus Without Apology," *American Economic Review* 66: 589-597.

Willis, K. G., and Garrod, G. "Landscape Values: a Contingent Valuation Approach and Case Study of Yorkshire Dales National Park," ESRC Countryside Change Initiative, *Working Paper* 21, University of Newcasle upon Tyne, 1.

Wilman, Elizabeth A. "The Value of Time in Recreational Benefit Studies," *Journal of Environmental Economics and Management,* 7, 1980, pp.272-286.

World Resources Institute. World Resources 1992-3, New York: Oxford University Press, 1992, p.111.

Zarnikau, J. "Spot Market Pricing of *Water Resources* and Efficient Means of Rationing Water During Scarcity," *Resources and Energy* 16 (August 1994): 189-210.

찾아보기

ㅅ

ㅇ

ㅈ

〔저자약력〕

■ 김동엽
경희대 경제학과 졸업
미국 유타주립대 경제학박사
한국자원경제학회 회장(14대)
예금보험공사 자산운영위원
환경운동연합 물위원회 위원장
현, 경희대 무역학과 교수

■ 이 윤
경희대 무역학과 졸업
미국 코네티컷 주립대 경제학박사
현, 한국환경정책·평가연구원 부연구위원

국제자원론

2011년 3월 5일 초판 1쇄인쇄
2011년 3월 10일 초판 1쇄발행

저 자 김 동 엽 · 이 윤
발행인 배 효 선
발행처 도서출판 法 文 社
413-756 경기도 파주시 교하읍 문발리 526-3
등 록 1957년 12월 12일/제2-76호(윤)
전 화 (031)955-6500~6 FAX (031)955-6525
E-mail (영업) bms@bobmunsa.co.kr
(편집) edit66@bobmunsa.co.kr
홈페이지 http://www.bobmunsa.co.kr
조 판 법 문 사 전 산 실

검인 BUM MOON SA

정가 19,000원 ISBN 978-89-18-10336-5